# LES PARENTS
## ÉDUCATEURS

# OUVRAGES D'ÉDUCATION

## RECOMMANDÉS AUX PARENTS

### I. — POUR L'ÉDUCATION PHYSIQUE

**Brochard** : *Guide pratique de la jeune mère* (Perrussel, Lyon). *2 fr. 50.*

**Mme Millet-Robinet et le Dr Allix** : *Le Livre des jeunes mères. 3 fr.* (Librairie agricole).

**Seraine** : *De la santé des petits enfants. 1 fr. 25.* (Savy).

**Donné** : *Conseils aux mères sur la manière d'élever les enfants nouveaux-nés. 4 fr.* (Baillière)

**Caradec** : *Le Manuel des mères. 0 fr. 50.* (Bureau du Journal *la Mère et l'Enfant*).

**Gérard** : *Le Livre des mères. 1 fr.*

**Académie d'Hygiène** : *l'Art de donner des soins aux nouveaux-nés.* (Brochure distribuée gratuitement.

### II. — POUR L'ÉDUCATION MORALE

**Fénelon** : *De l'Education des filles.*

**Locke** : *Quelques mots sur l'Education.*

**Mme de Saussure** : *l'Education progressive.*

**Mme Guizot** : *Lettres de famille sur l'éducation.*

**Dupanloup** : *l'Enfant. 4 fr.* (Gervais).

**Théry** : *Avis aux mères de famille sur l'éducation des filles.* (Hachette).

**Bernard Pérez** : *l'Education dès le berceau. 5 fr.* (Alcan).

**Psse Ouroussow** : *l'Education dès le berceau. 3 fr.* (Fischbacher).

**Liebrich** : *Lettres à une mère de famille sur l'éducation. 3 fr.* (Fischbacher).

# LES PARENTS ÉDUCATEURS

Conseils Pratiques

POUR ASSURER AUX ENFANTS

## BONNE SANTÉ ET BON CARACTÈRE

PAR

BIDART

*« On n'est vraiment père et mère qu'à la condition d'être éducateur. »*

*Il est temps de rappeler aux pères qu'eux aussi ils doivent s'occuper de l'éducation de leurs enfants.*

TARBES
**A. T. BIDART**
8, — Avenue de la Gare, — 8

1890

# RÉSOLUTIONS
## D'UN PÈRE ET D'UNE MÈRE

Tu viens de me naître, ô mon enfant, sois le bienvenu ! Désormais tu es mon bonheur : merci d'être venu à moi !

Mais jouir du présent n'est pas tout, il faut se préoccuper de l'avenir.

Je t'ai appelé à la vie, il est juste que je te montre à la traverser le plus heureusement possible. Ta vie, tu la passeras en compagnie d'autres hommes comme toi : il n'est pas juste que par toi et à cause de toi tes semblables aient à souffrir. Ainsi ton *bonheur* et ta *vertu*, voilà ce dont j'ai pris en ce moment la responsabilité redoutable. — Mon enfant, tu grandiras : je ne veux pas que par tes fautes tu fasses couler les pleurs de ta mère et de ton père. Fils, tu deviendras un jour chef d'une famille : je ne veux pas que tu la rendes malheureuse par ta mauvaise conduite ou par ta brutalité. Fille, tu entreras dans une nouvelle famille : je veux que ton mari et tes nouveaux parents soient toute leur vie dans l'enchantement de t'avoir. Tous deux vous aurez des relations avec bien des personnes dans la vie : que pas un être humain n'ait à regretter de vous avoir rencontrés sur le chemin. O ma fille et mon fils, plus tard, alors que j'aurai quitté ce monde, vous serez deux vieillards à cheveux blancs : il dépend en partie de moi que par une vie remplie de vertus vous soyez dignes alors de tous les respects. Ce que je pourrai je le ferai.

Mais que dois-je faire, et que puis-je? — Pour le bonheur, la première condition est la santé ; la seconde, ce caractère heureux qui prend la vie en souriant. Pour la vertu, j'aurai déjà fait quelque chose en assurant la santé, qui aide à être travailleur et bon ; mais je devrai surtout me préoccuper du caractère. J'arrive donc à ces deux points : la *santé,* le *caractère.* — Je peux quelque chose sur la santé, en soumettant le jeune organisme à un bon régime physique ; je peux quelque chose sur le caractère, en soumettant la jeune âme à un bon régime moral. Education physique, éducation morale, voilà donc ma tâche, voilà dorénavant mes deux grandes pensées.

# LA SANTÉ

*Le plus grand bien*
*dont on puisse doter un enfant*
*ce n'est pas la richesse*
*c'est la Santé.*

# I. — AVANT LA NAISSANCE

## (CARNET DE LA FEMME ENCEINTE)

« *L'éducation de l'enfant commence avant la naissance.* »

**Alimentation saine, air pur, exercice modéré, sommeil suffisant, vêtements amples, calme de l'esprit et du cœur.**

Dès que je me suis sentie mère, une nouvelle vie a commencé pour moi, une vie de recueillement et de prévoyance. Je ne m'appartiens plus : je me dois tout entière à celui que je porte dans mon sein. Comme sa santé plus tard dépendra en partie de la santé que j'aurai eue pendant ma grossesse, je n'ai pas une faute à commettre. Je suivrai donc les conseils qui me sont donnés ci-après :

**Alimentation.** — Ne changez rien, sans motif, à votre ordinaire. Prenez de tout aliment sain qui fait plaisir à votre estomac : peu importe ce que vous mangerez, pourvu que vous le digériez. La seule chose à éviter, c'est une nourriture trop épicée et des boissons fortes, qui accélèrent la circulation d'une manière dangereuse pour l'enfant (1). — Si l'on sent un besoin fréquent de manger et de boire, il faut se satisfaire, mais avec modération. La femme enceinte a besoin de manger pour deux, entend-on dire souvent : aux premiers mois non, car l'embryon n'est pas plus gros qu'un œuf de pigeon ; trop manger alors serait nuisi-

(1) Une femme qui boit peut transmettre la disposition à l'ivrognerie, à l'épilepsie, à la folie, etc.

ble. Ce n'est qu'à partir du quatrième au cinquième mois qu'il faut tâcher de manger davantage; encore faut-il accroître l'appétit, et non surcharger l'estomac : tout trouble digestif peut nuire au développement du fœtus. Vers la fin de la grossesse la digestion est rendue plus difficile par le peu de place laissé à l'estomac : il faut alors manger peu à la fois, surtout le soir.

Les *envies* peuvent être satisfaites quand elles ne sont pas nuisibles. Mais il n'est pas vrai, comme le croient certains, qu'une femme enceinte puisse manger de n'importe quoi, sous prétexte qu'elle le désire. Quand donc les envies sont contre nature, il faut leur résister, sans crainte d'en retrouver un jour la marque dans la progéniture. C'est là une croyance non fondée : bien des enfants sont nés sans marque dont les mères n'avaient pas satisfait toutes leurs envies. Néanmoins on ne résistera point quand il n'y a pas nécessité : toute contrariété pouvant nuire au moral, on doit éviter toutes les souffrances inutiles.

**Air.** — L'air pur importe autant que les aliments, car il stimule à la fois et l'appétit et la digestion. La respiration étant un peu gênée parce que la poitrine est oppressée, il faut qu'il y ait compensation par la pureté de l'air et par le soin de bien respirer : point de fleur ni d'odeur forte dans la chambre à coucher; point de séjour dans un lieu humide ou malsain; éviter aussi de rester dans une chambre chauffée et toujours fermée (l'air chaud et confiné débilite.) Ce qu'il faudrait, c'est une chambre au midi et la vie au soleil.

**Exercice.** — Malgré les malaises du début, malgré le poids de la fin, il faut tâcher de se donner du mouvement, pour aider à la digestion et pour conserver et accroître ses forces. Rester immobile c'est se condamner à la constipation, au manque d'appétit, à l'épuisement. Les femmes de la campagne et les ouvrières n'ont qu'à continuer leurs travaux, en prenant toutefois la précaution de ne pas trop se fatiguer. Pour les autres femmes, il reste toujours les occupations du ménage, la préparation de la layette, une petite marche à pied chaque jour : voilà comment on se fortifie. — Mais l'excès est à éviter. S'arrêter quand on se sent fatigué. Eviter tout mouvement violent, surtout au 3e et au 7e mois (c'est alors que l'avortement est le plus facile.) Ne pas courir, ne pas danser vivement, ne pas galoper à cheval. En chemin de fer, quand il y a un cahotement de droite à gauche, les côtes peuvent avoir beaucoup à souffrir : le mouvement d'avant en arrière faisant moins de mal, il vaut mieux s'asseoir sur le côté. Si l'on a besoin de voyager en voiture, que ce soit en voiture douce et avec le moins de cahotement possible.

**Sommeil.** — Couchez-vous tôt : les veilles échauffent le sang et irritent le système nerveux. Levez-vous tôt, pour profiter de l'air du matin, qui est le plus pur et le plus vivifiant, et aussi parce que le séjour au lit le matin provoque une sueur légère et continue qui ne peut qu'affaiblir, au moment même où l'on aura besoin de toutes ses forces. Evitez le lit de plume, qui par sa chaleur fait affluer le sang vers le bassin (d'où danger de fausse-couche.)

**Vêtements.** — Voudriez-vous priver votre enfant de l'espace qui lui est nécessaire absolument pour grandir ? Votre coquetterie sera moins forte que votre amour maternel. Donc vêtements amples qui laissent tout le corps en liberté. Point de corset, ou tout au moins un corset qui soit lâche et qui ne presse ni les bouts de seins ni le bassin : bien des difformités sont dues à ce que le fœtus a été trop serré : pauvre petit être, il s'est trouvé comme le grain de blé entre deux pierres... — Prenez surtout des précautions contre les refroidissements, caleçon fermant bien l'entrée de l'air, poitrine bien abritée, etc : une toux peut provoquer une fausse-couche.

**Calme.** — Celui qui est la chair de votre chair et le sang de votre sang reçoit le contre-coup de vos émotions : faites donc qu'elles ne soient pas violentes, afin qu'elles n'ébranlent pas trop profondément le frêle être. Tâchez de prendre en douceur et avec un courage résigné les petites misères de l'existence. Surtout prenez garde aux forts accès de colère. — Evitez également les lectures tristes, les scènes tragiques, les spectacles effrayants, tout ce qui impressionne vivement l'imagination.

**Sur les bains.** — Le froid pouvant provoquer une fausse-couche, point de bains froids. Au début les grands bains tièdes ont plus d'inconvénients que d'avantages : ils ne sont utiles, en dehors de la propreté, qu'aux femmes nerveuses et irritables. A partir du 6e mois, au contraire, ils sont pour toutes les femmes, quel que soit leur tempérament, une excellente préparation à une heureuse délivrance.

**Sur la saignée.** — Autrefois on croyait que toute femme enceinte doit se saigner : c'est une erreur, car la plupart des femmes, loin d'avoir trop de sang, n'en ont pas assez. Aujourd'hui on croit au contraire qu'il ne faut jamais saigner : c'est une autre erreur, car chez quelques femmes le sang est trop abondant ou bien il monte à la tête. C'est au médecin d'apprécier.

---

## II. — LE DEVOIR DE LA MÈRE

### (CARNET DE LA JEUNE MÈRE)

« *Ne soyons pas mères à demi.* »

« J'ai du lait, c'est pour nourrir. — Mon lait est le meilleur qui puisse exister pour mon enfant : c'est de mon sang qu'est fait son sang, c'est donc mon lait qui répond le mieux aux besoins de sa constitution. C'est au sein de la mère que se font les plus beaux enfants.

« En outre c'est avec la nourrice que le jeune être prend ses habitudes : je veux qu'il les prenne bonnes. C'est avec la nourrice que se forme le premier pli du caractère : je veux le former bon. Pour cela il me faut allaiter moi-même.

« Il y va d'ailleurs de mon intérêt aussi. Après l'accouchement, le sang a besoin de reprendre son cours habituel : rien n'y aide comme de produire du lait. Aussi celles qui n'allaitent pas sont elles exposées de ce fait à un grand nombre de maladies. Quelles femmes florissantes, au contraire, que la plupart de celles qui allaitent ? »

« L'enfant dépérit... L'expérience me le montre, et le médecin me l'affirme : mon lait n'est pas bon pour cet enfant. Vouloir nourrir quand même, ce ne serait pas dévouement, ce serait — les mots sont durs, mais vrais — ce serait entêtement venant de vanité. »

« ... L'expérience me le montre, et le médecin me l'affirme : si je continue d'allaiter, je tomberai gravement malade. Je dois donc faire taire mon cœur et écouter ma raison. Me trouver malade par ma faute, c'est manquement envers l'enfant : pour lui, pour son éducation je dois me conserver, et me conserver entière. »

«... J'ai hérité d'une maladie contagieuse qui se communique par le lait. O mon enfant, je me priverai de la douceur de te donner mon sein.... »

« ... Ne nourrit pas son enfant qui veut. Mon métier, dont le rapport est nécessaire à la subsistance de la famille, absorbe toute ma journée. Je me ferai surveillante et éducatrice, ne pouvant être nourrice. »

## III. — RÈGLES DE L'ALLAITEMENT AU SEIN

*« Les jeunes mères doivent se bien persuader que de la première direction donnée aux digestions de l'enfant dépend son avenir tout entier. A-t-il des fonctions digestives bien établies, il sera plus tard robuste et bien trempé. A-t-il, au contraire, des fonctions digestives languissantes, il sera malingre, chétif et mal équilibré.»*

(CARADEC, *le Manuel des Mères.)*

**Pour le nourrisson : régler les tétées, laisser téter assez longuement, ne pas donner après une émotion ou après une fatigue, faire téter les deux seins chaque fois, et surtout laisser le nourrisson respirer.**

**Pour avoir des seins : les préparer à l'avance et les soigner.**

**Pour avoir du lait : sommeil et alimentation.**

**1.** — Le point capital de l'allaitement, celui qui à lui seul comprend presque toute l'hygiène du nourrisson, et qui est le plus négligé, c'est de *régler les tétées.* Le nourrisson doit téter toutes les deux heures en moyenne les premiers mois, un peu plus fréquemment s'il est faible, toutes les trois heures quand il est fort et après l'âge de deux mois : mais ce qu'il ne doit pas, c'est téter à chaque instant. Accorder à téter trop souvent à un nourrisson, c'est le condamner à ne prendre à chaque fois que quelques gouttes de lait, celles qui se présentent les premières, et qui, pleines d'eau, peu nourrissantes, provoquent la diarrhée. En outre c'est lui donner indigestion sur indigestion, car on verse du lait sur un premier lait qui n'est pas encore digéré : l'estomac était tout à sa besogne, on le trouble, il s'irrite, et de là les souffrances. Au contraire, quand on donne à téter à heures réglées, il y a double avantage : l'estomac peut digérer, et le lait est meilleur (celui qui est sucé en dernier lieu est le plus nourrissant, parce qu'il est le plus récemment formé.) — Mais, diront les nourrices qui se croiront tendres, si le petit être crie, faudra-t-il le laisser crier? « Qu'importent les cris d'un enfant qui a tété d'une manière suffisante à l'heure convenue, qui ne souffre pas et qui n'éprouve aucun besoin (1)? » En effet l'enfant crie aussi quelquefois par plaisir : il n'a pas, l'innocent petit être, d'autre moyen pour manifester sa joie, et c'est sa façon à lui de prendre ses ébats. Il crie, donc il a faim, se dit l'ignorant. Aussitôt le sein. Lait pris à contre-temps, colique. Cette fois il crie parce qu'il en a trop à digérer : remède, augmentons la quantité de lait. Tu avais trop de besogne, estomac, en voilà un peu plus pour t'aider! O intelligence!... — Il est d'ailleurs des traits auxquels on peut reconnaître si réellement un enfant à faim : si l'intervalle ordinaire est écoulé, si le nourrisson remue sa tête à droite et à gauche en ouvrant la bouche comme pour chercher le sein, s'il serre le bout du doigt qu'on lui met entre les lèvres, s'il le suce comme avec impatience, c'est le moment, donnez le sein. Donnez-le quand, après son réveil, silencieux, il attend, et avant qu'il se mette à crier, afin qu'il n'apprenne pas que crier est nécessaire pour recevoir ce dont il

(1) Bouchut, Hygiène de la première enfance.

sent le besoin. Car s'il ne faut pas donner à téter à tort et à travers, il ne faut pas non plus faire attendre. Fi de ces femelles sans cœur qui, pour tromper la faim de leur nourrisson, lui donnent à sucer un bout de chiffon!

La nuit deux tétées suffisent : l'une vers onze heures du soir, l'autre vers quatre ou cinq heures du matin. De cette façon la nourrice pourra dormir, ce qui lui est absolument indispensable si elle veut produire de bon lait; et l'enfant aussi aura dormi d'un sommeil paisible, continu, nécessaire à ses forces comme la nourriture elle-même. Sans compter la bonne habitude qu'il aura contractée, et qui le rendra moins exigeant. Mais pour cela il faut savoir résister aux cris de l'enfant dès le début, afin que, les voyant inutiles, il ne les renouvelle pas; il faut aussi renoncer à la gloriole de passer des nuits blanches à servir son dieu. L'important, ce n'est pas le sacrifice de son repos, tout le monde en est capable, c'est le sacrifice de son cœur et de sa vanité, dans l'intérêt supérieur de l'enfant, et c'est plus rare. Ce n'est pas le tout de se dévouer : s'il n'est pas éclairé, le dévouement peut être nuisible (sur les moyens, voir le chapitre du sommeil).

**2.** — « L'enfant doit *téter assez longuement* pour prendre d'abord le lait clair qui se trouve le premier à sa disposition, et ensuite le lait plus nourrissant qui lui succède. (1) » Mais gardons-nous de tout excès. Pas trop de lait à chaque repas. On dit : « Qui vomit bien vient bien. » Oui, parce que s'il ne vomissait pas,

(1) J. Gérard, le Livre des Mères.

tel nourrisson trop vorace aurait sans cesse une indigestion. Mais il vaudrait mieux n'avoir point besoin de vomir. « Comme on ne vomit pas à moitié, il en résulte que l'estomac se révolte, il se vide entièrement; ce n'est pas le trop plein qui est rejeté, mais bien le repas tout entier; l'enfant se retrouve donc à jeun après avoir fait un repas trop copieux (1), » après s'être fatigué et avoir souffert.

**3.** — Ne pas donner à téter *après une émotion forte.* « Un charpentier se prit de querelle dans sa maison avec un soldat, qui, emporté par la colère, s'avança sur lui le sabre levé. L'épouse du charpentier fut d'abord prise d'un tremblement de crainte et de terreur, puis elle s'avança avec intrépidité entre les combattants, arracha l'arme meurtrière, qu'elle brisa entre ses mains et jeta dehors. Pendant qu'elle était encore sous l'influence de ces vives émotions, elle prit son enfant, qui, parfaitement bien portant, jouait dans son berceau, et lui donna le sein. En quelques minutes, l'enfant quitta le sein et tomba mort dans les bras de sa mère (2). » Il en est des mamelles comme de nos yeux, qui se remplissent de larmes sous l'influence des passions : ainsi le lait s'altère. Il faut donc faire écouler le lait renfermé dans le sein au moment de la perturbation morale, et ne donner à téter que le lait qui se formera après le calme revenu. Pour la même raison il faut attendre après une fatigue.

**4.** — Il est avantageux de donner *des deux seins à chaque repas.* De cette façon on maintient l'égalité entre les deux mamelles, l'une

(1) J. Gérard, le Livre des Mères.
(2) L'Anglais A. Combe, cité par Seraine.

n'est pas chargée et douloureuse tandis que l'autre est vide. En outre le nourrisson, trouvant à se satisfaire mieux, tétera moins souvent.

**5.** — L'enfant qui tète, ne respirant pas par la bouche, doit respirer par les narines. Il est donc de toute nécessité de ne pas lui laisser mettre le *nez sur le sein*. Bien des nourrices ont la manie de presser la tête du nourrisson contre leur mamelle, croyant faire téter davantage : on voit quelle est leur méprise. Règle générale : pour que l'enfant tète bien, il faut que la mère et l'enfant se trouvent à leur aise. La mère, particulièrement, doit prendre, soit au lit, soit sur une chaise, la position la moins gênante. Et elle laissera libres les jambes du nourrisson, pour que dans sa joie il puisse les mouvoir.

**6.** — Quelquefois l'enfant, quand il a des dents, veut *mordre*. Gardons-nous de lui laisser prendre cette habitude. Quand il se met en train de mordre, donnons une petite tape sur la main, et retirons le sein, pour le présenter le moment d'après. S'il recommence, nouvelle tape, nouvelle privation du sein : le nourrisson comprendra bientôt. En toutes choses ne perdons jamais de vue l'éducation.

**7.** — Il existe un art d'avoir des seins, que doit savoir toute femme qui veut allaiter.

Le sein des femmes qui n'ont jamais nourri peut être plat, sans mamelon, de sorte que le nourrisson éprouvera beaucoup de peine à le saisir. Il est facile d'éviter ce désagrément : il n'y a qu'à *préparer les bouts de sein à l'avance*, dès les derniers mois de la grossesse, en les étirant deux ou trois fois par jour, de façon à les terminer en bouton.

**8.** — Si l'on a les seins engorgés, on doit *soutirer l'excès de lait* au moyen de pompes en verre, préparées spécialement pour cet usage, et que l'on peut aspirer soi-même : le lait reste dans la pompe. Invention bien commode, car elle épargne bien des souffrances et empêche bien des maladies.

**9.** — Quelquefois des *gerçures* se déclarent à la surface du sein. Elles sont excessivement douloureuses, surtout quand le nourrisson suce : on le laisse moins téter, le sang s'accumule dans les seins, d'où inflammation, frissons, fièvre. Le mal peut aller jusqu'à un abcès et jusqu'à la perte du sein. La douleur produite par la succion, on peut la diminuer notablement en se servant d'un *bout de sein artificiel*, en verre transparent, qu'on applique sur la mamelle, et qui supporte l'effort et le poids des lèvres. Pour que l'enfant veuille sucer ce bout de verre, il suffit d'en remplir la cavité de lait chaud et sucré : le nourrisson aspire, le vide se fait, le lait dès lors accourt. Pendant que l'enfant continue de s'alimenter, souvent la peau, mise à l'abri, se reforme d'elle-même, les crevasses disparaissent.

**10.** — Dans le cas contraire on peut, dès qu'on sent une douleur sur un point (ce peut être le commencement d'un *abcès*), appliquer un cataplasme renouvelé toutes les cinq ou six heures. Qu'on prenne garde aux mille pommades prônées par les commères : il peut y en avoir de bonnes et de funestes. Voici, d'après un savant docteur (Bouchut), « un moyen très simple qui, pris à temps, réussit toujours. Il s'agit de pratiquer sur l'engorgement lui-même des *frictions* et un massage très doux avec les doigts enduits d'un corps gras. On renouvelle l'opération pendant une douzaine de minutes, deux à trois fois en vingt-quatre heures. Le mari ou la femme elle-même peuvent opérer ce massage. Malgré la douleur éprouvée au début, il faut y revenir pendant plusieurs jours et surveiller l'apparition fréquente de nouveaux engorgements. La douceur du massage et la persévérance sont indispensables. » Tous ces soins n'empêcheront d'ailleurs pas de recourir au médecin.

**11.** — Evidemment il eût mieux valu prévenir tout abcès et toute gerçure. Or cela est possible. Car les gerçures sont le plus souvent dues au *manque de soins*, soit avant les couches, soit après. Avant, il faudrait, surtout si l'on se sent la peau délicate, la frictionner sur les seins, plusieurs fois par jour, avec de l'eau-de-vie. Cette opération rend la peau plus ferme et plus épaisse. — Après, il faut, chaque fois que l'on donne à téter, se bien couvrir les épaules : le moindre coup d'air peut faire un mal énorme, surtout pendant les six premières semaines, où le sein n'est pas encore aguerri. Ensuite essuyer les seins avec un drap fin : le lait qui séjourne sur la peau produit du froid. Enfin, si le lait coule dans l'intervalle des tétées, il faut se procurer des réservoirs de verre faits exprès pour recueillir ce lait. En résumé : il y a chance pour qu'il se conserve intact le sein qui a été fortifié à l'avance, et qui est tenu à l'abri du froid et de l'humidité.

**12.** — La femme qui allaite entretient l'enfant aux dépens d'elle-même : elle doit donc *regagner ce qu'elle a perdu.* On ne peut regagner que par le sommeil et par l'alimentation. Le sommeil, pour remplir son rôle réparateur, doit être calme et long : c'est pourquoi on habituera le nourrisson à dormir la nuit. Quant à l'alimentation, il vaut mieux faire des repas fréquents et peu copieux, parce qu'ils se digèrent facilement. Quels aliments sont les meilleurs pour donner du lait? — La viande, dira une femme de la ville. — Les légumes, s'écriera au contraire la campagnarde. — La Bourguignonne dit : le vin. — La Normande : le cidre. — Et l'Alsacienne : la bière. — Qui a raison ? Toutes, et personne. L'aliment qui donne le plus de lait? C'est celui qui est le mieux digéré. Et le mieux digéré, c'est celui qui est pris avec plaisir. Conclusion : que la nourrice mange de ce qu'elle voudra, pourvu qu'elle le digère bien. Elle évitera seulement trois choses : 1° Les acides, qui nuisent à la qualité du lait; 2° Les aliments trop épicés, qui échauffent le sang; 3° L'excès de vin et de liqueurs : l'alcool passe dans le sang, ce sang forme un lait excitant qui empêche l'enfant de dormir, qui lui donne des coliques, des convulsions, quelquefois l'ivresse et la mort même.

L'essentiel étant de *bien digérer,* la nourrice prendra de l'air et de l'exercice, les deux choses qui y contribuent le plus. Une autre précaution, que prennent trop peu de femmes : c'est d'éviter de donner à téter pendant le travail de la digestion. Une partie des maux d'estomac dont souffrent les nourrices ne vient pas d'une autre cause : en effet, pendant la digestion, le sang doit se trouver à l'estomac et aux intestins pour y recevoir les produits de cette même digestion : si par la tétée il est attiré vers les mamelles, il n'est pas refait et il s'affaiblit. Quand on se sent faible, on fera bien de prendre de l'eau ferrée et du vin de quinquina. — La femme qui allaite fera d'ailleurs bien de relire la carnet de la femme enceinte : l'hygiène des deux est sensiblement la même.

---

## IV. — RÈGLES DE L'ALLAITEMENT AU BIBERON.

« *Le biberon passe les enfants au crible, et les faibles disparaissent.* »

(Fonssagrives).

**Le lait doit être : jeune, du même animal, non écrémé, frais ou bien conservé, cru, rendu tiède au bain-marie, additionné d'eau, de sucre et de sel.**

**Le biberon doit obliger à sucer et être propre.**

**1.** — Au commencement de ce siècle l'allaitement artificiel était pratiqué en France sur une grande échelle. Il y a une quarantaine d'années des médecins commencèrent à faire des recherches sur la mortalité des enfants ainsi nourris, et ils publièrent des statistiques effrayantes établissant que parmi eux les morts étaient deux, quatre, cinq fois plus nombreux que parmi les nourrissons allaités au sein.

Aussi l'allaitement au biberon est-il aujourd'hui condamné par la plupart des médecins, et moins en faveur auprès des familles. Les savants se sont demandé pourquoi étaient si nombreuses les victimes du biberon. Ils en ont trouvé plusieurs explications. 1° La mauvaise qualité du lait, soit par lui-même, soit surtout par le manque de soins; 2° La différence dans la nature des laits : les chimistes ont découvert dans le lait de femme un principe qui ne se trouve pas dans le lait des animaux : donc les deux laits ne sont pas identiques, et l'un ne peut pas être remplacé parfaitement par l'autre; 3° Il y a, pour ainsi dire, le lait vivant et le *lait mort*. « Tout lait tiré de la mamelle n'est plus vivant : l'air, la lumière, la température, le modifient aussitôt qu'il est sorti de son réservoir vivant; il faut de toute nécessité, pour qu'il garde toutes ses précieuses qualités, qu'il passe du sein de la mère dans la bouche de l'enfant; » (1) — 4° La faiblesse des organes du nouveau-né : son estomac n'est encore qu'à l'état « d'éponge passive » ; il absorbe, il ne digère pas. Or le lait de la mère est préparé par la nature pour être absorbé ainsi sans être digéré : il n'en est pas de même du lait d'un animal ; l'estomac d'un nouveau-né n'étant capable de digérer qu'au bout de quinze à vingt jours, toute mère devrait, au moins pendant cette période, allaiter. Elle y gagnera pour sa santé, car le sang reprendra son cours régulier à cause de la sécrétion du lait ; elle le peut, même dans la condition la moins élevée, car

(1) Gérard, le Livre des Mères.

aussi bien elle est obligée de garder le lit pendant ces quinze jours.

Après ce temps une mère peut se trouver dans un cruel embarras : manque de lait ou manque de loisir, pas d'argent pour louer une nourrice, et pas de nourrice rapprochée qu'elle puisse aller voir de temps en temps. Abandonner son enfant à une femme vivant au loin et qu'on ne connaît pas, qu'on ne pourra jamais surveiller, c'est l'inconnu. Une mère ne peut-elle pas alors nourrir au biberon sans scrupule, sans craindre de manquer de prudence? Autre cas : la mère a nourri cinq à six mois, elle ne peut plus continuer, va-t-elle maintenant renoncer à l'œuvre commencée? Dans ces circonstances elle peut nourrir au biberon, sans trahir le cher être : car les médecins eux-mêmes reconnaissent que, si le biberon a fait beaucoup de mal, c'est avant tout parce qu'on n'a pas su s'en bien servir. Apprenons donc.

**2.** -- Quel est le **meilleur lait?** Le meilleur sera nécessairement celui qui se rapprochera le plus du lait de femme. Or les chimistes, en analysant les divers laits, en ont trouvé de deux espèces : les uns sont plus gras, les autres plus sucrés. Les laits gras sont ceux de vache, de chèvre et de brebis. Les laits sucrés sont ceux de femme, de jument et d'ânesse. Le lait de *jument* ou d'*ânesse* serait donc le meilleur; mais comme il est difficile de se le procurer, on est obligé d'accepter celui de vache.

**3.** -- Dans tous les cas il faut prendre toutes les fois le lait du *même animal*, parce ce que c'est celui-là que l'estomac de l'enfant s'est exercé à digérer ; et d'un animal qui a *mis bas* *récemment*, parce que le lait est d'autant plus facile à digérer qu'il est plus jeune.

**4.** — La *crème* ne doit pas avoir été enlevée. Le lait seul ne fait que nourrir, c'est-à-dire former le sang et la chair; au lieu que la crème, en brûlant dans notre corps, contribue à faire respirer, est, comme on dit, un aliment respiratoire. Tous, pour vivre, nous avons besoin à la fois d'aliments proprement dits et d'aliments respiratoires, parce que nous ne pouvons exister ni sans renouveler notre sang ni sans respirer. Or, s'il ne le trouve pas dans le lait, c'est-à-dire dans la crème, où le nourrisson puisera-t-il son aliment respiratoire ?

**5.** — Le lait doit être *frais* autant que possible, car alors il se rapproche davantage du lait de nourrice, lequel passe directement du sein à la bouche. Le mieux serait de le donner aussitôt qu'il est trait. Quand cela est impossible, on doit le *bien conserver*. La chaleur le fait tourner : il faut le maintenir à une température constante, plutôt tiède que froide, parce que c'est tiède qu'il doit être pris. L'air lui est nuisible, il y devient acide et se caille ; en outre c'est dans l'air que se développent les champignons qu'il tient déjà en germe : il faut donc mettre le lait à l'abri de l'air, dans une fiole bien remplie et bien fermée.

**6.** — Doit-il être *cuit ou cru?* Ici les médecins ne sont pas d'accord. Presque tous recommandent le lait cru, disant que la cuisson altère la partie nourrissante du lait, la caséine — l'autre partie est le petit-lait — et que cette caséine caillée par la chaleur est très indigeste pour l'enfant. Quelques autres (1), au contraire, prétendent que le lait bouilli est plus digestible; qu'il est nécessaire de le cuire parce que la cuisson détruit les germes de certaines maladies que peut avoir la vache, comme la fièvre typhoïde et la phtisie, maladies que ne transmet pas le lait cuit, que transmet le lait cru, comme on l'a constaté à Paris et à Londres. Qui croire? Quand nous aurons sujet de douter de la santé de la bête et de la qualité du lait, faisons bouillir. Mais plutôt prenons nos précautions pour avoir de bon lait, et faisons « comme la nature, qui dans le sein de la mère ne fait pas bouillir le lait. » « Un lait bouilli donne le plus souvent de la diarrhée... On remarque encore que les enfants pâles et qui ont les yeux ternes sont nourris avec du lait bouilli. Si on les fait changer de régime, en leur donnant du lait frais, on les voit bientôt reprendre leur fraîcheur et la vivacité de leurs yeux. » (2)

**7.** — Les laits dits gras ayant moins d'eau et moins de sucre que le lait de femme, il faut les ramener à la composition du lait de femme : sans cette précaution ils seraient trop lourds, trop indigestes. On doit donc ajouter du *sucre* et de l'*eau*. Combien d'eau? En proportion inverse de la force de l'estomac : 1er mois, 2/3 d'eau; les 2 mois suivants, 1/2; à partir du 4e mois, 1/4 d'eau; à partir du 6e, lait pur ou presque pur. — Beaucoup de nourrices ont

---

(1) Dont un des plus compétents en la matière, Bouchut.

(2) Brochure distribuée gratuitement par l'Académie d'hygiène, 50, boulevard Reuilly, Paris.

l'habitude de donner de l'eau d'orge, d'avoine, etc, Mauvais mélange : ces matières sont de celles qui fermentent — la bière n'est que le produit de la fermentation de l'orge — et tout principe fermenté est encore nuisible au nouveau-né ; de plus ces substances rendent l'eau moins digestible, et par suite peuvent provoquer divers accidents, comme le muguet, des inflammations de l'estomac et des intestins, etc. « Le lait de vache est par lui-même d'une digestion parfois pénible pour l'enfant : ne le rendez pas plus indigeste encore en le dénaturant ainsi. » (1) Quant à l'eau ajoutée, elle doit avoir bouilli, pour détruire les parasites en germe qui peuvent s'y trouver, et d'où viennent quelquefois les vers. — Enfin il faut ajouter du *sel :* un aliment sans sel ne se digère pas ; si le sucre est un excitant agréable, le sel est indispensable. On a souvent remarqué que les enfants nourris au biberon sont scrofuleux et lymphatiques : ne serait-ce pas faute de ce sel, si nécessaire à la formation des os ?

**8.** — Voici donc comment on prépare un repas d'enfant élevé au biberon : faire bouillir l'eau, et la verser sur le lait ; puis laisser refroidir jusqu'à la *température du lait sortant du sein*, c'est-à-dire jusqu'à environ 37-35°. Plus tard, quand le lait sera donné seul, on ne pourra pas le chauffer au moyen de l'eau chaude ; et le mettre au feu ne convient pas, la chaleur directe du feu étant trop brutale ; on obtient une chaleur douce en plongeant la casserole à lait dans de l'eau qui se chauffe

---

(1) Mme Millet-Robinet et le Dr Allix, le Livre des Jeunes Mères.

(c'est ce qu'on appelle le *bain-marie).* On n'oubliera pas de préparer par petites quantités, au fur et à mesure des besoins : tout lait resté au fond du biberon doit être rejeté (voir pourquoi, n° 10).

**9.** — Quelle quantité? *Selon les besoins et la force* du nourrisson : on lui en donne assez pour qu'il soit rassasié, et s'il vomit souvent on diminue la dose. La moyenne est de 2 à 4 cuillerées le 1er mois; un demi-verre le 2e mois; à partir du 3e un verre. Qu'on ne l'oublie pas surtout, une des causes les plus fréquentes des malheurs dans l'allaitement au biberon, c'est l'excès de nourriture qu'on inflige aux nourrissons. On les gorge de bouteilles de lait. Que peut faire leur frêle estomac? Il capitule, et adieu... Pour 1 qui meurt d'inanition, dit Gérard, il y en a 100.000 qui meurent d'excès. — Quant aux intervalles, ils doivent être les mêmes que pour l'allaitement naturel : toutes les deux heures, puis toutes les trois heures; la nuit une fois ou deux.

**10.** — En suivant toutes ces prescriptions, on a satisfait aux conditions du lait : ce n'est que la moitié de la tâche, car ce lait si précieux ne doit pas être **gâté par le biberon.** Si au fond du biberon ou dans le tube il reste la moindre goutte de lait, ce lait s'aigrit, il s'y développe des ferments, c'est-à-dire des animaux microscopiques qui sont la cause de la pourriture; au repas prochain l'enfant absorbera un certain nombre de ferments, et de là les maladies, de là la mortalité qui a effrayé les médecins, de là le discrédit du biberon. Ce n'est pas sa faute à lui, le biberon, c'est la faute à la saleté. Le biberon doit donc être tenu tout le temps et absolument *propre*. Aussitôt qu'on s'en est servi, il faut en démonter toutes les pièces et les laver avec grand soin. L'eau gagnera à être bien chaude, car alors elle dissout mieux toutes les substances. Si l'on a un biberon à tube, il faudra le nettoyer avec une petite brosse qui se vend avec. Puis, dans l'intervalle des tétées, on maintiendra toutes les parties plongées dans l'eau pure, souvent renouvelée, pour les préserver du contact de l'air.

**11.** — Il serait plus commode, dira-t-on, de renoncer au biberon, afin de n'avoir pas à le laver. Pourquoi ne pas se servir d'une cuillère, d'un petit pot, d'un verre? Ah! voilà le nœud : *il faut le biberon*. Le lait ne peut être digéré par l'enfant que s'il y mêle sa salive : or s'il est obligé de faire des efforts pour sucer dans un biberon, ces efforts provoquent la salivation; au contraire, si c'est d'un verre ou d'une cuillère qu'il avale, la salive ne se produit pas. L'enfant ne tète plus, il boit, et il digérera mal. Ainsi s'explique encore la grande mortalité des nourrissons élevés au petit pot. Il y a un autre inconvénient à l'emploi du petit pot : le lait coule par le coin des lèvres, va au cou, refroidit la poitrine, cause des bronchites, etc.

**12.** — Puisqu'il faut un biberon, lequel prendre? — D'après ce qui précède, le biberon doit obliger à sucer, être facilement lavé, et n'avoir aucune substance qui altère le lait. Or les biberons les plus célèbres mêmes — les Robert, recommandés par les hygiénistes — ont un long tube à caoutchouc difficile à tenir propre et qui prend à la longue une mauvaise odeur. Le meilleur biberon, on le fait soi-même : prenez une fiole, mettez au bout une tétine que vous trouverez pour o fr. 25 chez le pharmacien. Quand le caoutchouc prend mauvaise odeur il n'en coûte pas beaucoup pour le remplacer, et d'autre part cette tétine est tout ce qu'il y a de plus facile à laver. Un meilleur biberon, vous n'en trouverez pas pour de l'argent.

**13.** — Souvent, quand on a attendu jusqu'à six mois, le nourrisson ne veut pas « s'y faire au biberon » : on l'y forcera par la faim une fois. Une fois c'est tout, désormais il continuera. Il y a d'ailleurs un moyen d'éviter ce désagrément : c'est, dès la naissance, de faire sucer l'eau sucrée dans un biberon. Affaire d'habitude.

---

## V. — DE L'ALLAITEMENT PAR UN ANIMAL

L'allaitement par un animal est préférable au biberon, parce que le lait passe directement de la mamelle à la bouche. Il n'y a de différence que dans la qualité du lait. D'après ce qui a été dit sur les laits gras et les laits sucrés, la meilleure femelle serait l'ânesse ou la jument. Mais on a le plus souvent recours à la chèvre, parce qu'elle est non seulemeni plus facile à acquérir, mais aussi plus commode à introduire dans la chambre de l'enfant. Comme le lait de chèvre est trop gras pour l'être humain, avant chaque tétée on donnera à boire de l'eau sucrée au nourrisson. — Quand on veut faire téter, on amène la bête dans la chambre de l'enfant, on la fait coucher sur un tapis, puis on place le nourrisson sur son petit oreiller, le long du ventre de l'animal, et on lui met le pis dans la bouche. — Pour que la femelle se porte bien, elle doit prendre l'air chaque jour. Pour qu'elle produise de bon lait en digérant bien elle-même, on mêlera à son fourrage une poignée de sel.

---

## VI. — LA NOURRICE ÉTRANGÈRE

**La nourrice en général : la bien choisir (bon lait et pas de maladies transmissibles.)**

**La nourrice sur lieu : la rendre heureuse, mais ne pas se laisser gouverner par elle.**

**La nourrice à la campagne : la surveiller ou la faire surveiller.**

« Obligée d'avoir recours à une autre, je me souviendrai qu'une nourrice donne la santé ou la maladie, la vie ou la mort; je me souviendrai que toutes les nourrices ne sont pas égales, qu'elles n'ont pas toutes le même lait, et je mettrai mes soins à *bien choisir*. J'attacherai plus de prix aux qualités essentielles qu'aux choses accessoires. Je ne prendrai pas telle nourrice simplement parce qu'elle me plaît, pas plus que je ne la refuserai pour une nuance de teint ou de cheveux. En d'autres termes, j'écarterai toute question d'amour-propre : dans l'amour-propre où serait le seul amour qui doit me diriger, l'amour pour l'enfant ?

Une nourrice est pour nourrir de son lait : sa qualité fondamentale est donc qu'elle ait du lait, et du *lait bon.* Un lait est bon quand il est pur et riche. Pur, c'est-à-dire ne renfermant que du lait, sans mélange de sang, ou de pus, ou de toute autre substance, qui le rendent moins facile à digérer, et même nuisible à la santé. Riche, c'est-à-dire renfermant beaucoup d'éléments nutritifs (lesquels consistent dans des globules microscopiques) : un lait abondant peut être pauvre, et par suite exiger de grands efforts de digestion sans nourrir suffisamment. — Pour répondre complètement à sa destination, le lait doit en outre être d'une abondance qui puisse satisfaire aux besoins du nourrisson. L'abondance du lait est difficile à évaluer. Il n'est pas nécessaire qu'il s'amasse à l'avance dans les seins, et qu'il les gonfle : chez certaines femmes il ne se forme qu'au fur et à mesure qu'il est tiré, et souvent le lait qui vient ainsi n'est pas le plus mauvais ni le moins abondant. Quant à la pureté et à la richesse, un médecin seul peut les apprécier (au moyen du microscope ou par d'autres opérations plus compliquées encore). Mais il est un moyen pratique de s'assurer qu'un lait a toutes les qualités nécessaires : c'est de le voir à l'œuvre, c'est-à-dire d'examiner l'enfant déjà nourri de ce lait. Pour plus de sûreté on peut faire venir la nourrice un peu à l'avance, et la regarder allaiter devant soi son propre enfant : qu'il profite, c'est la meilleure des garanties. — Enfin le lait doit être jeune. S'il est trop vieux, s'il a plus de dix mois, par exemple, il est indigeste pour un enfant qui ne fait que de naître. En outre il s'épuisera et cessera d'être nourrissant au moment même où le nourrisson, grandissant, aura besoin d'un aliment plus fortifiant. Au lieu de nourrir, il donnera des vers. C'est pour cette raison qu'un grand nombre de nourrissons, d'abord bien portants, maigrissent et dépérissent de six à dix mois.

La nourrice par son lait peut transmettre au nourrisson certaines *maladies;* or on peut avoir des maladies que l'on ignore soi-même. Le devoir des parents est donc de la faire examiner soigneusement par le docteur. — Mais la santé, ce qu'on appelle la santé florissante, elle n'est pas indispensable : de même qu'on peut avoir bonne santé et mauvais yeux, de même un mauvais lait peut s'allier à une bonne santé, et un bon lait à une santé moyenne.

Après cela, qu'elle ait encore les gencives roses, signe de la bonne constitution du sang; qu'elle ne soit ni trop âgée ni trop jeune (entre 18 et 35 ans) pour être dans la force qui produit le lait; qu'elle ait déjà nourri, ce qui l'aura rendue plus habile et plus entendue; qu'elle soit indépendante, afin de n'être pas harcelée des exigences de sa famille; qu'elle ait un caractère gai, afin de communiquer un peu de son humeur facile au nourrisson; qu'elle soit intelligente, ce qui n'est jamais un malheur; qu'elle ait encore cent autres qualités, il est permis de souhaiter la perfection chez les autres.

La nourrice choisie, je tâcherai de *la rendre heureuse*. D'abord par justice : il est juste de faire quelque chose pour celle qui remplace la mère. Ensuite par intérêt : si la nourrice est malheureuse, qui en pâtira plus que le nourrisson? On pense rendre une nourrice heureuse en la gorgeant de mets de haut goût, en ne lui demandant aucun travail, en la traitant en un mot comme une grande dame. C'est le plus sûr moyen d'engendrer l'ennui : et l'ennui est la plus triste chose du monde. Pour le prévenir on permettra à la nourrice de s'occuper comme elle faisait chez elle, de causer et de rire avec les gens de sa condition, enfin de sortir faire une promenade quand le temps s'y prête.

Si d'un côté je suis disposée à tout faire pour rendre heureuse notre nourrice, d'un autre je suis résolue à *ne pas me laisser gouverner* par elle. Si son avis est bon on le suivra parce qu'il est bon, mais c'est moi qui en principe dois et veux régler le régime de mon enfant. — A un autre point de vue, je ne laisserai pas voir à la nourrice qu'elle m'est indispensable ; elle ne doit pas s'imaginer que son départ va me jeter dans la crainte de voir mourir mon chéri : elle ne tarderait peut-être pas à abuser de ma faiblesse, à faire des menaces successives pour m'extorquer à chaque fois une nouvelle faveur. Si elle voulait ainsi me faire peur, je lui dirais avec sang-froid que je ne suis nullement embarrassée, que je trouverai et prendrai une autre nourrice : cela la ferait réfléchir. — Que si je me décide à la renvoyer, je ne la préviendrai qu'au dernier moment, toutes mes précautions prises, afin que par dépit elle ne parte pas avant que je sois pourvue, et aussi afin que la colère n'altère point son lait.

Pour les *cadeaux*, je n'en ferai pas à chaque instant et au hasard : plus j'en ferais, plus on en désirerait. Bientôt, usant de ruse, on mesurerait les soins aux cadeaux reçus. J'aime mieux dire à la nourrice : « Je vous paye bien, je veux être bien servie. Vous n'aurez de cadeaux que deux fois, à la première dent et à la fin de l'allaitement. Mais ces cadeaux seront proportionnés à la somme de satisfactions que vous m'aurez données. » Puis je tiendrai parole. Quand la nourrice partira surtout, je lui donnerai de l'argent, c'est-à-dire la chose dont elle a le plus besoin en ce moment, et pour laquelle elle avait quitté sa famille et son enfant. Je ne me croirai pas quitte pour cela : si j'en ai l'occasion, je verrai de temps en temps la seconde mère de mon enfant, je laisserai le nourrisson la voir et lui témoigner son amour: ce n'est pas moi qui me ferai professeur d'ingratitude. »

« Pauvre ouvrière ne gagnant qu'un faible salaire, je n'ai pas assez de ressources pour entretenir une nourrice chez moi. Il me répugne de penser du mal de ces femmes : je trouve qu'elles ont du mérite d'élever les enfants des autres. Mais il faut voir les choses comme elles sont, et j'ai été effrayée à la lecture de ce que rapportent sur ce point les médecins (1). Aussi vais-je chercher une nourrice *le plus près possible*, afin de pouvoir, le dimanche quelquefois, aller facilement et vite examiner le cher être, surveiller la nourrice, m'assurer

(1) Voir surtout Brochard, Donné, Seraine, Bouchut.

qu'elle ne me trompe pas, qu'elle le soigne bien. Je la choisirai à la campagne, autant que possible dans un lieu sec et non marécageux, où il y ait un air sain et un gai soleil. Je prendrai de préférence une femme de cultivateur : une ouvrière qui a un métier s'occuperait plus de son métier que du nourrisson ; une femme d'ouvrier n'a pas de lait chez elle : par les mauvais temps, ou quand elle serait fatiguée, ou qu'elle n'aurait pas d'argent, elle n'irait pas chercher du lait, elle donnerait de ces bouillies si meurtrières : tandis qu'une femme de cultivateur a chez elle une vache, du lait de bonne qualité.

Et si je ne puis pas veiller moi-même, je ferai surveiller par la *Société protectrice de l'enfance.* Cette admirable Société a 700 médecins qui, dans 30 départements, inspectent à titre gratuit les nourrices qu'on veut bien lui désigner. Gratuitement encore, elle communique aux parents, chaque mois, les bulletins de ses médecins-inspecteurs sur les nourrissons confiés à leur surveillance. Quand de pareilles institutions existent, à plaindre qui n'en profite pas. (1) »

(1) Siège social à Paris. — D'autres Sociétés fonctionnent à Lyon, Marseille, Bordeaux, Le Havre, Rouen, Tours, Reims, etc.

## VII. — RÈGLES DU SEVRAGE

**Quand on doit sevrer : entre 12 et 18 mois, après que l'estomac sait digérer autre chose, quand il y a des dents, non quand elles sortent, non aux fortes chaleurs.**

**Comment on doit sevrer : commencer la nuit, puis rendre les tétées de jour plus rares, distraire au moment du sevrage définitif.**

**Pour la mère : faire tarir le lait, soigner les seins et la santé.**

**1.** — Si l'on continue de ne donner que du lait à l'enfant d'un certain âge, par exemple au delà de vingt mois, il se fait pâle, ses chairs sont molles, ses os ne se forment pas, ses jambes deviennent courbes : c'est que le lait vieilli est maigre, a peu de crème et beaucoup d'eau ; fût-il d'ailleurs bon, l'enfant n'y trouverait plus les principes nutritifs nécessaires à son âge et à son développement. — Si, au contraire, on prive de lait le nourrisson encore trop jeune, quand son estomac n'est pas assez fort pour digérer d'autres aliments, on l'expose, faute de digestion, à la diarrhée et à la mort. Un très grand nombre de nourrissons meurent ainsi, au dire de tous les médecins, pour avoir été sevrés prématurément. Il ne faut donc sevrer ni trop tard ni trop tôt. *Entre 12 et 18 mois* est la plus favorable époque. Avant un an il n'est permis de sevrer que si la nourrice s'épuise ou si le nourrisson supporte mal le lait.

**2.** — Sevrer, c'est priver du lait maternel, de ce lait qui d'abord a constitué seul toute la nourriture de l'enfant : est-il possible, du jour au lendemain, de changer totalement de régime? Le bon sens dit non, l'expérience et la science disent non. Si un grand nombre de nourrissons meurent à l'époque du sevrage, c'est que leur estomac n'a pas été peu à peu préparé à digérer les aliments nouveaux qui désormais lui sont fournis. On doit donc, en même temps qu'il continue de téter, habituer le nourrisson à prendre, d'abord du lait au biberon, ensuite des soupes (voir le chapitre suivant). Si les digestions vont bien, c'est signe que l'estomac est fort. En un mot, il ne faut sevrer qu'après que l'estomac a prouvé qu'il est capable de *digérer autre chose.* « Le sevrage, a dit Alphonse Leroy, ne doit être que la cessation de l'usage d'un des aliments de l'enfant, et non le changement subit de sa manière d'être nourri ». Toute la théorie du sevrage, ajoute Brochard, est contenue dans ces quelques mots.

**3.** — Pour que l'estomac digère, il faut que la bouche ait mâché. Et il n'y a que les dents qui mâchent. Il s'ensuit que tout enfant que l'on sèvre doit *avoir des dents.* Combien ? Au moins six ; il serait préférable qu'il en eût seize ; douze est une bonne moyenne qui permet de mâcher suffisamment.

**4.** — Pendant la sortie des dents l'enfant souffre ; et plus il souffre, plus il s'attache au sein, qui lui adoucit un moment ses souffrances. D'un autre côté le sevrage le rend impressionnable ; cette privation d'une chose qui lui faisait plaisir irrite son sang. En échauffant le sang, et la dentition et le sevrage concourent à produire des maladies de l'intestin : afin que les deux causes d'irritation n'existent pas à la fois, il faut le sevrer, non quand il fait ses dents, mais *entre deux poussées*. Les dents viennent par groupes : 2 en bas, 4 en haut, 2 en bas, 4 petites molaires, 4 canines, etc. Tant qu'elles sont en chiffre impair, on peut s'attendre à voir la paire sortir : il faut donc la laisser venir, pour sevrer au moment du repos des dents. Le meilleur repos, le plus long, vient après l'apparition des canines. Un autre bon repos a lieu après douze dents.

**5.** — Pendant les fortes chaleurs de l'été le sang échauffé digère moins bien : aussi les diarrhées sont-elles à cette époque plus nombreuses qu'à aucun autre moment de l'année. Le lait du sein étant l'aliment le plus facilement digéré, le seul que puisse digérer un enfant atteint de diarrhée, il est prudent de ne pas sevrer pendant les *grandes chaleurs*. A plus forte raison s'il court une épidémie de diarrhée (le choléra infantile). Les médecins ont constaté qu'à cette époque étaient les plus nombreux les cas de mort par suite du sevrage.

**6.** — Comment opérer le sevrage ? En commençant par retirer le sein *la nuit*, et cela avant l'âge d'un an. Rien n'est plus inutile à un enfant déjà fort que de téter la nuit, et rien n'est plus facile que de lui en faire perdre l'habitude. « La première nuit, au lieu de lui donner une grande quantité de lait comme on le fait ordinairement, on lui en donne un demi-verre. L'enfant criera pour avoir sa ration habituelle. On le laisse crier : au bout de quelques instants il s'endormira. La nuit suivante, au lieu de lait, on lui donnera de l'eau sucrée, et l'on ne fera pas attention à ses cris. La troisième nuit, on lui donnera de l'eau pure. Au bout de deux ou trois nuits, il ne demandera plus à boire et dormira toute la nuit sans réveiller sa mère ou sa nourrice (1) ».

Ensuite en rendant plus *rares les tétées* de jour, et en les remplaçant par des repas : une tétée sera d'abord remplacée par un repas, puis, si la digestion se fait bien, deux tétées par deux repas, et ainsi de suite progressivement : de dix tétées données au début, on en arrive à trois, puis à deux.

Quand sera venu le moment définitif du sevrage, *distraire* l'enfant, le mener à la promenade, pour qu'il n'ait pas le temps de penser au sein. « Déjà déshabitué peu à peu du lait, il acceptera sans pleurs et sans cris d'en être tout à fait privé ; » il y renoncera pour ainsi dire de lui-même (et cela juste au moment où le lait commençait à tarir, pour avoir été moins souvent tiré). S'il réclame fortement le sein, on peut l'en dégoûter en enduisant les mamelles d'une substance désagréable, comme l'aloès, la gentiane ou la suie. Pour ce qui est de séparer la mère de l'enfant, comme on le fait quelquefois, il ne faut le faire qu'à la dernière extrémité, lorsqu'il est avéré que la vue du sein est un obstacle insurmontable au sevrage : la mère et l'enfant pourraient, par suite de la séparation, être tristes, s'ennuyer, souffrir : or l'un et l'autre ont besoin d'être heureux et gais, l'enfant pour digérer, la nourrice pour faire passer son lait.

---

(1) Brochard.

7. — Après le sevrage, les seins se gonflent, deviennent durs et douloureux : les frotter d'huile camphrée pour adoucir la douleur. Le lait peut couler, provoquer, en restant sur la peau, un refroidissement, puis une inflammation et un abcès : couvrir les seins de ouate. Il faut tarir la sécrétion du lait : se purger deux à trois fois et manger moins, afin d'appauvrir momentanément le sang, qui produit le lait ; on peut encore appauvrir le sang par la transpiration, la sueur se produisant aux dépens du sang : séjourner dans un lit chaud, prendre des tisanes chaudes. — Le sevrage terminé, la femme, fatiguée, fera bien de suivre un régime fortifiant (quinquina, eau ferrée, séjour à l'air).

## VIII. — ALIMENTATION DE L'ENFANT AVANT LE SEVRAGE

**D'abord le nourrisson ne doit prendre que du lait, puis du lait au biberon, ensuite des panades au lait, enfin des potages divers.**

Nous ne vivons que par le sang, lequel a besoin d'être renouvelé par des aliments : non par des aliments quelconques, mais par ceux qui sont digérés, c'est-à-dire rendus semblables au sang et mêlés à lui. Une bonne alimentation, si nécessaire à l'adulte, a plus d'importance encore pour l'enfant, dont le sang n'est pas bien formé ; et la bonne digestion est plus difficile chez lui, parce que son estomac est fragile et facile à endommager. De là cette parole d'un médecin : *La cuisine est la meilleure pharmacie des enfants.* Et cette autre : Dis-moi ce que tu manges, et je te dirai quelle est ta santé.

Pour que les aliments soient absorbés, il faut qu'ils aient été, dans la bouche, mâchés par les dents et mêlés à la salive ; dans l'estomac, travaillés par un suc particulier (nommé suc gastrique) ; dans l'intestin, travaillés encore par un autre suc (suc pancréatique). Or le nouveau-né est dépourvu, et des dents nécessaires pour mâcher, et des organes (nommés glandes) qui produisent la salive et les deux sucs nécessaires à la digestion. Les dents et les glandes lui viennent en même temps, quand la nature veut qu'il commence à manger. Il s'ensuit que tant qu'il n'a pas de dents un enfant ne doit manger rien. Il ne doit prendre que le seul aliment qu'il peut digérer, le lait. Beaucoup de femmes, craignant d'avoir un lait trop clair, pas assez substantiel, donnent à leur nourrisson, dès les premiers jours, des soupes épaisses, du lard, de la viande, en un mot lui font « manger de tout. » Le pauvre innocent avale ce qu'on lui présente, mais son estomac ne peut pas digérer, pas plus que le nôtre ne pourrait digérer des pierres : ainsi que des pierres les aliments restent tout entiers dans le frêle estomac du petit être : de là les coliques, les vomissements, les diarrhées ; l'enfant maigrit à vue d'œil ; plus on lui donne à manger, croyant réparer ses forces, plus il se fatigue en pure perte et s'épuise. La mort vient souvent. Quand elle ne vient pas, l'enfant ne sera pas plus heureux : car que sert de vivre si c'est pour souffrir d'une mauvaise santé, pour traîner une vie languissante ? Celui qui résiste aura un bas-ventre énorme, farci d'aliments indigestes, incapable de bien digérer, et par conséquent de bien nourrir : il restera faible, petit, sans ossature, rachitique, chétif toute sa vie. Pauvre être condamné à une vie misérable par les soins de ceux qui étaient chargés de son bonheur ! Mères, il ne s'agit pas de donner beaucoup à manger. Dans votre impatience de voir votre homme grandir, se fortifier, devenir beau, vous prenez, en lui donnant trop tôt à manger, tout juste les mesures qui lui seront les plus funestes.

Mais le lait seul, pensez-vous, ne peut suffire ? Le lait est si peu de chose ? — Le lait est proportionné aux forces de l'enfant : c'est le seul aliment qu'il peut digérer, c'est donc le seul dont il peut être nourri. Le lait est un aliment complet : il renferme à la fois et les principes nutritifs qui refont le sang, la chair, les os, et les principes qui, en brûlant dans notre corps, contribuent à la respiration et entretiennent notre chaleur. Le lait guérit même, et peut seul guérir, les ravages causés par les autres aliments. Un médecin dit : « Je fus consulté une fois pour une petite fille de huit ou dix mois à l'aspect rachitique. Son ventre était énorme, ses jambes grêles ne pouvaient la porter. Cette enfant, sevrée prématurément, atteinte de diarrhée, revenait de nourrice et n'avait que deux dents. On lui donnait pour la fortifier du bouillon gras, de la viande, etc. Je demandai à la mère pourquoi elle ne lui donnait pas du lait. « Elle a l'estomac trop faible, répondit-elle, elle ne peut pas le supporter. » Cette réponse ridicule m'a été faite des centaines de fois. Je fis suspendre la viande et le bouillon et ordonnai pour toute nourriture du lait. L'enfant se rétablit parfaitement. » (1) Des milliers d'enfants ont été sauvés ainsi. Voilà ce qu'est le lait.

Cependant malgré toute sa valeur le lait maternel ne suffira pas toujours, et c'est une vanité nuisible que de vouloir, après un certain âge, nourrir un gros enfant au sein seul, sans rien lui faire manger. Outre que le lait en vieillissant perd de sa force, le nourrisson un jour devra être sevré, et il ne le sera sans accident que s'il a été habitué peu à peu à manger.

On lui donnera donc, en premier lieu, vers le quatrième mois, du *lait au biberon* (voir le chapitre sur ce mode d'allaitement).

Puis, vers six mois, des *potages*. On les fait aujourd'hui de diverses substances (farines de froment, d'avoine, fécules de riz, de pommes de terre, semoule, tapioca, etc.) Mais des hygiénistes condamnent l'emploi de ces farines, qui n'ont pas fermenté, et il semble qu'ils aient raison : y a-t-il, je vous le demande, rien de plus insipide qu'une farine bouillie, rien qui ressemble plus à une « colle indi-

---

(1) Brochard.

geste ? » — « Ce sont, à coup sûr, dit Saucerotte, les nourrices mercenaires qui ont inventé ou qui du moins perpétuent l'usage de cette colle indigeste, parce que l'estomac de ces petits êtres une fois gorgé, ils ont moins besoin du sein. » En effet, tant que l'estomac des nourrissons est « rempli de ce mets indigeste et épais, ils sont engourdis jusqu'après la digestion imparfaite de ce mauvais aliment. Mais lorsque cette espèce de stupeur est passée, ils annoncent par leurs cris le vice de leurs digestions. » (1) — « Ce n'est qu'à partir du dix-septième siècle que l'usage de donner aux enfants des bouillies a commencé à se répandre, et c'est précisément de cette époque, à la suite de ce changement malheureux des habitudes anciennes, que date l'invasion du rachitisme en Europe. » (2) Au même titre on peut condamner les pâtes artificielles que prône le commerce et qui sont présentées comme supérieures. Ou elles ont du lait, et le lait naturel est meilleur ; ou elles ont des farines, et les farines ne sont pas bonnes.

Par quoi donc remplacer les farines ? Par une chose bien simple, dont nous mangeons trois fois par jour, et qui ne nous fait jamais de mal, par le pain. Le pain a fermenté, et tout ce qui a fermenté est plus léger et plus facile à digérer. Il va sans dire qu'il ne s'agit pas de donner le pain tout sec. Le lait étant le premier aliment de l'enfant, ajoutons-y l'aliment universel, nous aurons une *soupe au lait*. Comme cette soupe peut être un peu

(1) Seraine. (2) M^me^ Millet-Robinet et le D^r^ Allix.

dure, faisons griller le pain au feu, puis laissons mijoter longtemps la soupe au lait sur un feu doux, écrasons bien pour qu'il ne reste pas de miettes trop grosses, nous aurons la *panade au lait,* le meilleur aliment, on le voit, qui puisse être donné à l'enfant : le lait et le pain, rien n'égale ces deux substances ; ajoutons, il va sans dire encore, du sucre, et nous aurons un mets composé des trois principes qui, d'après une commission des médecins des hôpitaux, constituent le type supérieur d'alimentation pour les enfants : lait, pain, sucre. Le sel n'est pas compté, parce qu'il est aussi nécessaire aux enfants qu'aux adultes. La panade sera rendue plus nourrissante si l'on y ajoute un jaune d'œuf.

Plus tard, d'ailleurs, il sera bon de donner autre chose que des panades, c'est-à-dire des farines, des gruaux et des pâtes, autant pour ne pas lasser l'estomac que pour l'habituer à tout prendre et à tout porter. On fera bien de torréfier la farine jusqu'à ce qu'elle devienne jaunâtre : elle est alors plus légère ; de faire cuire longtemps : ce qui a bouilli longtemps est plus facile à digérer. — Le lait sera remplacé par du bouillon, puis par de l'eau (c'est moins agréable et moins nourrissant, mais c'est pour habituer). — Le pain pourra être trempé dans de l'eau sucrée rougie de vin : c'est très goûté de l'enfant, et c'est ce qu'il y a de plus commode à emporter à la promenade. — Enfin le pain tout seul, sous forme de croûte que suce l'enfant, a l'avantage de l'exercer à mâcher et de favoriser la sortie des dents.

Dans quelle quantité donner les panades? Selon l'âge et les forces du nourrisson. De même que les dents ne se forment point en vingt-quatre heures, de même on ne doit point, d'un jour à l'autre, et sans transition, changer brusquement de régime. On donnera d'abord, vers six mois, *une panade* par jour, et toujours au même moment ; puis, vers huit mois, *deux,* une le matin et une le soir ; à partir de dix mois on pourra aller jusqu'à *trois* panades par jour. — Au début elles seront très claires : du lait auquel on a ajouté à peine du pain ; à mesure que l'enfant grandit et se fortifie, le pain sera donné en plus grande quantité, de façon à faire une soupe plus épaisse.

Faut-il donner à *téter après un repas?* C'est une pratique qui a été condamnée par beaucoup de médecins. Si l'enfant a bien mangé, disent-ils, le lait tombant sur le manger est chose superflue, et même dangereuse, en ce qu'il donne double dose à digérer. — Mais le savant Bouchut est de l'avis contraire ; il a achevé de découvrir dans le lait de femme un principe ignoré qui transforme en sucre, c'est-à-dire en substance assimilable, l'amidon (lequel se trouve dans tout pain et dans toute farine). D'après lui il faut donc donner à téter après le repas ; le lait sert à délayer le pain ou la farine et en facilite la digestion. — Quel avis suivre? Les deux : au début, tant que l'estomac est encore faible, lui venir en aide en lui donnant un peu de lait ; plus tard lui apprendre à s'en passer, afin qu'il devienne indépendant comme un estomac ordinaire.

## IX. — ALIMENTATION APRÈS LE SEVRAGE.

**Deux excès à éviter : le trop et le trop peu.**
**Beaucoup de : lait, soupes, œufs, légumes, fruits.**
**Peu de : viande, sucre, vin.**
**Point de : pâtisseries, boissons fortes.**
**Conditions de la santé : régularité, variété.**

Que mange ce jeune enfant à peine sevré? — Il mange comme nous, répondent la plupart des parents. — Comme vous! Vous vous imaginez donc qu'il a un estomac pareil au vôtre? Et voyez le contraste : jusqu'à ce jour son régime était presque tout lait, désormais plus de lait, ou presque pas. L'estomac peut-il supporter un changement si brusque? Ne faut-il pas lui donner du temps pour qu'il se fasse peu à peu à de nouveaux aliments? Continuons donc à nourrir avant tout de *lait* et de *soupes* (lait sous toutes les formes, soupes et bouillons de diverses sortes). Cette précaution est nécessaire surtout quand l'enfant a été peu nourri avant le sevrage : moins il a mangé avant, moins il doit manger après, pour ménager la transition. Il n'est que trop fréquent de voir manquer à cette règle : on veut rattraper le temps perdu...; et c'est ainsi que meurent un très grand nombre d'enfants, après le sevrage, parce qu'on les a tout d'un coup gorgés de plus d'aliments qu'ils ne pouvaient digérer.

Néanmoins le lait et les soupes ne suffisent pas : le petit homme a besoin d'une nourriture de plus en plus fortifiante et variée. « Deux fautes, dit Brochard, d'une nature bien différente, sont commises chez les nourrissons au moment où on les sèvre. Aux uns, *sous prétexte de les fortifier*, on donne de la viande, du vin, etc. Ces enfants maigrissent et s'affaiblissent de jour en jour. Aux autres, *de peur de les échauffer*, on ne donne que du lait, des pâtes, des aliments féculents, etc. Ces enfants restent mous, lymphatiques, empâtés. » Or c'est le moment d'achever de les doter d'une constitution robuste : s'ils restent chétifs leurs quatre ou cinq premières années il est à craindre qu'ils le restent longtemps, et peut-être toute leur vie. Un grand nombre de poitrinaires ne le sont devenus que pour avoir été mal nourris dans leur première enfance.

Les principaux aliments nouveaux à donner à l'enfant sevré sont: 1° L'*œuf frais*, nourriture à la fois substantielle et facile à digérer ; 2° Les *légumes :* le règne végétal est doux et n'irrite pas l'estomac, tout en nourrissant fort bien ; 3° Les *fruits*, dont l'enfant est si avide, et qu'il vaut mieux lui donner, mûrs ou cuits, pour l'empêcher d'être dévoré d'envie, d'engloutir à la dérobée « tous ceux qu'il peut attraper, bons ou mauvais, mûrs ou pas mûrs. » Locke recommande, et le conseil est excellent, de ne pas donner les fruits après les repas, alors que l'estomac est déjà chargé d'une autre nourriture, mais avant ou pendant les repas et de faire manger du pain avec. En d'autres termes, les fruits doivent constituer un repas ou une partie de repas. Ils sont nourrissants et ils stimulent les intestins. Les enfants ont raison de les aimer, et nous tort quand nous les leur refusons systématiquement.

Il est au contraire des aliments qu'il ne faut donner qu'en très petite quantité, parce qu'ils deviendraient vite nuisibles.

1° *Peu de viande,* pas plus d'une fois par jour, et pas plus d'une sorte dans chaque repas. Le préjugé de gorger de viandes fortes est l'un des plus funestes : des morceaux de viande entière passent indigérés à travers les intestins de l'enfant : quel bien voulez-vous que fasse cette charge ? Suivons la nature : si l'enfant semble désirer de la viande, donnons-lui en, le désir indique la faculté de digérer ; s'il répugne à la viande, n'ayons pas peur de le voir dépérir parce qu'il n'en aura pas mangé. Les chevaux n'en mangent pas, et quels animaux aux muscles plus forts et plus souples ? Vous me direz que l'homme n'est pas un cheval ? Pardon, il est plutôt cheval que chien par l'estomac, nous sommes conformés pour manger des légumes plutôt que de la chair. Ce n'est qu'à partir de la troisième année qu'il est bon d'accoutumer l'enfant à l'alimentation complète, afin qu'il devienne semblable aux autres hommes. Pour l'y préparer graduellement, le mieux est de lui donner ce que son estomac désire le plus : un os de poulet à sucer ; puis la viande de poulet et de veau, viandes blanches plus faciles à digérer que la viande de bœuf et que toutes les viandes noires. Une autre condition pour que la viande soit plus facilement digérée, c'est qu'elle soit peu cuite et presque saignante. C'est pour cette raison que dans ces dernières années des hygiénistes ont conseillé l'usage de la viande crue : mais il faut tenir compte du danger du ver solitaire, que peut communiquer la viande crue : le feu détruit les germes du ver.

2° *Peu de sucre.* Le sucre, il est vrai, est nécessaire à l'enfant : comme il n'y a que les matières grasses et le sucre qui nous donnent la chaleur indispensable à la vie, et que l'enfant n'aime pas les matières grasses, il se rattrape sur le sucre : il en a besoin. Il faut le satisfaire dans la mesure du besoin, non de la gourmandise : donner le sucre dans les aliments, et non en ces morceaux qui produisent des acides faisant noircir et tomber les dents ; sucrer légèrement et non grassement : pris en trop grande abondance, il « tarit la salive, et tout ce que l'on mange dans ces conditions est mal digéré, mal assimilé et sans profit. En outre, il est si savoureux, que tout ce qui n'est pas sucré paraît ensuite sans saveur. » Ne pas pouvoir se passer de sucre dans la vie, quelle plus pesante servitude ? Apprenons donc à l'homme qui grandit à remplacer peu à peu le sucre par le sel.

3° *Peu de vin.* Le vin est nécessaire aux

tempéraments chétifs et lymphatiques pour les fortifier. Mais la plupart des enfants peuvent se porter très bien sans boire du vin : alors pourquoi leur en donner l'habitude, c'est-à-dire le besoin ? Nouvelle servitude dont c'est un service à leur rendre que de les tenir francs. En outre, le vin communique au sang une chaleur et une activité qui réagit sur le caractère et le rend bouillant et emporté ; il éveille les passions, leur donne une regrettable puissance et devient ainsi l'origine de tous les excès. Surtout il tire la puissance sexuelle d'un sommeil qu'il importe de prolonger le plus longtemps possible. » (1) L'eau rougie est la meilleure des boissons : elle n'échauffe pas le sang et elle facilite la digestion.

Il est enfin diverses substances qui sont nuisibles réellement au jeune âge :

1° Les *pâtisseries,* qui, n'ayant pas fermenté, sont lourdes et indigestes, et qui en outre donnent de si détestables habitudes de gourmandise. Pour en faire passer l'envie, on peut donner de préférence des biscuits trempés dans de l'eau rougie et des tartines de beurre sucré.

2° Le *café*, le *thé*, les *liqueurs*, qui accélèrent la circulation du sang, déjà si rapide chez l'enfant, et surexcitent son système nerveux, qui a besoin d'être plutôt calmé. « Il se trouve quelquefois des parents assez coupables pour donner eux-mêmes à leurs enfants des liqueurs et de l'eau-de-vie, et s'efforcer de vaincre la répugnance de ces pauvres petites

(1) Seraine.

créatures pour ces funestes boissons, qui, à leur âge, sont bien réellement des poisons. On cite plusieurs exemples d'enfants morts subitement dans les bras de leurs mères après en avoir fait usage. » (1)

En combinant et en alternant ces cinq sortes de mets (lait, potages, œufs, légumes et fruits), en les préparant de diverses façons, on obtiendra la *variété* nécessaire pour stimuler l'estomac, sans aller jusqu'à la satiété, qui le rend paresseux. Cette variété doit avoir lieu « d'un repas à l'autre, et non consister dans de nombreux mets différents servis à chaque repas. »

Une autre condition de la bonne alimentation c'est la *régularité :* l'enfant ayant besoin de manger toutes les trois ou quatre heures, on respectera la loi de la nature (en évitant toutefois de rendre le petit être maniaque et exigeant : il faut lui apprendre aussi à attendre et à se passer, pour se former à la vie, où si souvent l'on a besoin de se plier aux circonstances). Mais, par exemple, ce qu'on ne permettra pas, c'est les grignotages entre les repas, c'est cette grimace agaçante d'un grand enfant qui ne peut respirer s'il n'a quelque morceau à la bouche, habitude nuisible au caractère, parce qu'elle rend gourmand, et nuisible à la santé, parce que l'estomac a besoin de repos comme le corps de sommeil. Tout au plus à certains estomacs exigeants peut-on donner, une fois, une croûte de pain : si elle est mangée, c'est que le besoin se faisait

(1) Seraine.

sentir ; si elle est dédaignée, c'est qu'on était mieux sans manger. « Les enfants qui mangent toujours, a dit Brochard, ne sont jamais des enfants bien portants. »

---

## X. — CHALEUR ET VÊTEMENT.

**Chaleur : éviter le froid et les refroidissements.**
**Maillot et vêtement : maintenir la liberté des mouvements.**

Le nouveau-né a *besoin de chaleur*. Songeons qu'il sort d'un milieu chaud (le sein de la mère à 38°) pour entrer dans une température quelquefois hivernale. Dans une transition si brusque l'homme rétablirait l'équilibre en se donnant du mouvement, en mangeant beaucoup, en respirant puissamment : le nouveau-né commence de respirer, mange à peine, ne peut se donner aucun mouvement ; aussi ne produit-il de lui-même que 34 degrés de chaleur, tandis que l'adulte en produit 37. En outre sa peau est mince, percée de pores largement ouverts à travers lesquels passe l'air froid du dehors ; la peau est encore plus sensible au moment où elle change, les deux premiers mois. Enfin la chair est bien délicate aussi, bien sensible à la moindre impression de froid. Ce n'est pas tout que la souffrance : le sang est par le froid chassé, « violemment refoulé vers l'intérieur de l'organisme, où il s'échauffe et s'enfièvre (1) » : de là tant de rhumes et de

(1) Grimard, L'Enfant, son passé, son avenir.

bronchites chez les enfants, tant de phtisies, tant de morts ! C'est un point acquis à la science : la statistique a établi qu'il meurt plus de nouveau-nés dans les pays froids que dans les pays à température douce, et que dans les mêmes pays il en meurt plus aux jours froids qu'aux jours doux. Des savants ont fait des expériences sur des petits d'animaux : ceux qui jeunes ont été exposés au froid sont presque tous morts de maladies de poitrine. « Le froid est essentiellement ennemi de la vie, et surtout de la vie qui commence. » Est-ce aux temps gelés que germent les graines et les bourgeons ?

L'enfant ne produisant pas, quand il fait froid, assez de chaleur naturelle, il faut lui procurer de la *chaleur artificielle.* Comment ? Ce n'est pas par le vêtement : le vêtement ne produit pas de la chaleur, il ne fait que retenir celle qui existe. Il n'y a donc que deux moyens : ou la chaleur de la mère, ou la chaleur du feu. Les premiers jours, tant qu'elle reste au lit, la mère peut couver son petit comme fait la poule, comme font un grand nombre d'animaux : il est probable que cette chaleur humaine est la meilleure qui puisse exister pour la vie d'un être humain, jusqu'à ce qu'il soit capable de produire par lui-même assez de chaleur grâce à l'alimentation et à la respiration pour résister au froid extérieur. Il y a le danger de l'étouffement, mais pour 1 qui meurt étouffé, dit Gérard, il y en a eu 100.000 morts de refroidissement. Un jour vient néanmoins où la mère doit renoncer à couver. Dès qu'elle ne reste plus au lit, elle doit laisser le nouveau-né au berceau : s'il fait froid elle lui mettra sous les pieds une bouteille d'eau chaude (non une brique ou un fer chauffés, le feu peut prendre : bien des enfants ont péri ainsi, brûlés et noircis comme charbon).

On doit en outre prendre quelques précautions pour que l'enfant *ne prenne pas froid :* 1° L'envelopper chaudement ; 2° Le tenir dans une chambre pas trop froide : la moyenne de 15° est la meilleure ; il est bon d'avoir un thermomètre, c'est si commode et si peu coûteux ; 3° Placer le berceau de façon qu'il ne soit pas exposé à un courant d'air (voir la bonne place du berceau, dans le chapitre du sommeil) ; 4° Ne pas le sortir à l'air froid les premiers jours : c'est pour cette raison que les municipalités n'exigent plus la présentation du nouveau-né à la mairie ; si l'on ne veut pas attendre quinze jours avant de baptiser il faudra envelopper avec soin le frêle être, ne lui laisser arriver l'air qu'à travers un voile, etc. (il s'agit toujours des temps froids) ; 5° Le laver à l'eau tiède les premiers jours ; si on le baptise alors, emporter de l'eau tiède.

Le *maillot doit répondre à sa destination.* D'abord, pour ne pas froisser une peau si délicate, il faut un linge très doux ; le linge vieux est plus doux que le neuf. Ensuite, pour tenir chaud, la meilleure étoffe est la laine ; on prendra, pour l'hiver surtout, ce qu'on pourra trouver de plus moelleux. Le maillot doit en outre se prêter à la propreté. Le bas étant souvent sali, il faut pouvoir le retirer sans toucher au haut : c'est pourquoi tout maillot comprend deux parties.

Le point capital, c'est qu'il *ne gêne pas*. Le nouveau-né a, comme l'enfant plus tard, absolument besoin de se mouvoir : rester immobile, c'est être mort ; vivre, c'est remuer. Plus il se remue, plus il prend de force et plus il se développe. Vous voulez donc l'empêcher de se fortifier et de grandir ? C'est que vous le trouvez trop grand et trop fort ? Il est trop usité encore dans nos campagnes l'ancien maillot qui serre l'enfant comme un paquet. La poitrine n'a pas de place pour s'ouvrir, c'est-à-dire pour respirer. Le sang, serré dans ses vaisseaux, gêné dans sa marche, séjourne surtout à la tête, où n'est pas sa place, et va moins au cœur et à l'estomac, où il a un rôle essentiel à remplir ; les mains, faute de recevoir le sang, sont quelquefois bleuâtres, enflées, froides ; les jambes, pour se soustraire à la torture d'être ligaturées, font des mouvements violents, se frottent l'une contre l'autre, s'écorchent, se couvrent de plaies ; les bras font des efforts pour se dégager, et les épaules se soulèvent. Brochard a donc raison de qualifier le maillot serré « un instrument de torture et une cause d'infirmités. » C'est aussi une cause d'arrêt dans le développement : la digestion, nécessaire pour refaire le sang, se fait mal ; la respiration, qui purifie le sang, se fait mal ; les mouvements, qui font circuler le sang, ne se font pas du tout : or le sang c'est la vie, c'est la chair et c'est l'os, c'est la force et c'est la croissance. O affreux maillot, ficelé comme une momie, c'est-à-dire comme un cadavre, avec tes courroies qui serrent et qui étouffent, combien de victimes n'as-tu pas faites !

Par haine de ce maillot, on a adopté parfois le maillot dit anglais, c'est-à-dire en réalité une robe ordinaire qui laisse à nu, à l'air, les jambes et les cuisses : c'est aller d'un extrême à l'autre et d'une faute à une autre, car cette robe ne préserve pas assez du froid. En tenant compte à la fois et du besoin de chaleur et du besoin de mouvement, l'on est arrivé à constituer le maillot français modifié ou nouveau, qui répond aujourd'hui à tous les besoins : les bras sont laissés libres pour qu'ils se remuent tant qu'ils veulent, mais les mains sont à l'abri du froid grâce aux manches des brassières terminées en fond de sac ; les jambes sont libres dans une espèce de pantalon de zouave ou elles se livrent à leur gymnastique aimée si utile au développement de la colonne vertébrale ; elles ne sont pas tenues de rester allongées : le nouveau-né les replie souvent autour du tronc, comme pour reprendre la position dans laquelle il a vécu au sein de la mère ; et nous-mêmes aurions-nous la force de tenir toujours nos jambes tendues ? n'éprouvons-nous pas le besoin de nous asseoir ? mais en même temps elles sont préservées du froid parce qu'on les a enveloppées de tous côtés, et elles se trouvent isolées l'une et l'autre de sorte qu'en se heurtant elles ne s'écorchent point ; le tronc est protégé sans être comprimé ; la poitrine et l'estomac sont à l'aise sans être exposés au froid.

Quand l'enfant sera plus grand, il n'y aura toujours que les trois mêmes règles à suivre :

1° éviter les refroidissements; 2° assurer la chaleur; 3° laisser la liberté des mouvements.

1° Pour *éviter les refroidissements.* Ne pas s'exposer au froid après un exercice violent qui a fait suer, mais attendre un moment que la chaleur soit dissipée. A plus forte raison ne jamais entrer dans un bain étant en sueur, ni boire beaucoup d'eau froide (toute eau froide, tombant sur le sang échauffé, le glace brusquement, le caille pour ainsi dire, il cesse de circuler, de là des maladies et quelquefois la mort). Changer de chaussure toutes les fois que l'on a les pieds humides : cette humidité refroidirait peu à peu tout le sang, et la circulation se ralentirait. Dans les pays chauds, faire attention à l'heure du coucher du soleil, où il y a souvent un changement de température brusque et radical.

2° Pour *se maintenir chaud.* Avoir des habits qui couvrent tout le corps. La mode dite anglaise, jambes nues, bras nus, épaules nues, est des plus imprudentes : comment ! nous, adultes, nous nous couvrons tout le corps pour nous préserver du froid extérieur, et nous laisserions exposées à ce même froid, chez l'enfant plus sensible et plus frêle que l'adulte, des parties importantes du corps, telles que les jambes qui sont si rapprochées du cœur, et les épaules si voisines de la poitrine ! Habillons donc l'enfant pour la santé, non pour la mode. — Une précaution à prendre, bien importante, et presque toujours négligée, c'est d'empêcher que l'enfant ne prenne froid au lit : pour être libre de toute couverture, il la refoule en arrière, et reste nu la nuit, exposé à l'air froid : ainsi s'expliquent une foule de rhumes qui viennent aux enfants malgré toutes les précautions prises pendant le jour. Il faut donc pour la nuit faire une robe qui enveloppe les jambes comme dans un sac fermé par le bas, et que le petit turbulent ne pourra défaire. — D'un autre côté, on doit craindre *l'excès de chaleur*. Des couvertures trop chaudes et trop pesantes font suer l'enfant, et la sueur affaiblit en pure perte. Le même effet est produit par des vêtements trop chauds : le corps de l'enfant, maintenu dans un état de chaleur et de moiteur, devient excessivement impressionnable, à chaque instant il risque d'attraper des rhumes et des maux de gorge. C'est la tête qu'il faut particulièrement tenir froide : outre qu'une coiffure chaude favorise la vermine, la tête est exposée à des refroidissements continuels, c'est-à-dire à bien des accidents redoutables, si on la tient trop chaude par moments : point de calotte de flanelle ; point de bonnet de nuit ; aussitôt qu'on a des cheveux, que l'on s'habitue, dedans, à rester tête nue. Nous avons tous une coiffure excellente, ce sont nos cheveux. Ne pas avoir besoin d'être la tête constamment couverte, c'est une servitude de moins, et un gage de santé de plus. — Quand il fait trop chaud, on peut rafraîchir l'air d'un appartement en suspendant aux fenêtres des linges trempés dans l'eau.

3° Pour laisser la *liberté des mouvements*. — Vêtements amples, surtout à la hanche et aux aisselles. — Habits courts dès que l'enfant marche, afin qu'il ne s'embarrasse pas dans des robes traînantes (tant qu'il ne marche pas les robes longues valent mieux, pour préserver du froid). — Pas de cravate serrée qui empêcherait le sang de passer de la tête au cœur. — De même, pas de jarretière serrée qui empêche le sang de circuler entre la cuisse et le pied. — Souliers larges, à bout arrondi, et non de ces becs pointus qui martyrisent le pied, irritent le sang, et par là portent atteinte à la santé générale (ô l'exécrable mode anglaise)! — Pas de bretelles, qui abaissent souvent les épaules et déforment la poitrine, mais des boutons reliant les deux parties du vêtement.

---

## XI. — LE SOMMEIL.

« *Le grand cordial de la nature, c'est le sommeil.* »

**Sommeil : dormir dans son berceau, s'endormir seul.**
**Berceau : doit être bon et bien placé.**

Le nouveau-né a *besoin de sommeil.* Les premiers jours il dort plus de vingt heures sur vingt-quatre. Il semble continuer pendant quelque temps la vie qu'il menait dans le sein de sa mère. Il faut donc le laisser dormir tant qu'il voudra. Plus tard, à mesure qu'il entre dans la vie, il sent le besoin de se dégourdir davantage et de se fortifier : s'il veut veiller alors, il vaut mieux qu'il veille le jour afin de dormir la nuit, où le sommeil est plus réparateur, le bruit ni la lumière ne venant le troubler. Néanmoins il devra pendant la première année faire en moyenne deux sommeils par jour, un le matin, un le soir, et la seconde année un seul, au milieu du jour. Vers la fin de la seconde année il pourra être sevré du repos de jour, surtout s'il dort mal la nuit, ou si ce repos le prive de la sortie, l'hiver, de midi à 3 heures, au meilleur moment de la journée : une promenade au soleil vaut mieux à cet âge que le séjour au lit, et l'enfant dormira d'un sommeil plus réparateur après avoir pris l'air et après s'être fatigué.

L'enfant doit *dormir dans son berceau.* « J'ai, dans les premiers temps, fait coucher mon nourrisson avec moi, et pendant le jour je l'ai endormi dans mes bras : maintenant il faut que je me couche avec lui à sept heures du soir, et il faut que le jour je le tienne sur mes genoux : si je le place dans son berceau, il se réveille et crie. Me voilà esclave. C'était mon premier enfant, je ne recommencerai pas avec le second. Les fautes se payent cher. » Voilà la confession d'une mère, et de combien d'autres ? Outre le désagrément, il y a les dangers pour la vie et la santé de l'enfant: il peut être étouffé ; sur les genoux il n'est pas d'aplomb, il se fatigue dans des positions gênantes et il dort mal ; au lit, à côté d'un autre, il respire l'air que l'adulte a rejeté de ses poumons, c'est-à-dire un air vicié ; l'adulte répare ses forces aux dépens de l'enfant, comme fait un chêne d'un arbuste placé sous son ombre et qu'il prive des rayons bienfaisants du soleil ; étant auprès du sein, le nourrisson le désire à chaque instant, le désir le réveille et l'empêche de bien dormir; il ne tète qu'un lait appauvri par la privation du sommeil de la mère (pas de bon sommeil, pas de bon lait). La mère s'épuise, et cependant elle se doit à l'éducation entière de l'enfant, elle se doit à ses autres enfants. Il y a enfin grand dommage pour le caractère : rien n'est plus exigeant, plus difficile à contenter, plus pleurnicheur que l'enfant qui dort sur le sein ou dans les bras de la nourrice. (1) Et voilà où échouent un grand nombre de mères. « J'ai vu, dit Donné, des femmes pleines de dévouement et de tendresse, remplies de bonnes intentions et d'un esprit distingué, qui se sont laissées aller jusqu'à tenir leurs enfants dans les bras toutes les nuits, pendant des années, sous prétexte qu'ils ne pouvaient pas dormir dans leur berceau. » O l'avantage d'avoir un « esprit distingué » quand on en fait un si bel usage ! O le beau « dévouement » que celui qui fait de nos enfants des victimes de notre faiblesse ! C'est ici le cas de le répéter : le dévouement non éclairé équivaut quelquefois à de la méchanceté.

L'enfant doit *s'endormir seul*. — Pas de berçage. Les balancements violents comme ceux que l'on imprime dans les campagnes, et qui donneraient le mal de mer à un adulte, doivent faire un mal énorme à cet être frêle qui est l'enfant : son sang se porte au cerveau, il s'étourdit (comme nous quand nous tour-

(1) « Quand on voit un enfant rester dans son berceau sans crier et s'y endormir, on peut être sûr que son éducation est bien faite. » (Donné).

nons rapidement en rond) : bercer c'est provoquer l'ivresse, c'est prédisposer aux convulsions : voudrions-nous porter atteinte à la partie de l'homme la plus irritable et en même temps la plus importante, le cerveau ? Le berçage très doux n'a pas sans doute ces inconvénients, mais il est une habitude, et des plus impérieuses : gardons-nous de toute servitude inutile. — Pas de caresses : elles sont trop douces, elles deviennent vite un besoin. — Est-il nécessaire de proscrire l'eau de pavot, qui ne rend « sage » l'enfant qu'en le rendant stupide ? Bien des empoisonnements en ont résulté, et celles qui ont recours à de pareilles drogues ne sont pas des mères. L'enfant ne doit avoir qu'un endormeur, le sommeil.

Comment obtenir que le jeune être dorme au berceau et s'y endorme seul ? *Par l'habitude.* Commencer dès les premiers jours en posant le nouveau-né dans son berceau : certaines gardes-malades, pour se rendre nécessaires, ont quelquefois la manie de tenir l'enfant sur les bras: ce sera donc d'abord elles qu'il faudra empêcher de donner un mauvais pli ; il dort fort bien au berceau. Continuer tous les jours de la même façon, c'est-à-dire en laissant au berceau : jamais il ne lui viendra à l'idée qu'il ait besoin d'être bercé ou endormi sur les bras. Plus tard, quand il n'aura pas sommeil, il faudra bien le prendre, le distraire : mais chaque fois que sera venue l'heure ordinaire de son repos, qu'il soit mis au berceau, et tout seul : il s'endormira par l'effet du besoin et de l'habitude, surtout si l'on a eu soin de l'isoler de toute excitation extérieure. (1) Veiller aux faiblesses inutiles au cours des maladies : si pendant une maladie la mère prend son enfant sur ses bras, une fois guéri il voudra continuer : il serait mieux d'avoir un berceau à roulettes que l'on transporte à volonté. — Quand le mauvais pli a été donné, existe-t-il un moyen de délivrer de l'assommante habitude de ne s'endormir que dans les bras ? Oui. Il n'y a qu'un cas où l'enfant est plus tenace que nous : c'est quand nous ne le sommes pas. Posons donc le bonhomme dans son berceau, après l'avoir fatigué, quand il a besoin de dormir, et laissons-le crier une heure, deux, s'il le faut, jusqu'à ce qu'épuisé il s'assoupisse enfin ; le second jour laissons-le crier de même ; le troisième jour il criera moins ; le quatrième, à peine. Au bout de la semaine il aura pris un autre pli : ce sera un gain pour son sommeil et sa santé, une délivrance pour nous.

Une fois cette bonne habitude prise, il sera facile de la maintenir. Nos enfants iront se coucher tous les jours à la même heure ; nous n'aurons pas de ces misères trop fréquentes : des gosses qui tombent de sommeil et qui ne veulent pas aller se coucher, parce qu'ils voudraient jouir encore de la journée. Aussitôt qu'aura sonné leur heure habituelle, fussent-ils au milieu des divertissements, ils ne s'ima-

---

(1) S'il ne faut pas faire du tapage dans la chambre où dort un enfant, on ne doit pas non plus pour lui trop se gêner, s'interdire toute parole à mi-voix, marcher sur la pointe des pieds, etc : c'est trop de servitude en pure perte, car si on l'y habitue il dormira aussi bien au milieu du bruit.

gineront pas qu'ils puissent faire autrement que de se fourrer au lit. « L'enfant bien élevé, dit Donné, se reconnaît à la manière dont il va se coucher, à son heure, sans murmurer et réclamer. » Pour aider à ce résultat, il convient d'ailleurs de ne pas échauffer le cerveau, avant l'heure du repos, par des jeux animés, comme aussi de ne pas obliger l'enfant à rester au lit plus longtemps qu'il ne peut dormir. Aussitôt au lit, aussitôt endormi; aussitôt éveillé, aussitôt debout: telle doit être sa vie.

L'endroit où l'enfant passe la plus grande partie de son temps étant d'une extrême conséquence pour la santé, il faut lui procurer un *bon berceau.* Pour être bon, le berceau doit : 1° Ne pas exposer à des accidents : à ce point de vue il vaut mieux qu'il repose sur quatre pieds bien solides, et non sur un meuble ou sur des chaises d'où il peut tomber. 2° Laisser passer l'air : les caisses de bois massif, comme il s'en trouve dans les campagnes, sont très nuisibles, en ce sens que l'air expulsé par l'enfant, plus lourd que l'air pur, s'accumule au fond de cette espèce de boîte fermée : ce fond, rempli d'acide carbonique, devient ainsi un nid à miasmes. Pour que l'air circule à travers le berceau et à travers les paillasses il faut un treillis en fer ou en osier (on trouve des osiers excellents pour quatre à cinq francs), et ce treillis ne doit pas être rembourré, au moins sur toute sa surface ; de même les rideaux, s'il y en a, seront en gaze ou en linge clair qui laisse passer l'air ; enfin l'on exposera souvent à l'air pur du dehors toutes les parties du berceau. 3° Se prêter à la propreté. Point de laine ni de plume : ces deux substances prennent promptement une odeur d'urine et se lavent difficilement ; de la balle d'avoine ou de la fougère pour matelas (on peut renouveler quand c'est sale), du crin pour oreiller (la tête doit rester fraîche), voilà ce qu'il y a de meilleur. Le lit étant exposé à être souvent mouillé, il est bon d'avoir trois petits coussins posés le long du matelas : celui du milieu est seul mouillé, le autres servent en attendant qu'il sèche. On met quelquefois une toile cirée pour préserver le matelas : mais cette toile ne boit pas, l'enfant reste comme dans une cuvette humide : mieux eût valu que les urines eussent été absorbées par le matelas. Il est une matière qui absorbe fort bien l'humidité, et qui par suite ne la laisse ni à l'enfant ni au matelas : c'est le feutre (on trouve des *feutres absorbants* dans le commerce, si ce n'est dans les petites villes, au moins dans les grandes maisons de Paris); ces feutres se lavent facilement: les sécher au soleil ou à un courant d'air, non au feu. 4° Préserver des mouches, de l'excès de lumière ou de chaleur, des courants d'air froid : c'est dans tous ces cas qu'il faut des rideaux.

Le berceau doit en outre être *bien placé*. Non sous les rideaux du lit maternel, où il manque d'air, mais dans un endroit où l'air pur et frais, le soleil si possible, aient libre accès. Non aux courants d'air froid : par exemple devant une cheminée, qui tire l'air à elle ; ni au ras de terre, où court l'air froid plus lourd que l'air chaud. Quant à la lumière, elle ne doit venir ni de gauche ni de droite : comme elle contribue à développer les yeux elle ferait loucher. Le berceau doit donc être placé de façon que les deux yeux reçoivent également les rayons lumineux : en face s'ils sont faibles ; en arrière ou à travers un voile s'ils sont éclatants ; éviter une trop vive lumière, des rayons solaires frappant une glace ou un meuble verni, etc : la vue éblouie peut en être affaiblie et même détruite.

Celui qui dort aussi doit être dans une *bonne position :* pour laisser passer les glaires, pour respirer plus facilement, tête et épaules un peu élevées ; pour ne fatiguer aucun côté, sur les deux flancs alternativement : cela délasse la taille, qui se développe mieux. Si pendant le sommeil l'enfant fait une petite grognerie sans ouvrir les yeux, c'est qu'il éprouve le besoin de changer de posture : il n'y a qu'à le retourner doucement et le coucher sur le côté opposé.

## XII. — PROPRETÉ.

**Chaque fois qu'il s'est sali : laver et changer.**
**Tenir bien propres : toutes les parties de la tête, les vêtements, la chambre.**
**Propreté du corps : lavages et bains généraux.**
**Habitudes de propreté : les faire prendre dès les premiers mois.**

Regardons cet enfant que l'on a laissé dans ses draps plusieurs heures après qu'il s'est sali : sa peau est toute rougie et par endroits écorchée. C'est qu'elle est restée, cette peau si mince, si tendre et si délicate, en contact avec des matières qui l'ont comme brûlée. De là des démangeaisons et des souffrances qui empêchent ou troublent le sommeil. Il faudra maintenant calmer ces feux par de l'eau de son ou de guimauve, et empêcher les parties douloureuses de se frotter l'une contre l'autre au moyen de linges enduits de poudre d'amidon. Comme il eût été plus commode et plus avantageux de prévenir le mal ! Il faudra donc : 1° Toutes les fois qu'il s'est sali, la nuit comme le jour, *laver aussitôt* l'enfant, le bien essuyer, et répandre dans les plis, pour protéger la peau contre l'action irritante de l'urine, de la poudre d'amidon (non de la farine, de la poudre de riz ou de la fécule, qui peuvent fermenter) ; 2° Lui remettre des *linges secs et propres* ayant été lavés, et non seulement chauffés et séchés au soleil, ainsi que cela se pratique à tort. Pour se résoudre facilement à cette opération qu'il faut tant de fois renouveler, il importe d'adopter dans le maillot telle disposition qui permette de déshabiller et d'habiller vite le marmot : par exemple une espèce de culotte spéciale aux parties salies, qui s'ôte et se remet sans déranger les autres pièces du vêtement. La meilleure étoffe pour cet usage est la flanelle, qui, conservant la chaleur, empêche l'humidité de refroidir l'enfant jusqu'à ce qu'il ait été changé.

Tenons la *tête propre*. A l'état de santé la tête sécrète une sueur noirâtre qui, mêlée à la poussière, produit cette crasse qui forme comme une calotte aux enfants tenus malpropres. Il y a des gens qui s'imaginent qu'il ne faut point toucher à cette crasse, qu'elle prévient d'autres maladies, qu'en l'enlevant on risque de provoquer la teigne, du mal aux yeux, qu'elle abrite le cerveau pour bien développer l'intelligence, etc. De telles idées font l'homme digne d'être plaint. La réalité, c'est que cette crasse échauffe et enflamme le cuir chevelu, forme des croûtes sous lesquelles se forme le pus, et expose ainsi la santé et même le cerveau à bien des accidents, dont l'un des premiers est la chute des cheveux. Il faut donc chaque matin enlever la sueur qui s'est formée sur la tête : passer une éponge trempée dans de l'eau tiède, essuyer, frotter avec une brosse douce de chiendent, avec le peigne dès qu'il y aura des cheveux. — Si on avait laissé la crasse se former, pour la faire disparaître il faudrait chaque jour imbiber la tête d'huile, laver avec de l'eau savonnée tiède, et quelques heures après brosser légèrement, toujours dans le même sens, de haut en bas : peu à peu on aura le plaisir de voir la crasse s'en aller.

Une autre triste idée, c'est de croire, comme certains, que les poux sont nécessaires à la santé. Une simple question : les voudrait-on pour soi ? Ces animaux dégoûtants se logent sous la croûte où ils pullulent, rongent, causent des ulcères : la pauvre créature maigrit, dépérit, et quelquefois finit par succomber. Pour débarrasser une tête de ces parasites redoutables, il faut commencer par couper les cheveux ras, puis oindre la crasse d'huile, qui étouffe les poux ; point de feuille de chou ni de bonnet qui, augmentant la chaleur, augmentent les conditions de vie des insectes. — Couper toujours les cheveux courts, afin de les tenir propres et aussi afin de maintenir la tête dans cet état de fraîcheur si favorable à la santé et même à l'intelligence.

*Oreilles propres.* Que d'enfants demi-sourds par suite de la seule malpropreté ! — Quelquefois la peau derrière l'oreille se fend : il ne faut pas mettre dessus une feuille de chou ou un linge graissé (ce qui revient à établir derrière l'oreille un véritable vésicatoire et à provoquer la suppuration), mais laver à l'eau froide, et, après avoir bien essuyé, saupoudrer d'amidon matin et soir.

*Yeux propres.* Si dès les premiers jours on ne lave pas les yeux au nouveau-né, « le liquide dans lequel il était baigné avant la naissance tourne à l'aigre au contact de l'air. » L'aigre rougit et enflamme les yeux, les brûle, peut causer la perte de la vue : c'est ainsi que beaucoup d'aveugles-nés prétendus ne le sont devenus que faute de lavage. Se garder de faire couler le lait dans les yeux sous prétexte de les guérir ainsi : le lait aigrit aussi et brûle ces organes délicats. — Tout le temps de l'enfance le danger subsiste : si les yeux sont sales les humeurs s'y mettent : au moindre froid cela devient une inflammation, et une inflammation peut aller loin.

*Narines propres.* L'enfant qui tète respire par les narines : elles doivent donc laisser à l'air le passage libre; quand il dort il doit dormir bouche close et respirer encore par les narines, pour que l'air, au lieu de frapper directement des poumons si délicats, n'y arrive qu'après avoir été échauffé et humidifié dans les narines: « Ne pas prendre soin du nez c'est exposer l'enfant aux rhumes. Un peu d'eau tiède légèrement sucrée et poussée par une petite poire de caoutchouc suffit toujours pour déboucher les narines les plus obstruées. » (1) Plus tard apprendre et habituer à se moucher avec le mouchoir ( et non avec le doigt, qui peut provoquer des ulcères ).

*Bouche propre.* Les débris des matières alimentaires restent entre les dents, s'altèrent, et deviennent ainsi une cause de mal et de chute des dents. Nettoyer chaque jour avec de l'eau pure et une brosse douce.

*Vêtements et chambre propres.* Choisir de préférence les robes qui ne prennent pas de mauvaise odeur ( les robes non doublées ) , et les étoffes qui se lavent facilement, sans que la couleur déteigne ( blanches ou à fond blanc ). Mettre par dessus un tablier blanc souvent lavé. Quand l'enfant est petit, une bavette aux moments où il mange, afin que la poitrine ne soit

---

(1) Gérard, le Livre des Mères.

pas mouillée. Tenir très proprement l'intérieur des pantalons, etc. Dans toute la chambre et dans tous les coins, enlever avec un torchon mouillé la poussière, qui contient les germes d'une foule de maladies.

Nous nous tromperions si nous pensions que c'est assez. C'est *toute la peau* qu'il faut tenir propre si nous voulons assurer la santé à nos enfants. Jetons un regard sur notre peau : elle est percée d'un nombre infini de petits trous (pores), qui doivent avoir été faits pour quelque chose. En effet c'est par ces ouvertures que passe la sueur, et quand la sueur ne se voit pas, une eau qui, quoique invisible, ne manque pas d'humecter notre peau à tous les instants de notre vie (un homme, sans suer, produit en moyenne un litre de cette eau dans les vingt-quatre heures). Cette eau forme avec la poussière une crasse qui peu à peu boucherait les trous si on ne l'enlevait de temps en temps. Or les trous bouchés, l'homme meurt à la lettre : on en a vu des exemples, comme cet enfant qui, recouvert d'une feuille d'or pour paraître plus beau dans une fête, fut trouvé étouffé cinq heures après. Cela vient de ce que nous respirons, non seulement par la bouche et par le nez, mais aussi par toute la surface de la peau. Si nous ne pouvons pas vivre cinq minutes sans respirer, de même nous ne vivrions pas de jours sans *respirer par la peau*. On voit l'importance qu'il y a à la tenir propre pour qu'elle soit ouverte à l'air. Autre point : si elle n'est pas ouverte également à la transpiration, elle ne remplit pas son rôle, les autres organes sont surmenés pour faire ce qu'elle aurait dû faire, de là leur fatigue, leur inflammation, et finalement l'altération de la santé générale. Le mot suivant est bien juste : « Saleté est mère de maladies. »

Cessons donc de croire qu'il suffit de laver les parties salies, et faisons chaque jour le *lavage général de tout le corps*. Vous craignez le refroidissement ? Il n'est pas à craindre avec les précautions suivantes : dans une chambre pas trop froide, auprès d'un bon feu, après que la moiteur du lit est dissipée, passer rapidement à l'eau tiède, aussitôt envelopper dans un linge chaud, essuyer vite pour empêcher l'évaporation qui refroidit, puis frictionner surtout, frictionner avec une flanelle pour faire circuler le sang et par là rétablir la chaleur. Dans ces conditions, au lieu de refroidir le lavage réchauffera. Et comme tout le corps s'en trouve mieux !

Et pourtant ce lavage même ne suffit pas encore. Les nerfs ont besoin de temps en temps d'être calmés : rien n'y aide comme un *bain*. Les bains, en calmant l'excitation nerveuse, en assoupissant les membres, en procurant le repos et le sommeil, sont à la fois les meilleurs préservatifs et les meilleurs remèdes contre presque toutes les maladies du premier âge, qui la plupart sont des maladies inflammatoires. Toutefois il ne faut rien outrer. Beaucoup de mères ont l'habitude de baigner leur enfant tous les jours : c'est bon pour l'affaiblir, pour accroître son lymphatisme, et pour rendre sa peau plus sensible. Quand on a recours au lavage quotidien, un bain par semaine suffit. — Eau tiède, plutôt fraîche que chaude, dans les 25 à 30° (se servir de thermomètre, la main est trompeuse selon qu'elle a elle-même froid ou chaud). L'été, l'eau chauffée au soleil est la meilleure, de même que la chaleur du soleil est meilleure que celle du feu. Comme toute la crasse ne fond pas dans l'eau, ajouter du savon ; si c'est pour calmer, du son. Ne plonger qu'après digestion faite, au moins une heure et demie après la tétée, deux heures après un repas copieux, pour ne pas glacer le sang au moment où il absorbe les produits de la digestion. Quand on plonge dans le bain, ne pas laisser la tête dehors, le sang y accourrait, mais la mouiller la première. Durée, cinq à dix minutes. — A la sortie du bain, ne pas exposer à l'action de l'air froid ou de l'humidité ; envoyer coucher si l'on veut calmer ; mais si l'on veut fortifier, faire faire un exercice modéré qui rétablisse la circulation et la chaleur : c'est le complément des frictions que l'on doit pratiquer après tout bain comme après tout lavage.

Il importe de donner à l'enfant des *habitudes de propreté*.

Quand l'estomac est réglé, par une conséquence naturelle le ventre l'est aussi le plus souvent. On peut du moins essayer. Rien de plus désagréable qu'un enfant qui « fait » à tout moment, qui se salit de nouveau aussitôt après que l'on vient de le changer, qui remplit tous ses habits et tous les coins. Sa santé n'y gagne rien, ni son caractère. Y aurait-il moyen d'empêcher tous ces inconvénients ?

Question d'habitude, comme toujours. Dès

l'âge de un à deux mois, il suffit d'approcher l'enfant du feu et d'écarter les cuisses, à certaines heures et toujours les mêmes, particulièrement au lever et après chaque repas. Au bruit répété de *psi*, *psi*... l'enfant comprendra peu à peu que c'est pour cela : il prendra l'habitude de faire à ce moment, et d'attendre ce moment. Chez tous les enfants qu'une mère a élevés elle a réussi de cette façon.

Voilà pour l'urine. Pour les déjections, on le met régulièrement sur un petit pot, à certaines heures fixes : ses fonctions se régularisent ainsi très aisément, dit un médecin des plus expérimentés en cette matière, Brochard. « Je n'ai jamais vu, ajoute-t-il, une mère de bonne volonté échouer dans ce procédé... Il est si facile de faire contracter cette habitude aux nouveau-nés , que les religieuses qui dirigent les crèches St-Bernard et St-Paul, à Lyon, obtiennent aisément ce résultat chez *tous* les enfants qu'elles ont sous leur surveillance. »

Mais si l'on ne réussissait pas ? Il faudrait gronder l'enfant, à partir de trois ou quatre mois, chaque fois qu'il se salit ; dire, par exemple, d'un ton un peu sévère et comme avec dégoût : hou ! vilain ! hou ! Peu à peu une idée de peine s'associe dans l'esprit de l'enfant à l'action de satisfaire ses besoins : il craint d'être grondé, et quand il sent venir il pousse un petit cri particulier... Ce cri vous avertit, vous mettez l'enfant au pot, et vous le flattez par de douces paroles qui le porteront à faire de même à l'avenir. Toutefois on n'oubliera pas qu'en cela la nature est la plus forte, et qu'il ne faut pas trop violenter cette grande maîtresse de toutes choses.

Du moins on peut habituer l'enfant à se laisser *laver la figure* sans crier : chaque matin, aussitôt levé, ce sera la première besogne : on procèdera avec ménagement, pour ne pas lui faire de mal ; mais après cela, tant pis s'il crie : on n'en continuera pas moins à le débarbouiller, et on le caressera après qu'il sera propre et qu'il aura cessé de crier. Il ne doit pas crier quand il ne souffre pas. De plus en plus il voudra être joli et il prendra l'habitude de ne pas criailler.

## XIII. — AIR ET SOLEIL

**Air nécessaire à la vie, soleil à la santé.**
**Air et soleil au dedans.**
**Soleil et air au dehors.**

Restons sans respirer, avant cinq minutes nous sommes morts. Restons sans manger, nous pouvons vivre cinq jours. Ainsi la privation d'air fait dans une minute autant de mal que la privation de nourriture en vingt-quatre heures. Tout aliment devant être sain, à plus forte raison l'air doit-il être pur pour remplir son rôle. Un aliment fait du bien ou il fait du mal. L'air de même : ou il vivifie, ou il empoisonne. « Je suppose qu'on propose à un homme de manger du pain, du pain ordinaire, trempé dans des immondices... Et bien ! quand cet 'homme vit habituellement dans un air souillé de toutes sortes d'exhalations mauvaises, il fait exactement ce que je viens de supposer. » Ou plutôt il fait pis encore : « Remangeriez-vous ce que vous auriez mangé ? Et bien ! vous faites cela quand vous continuez à respirer l'air » que vous avez déjà respiré. En effet l'air que nous rejetons de nos poumons n'est autre chose que *l'excrément de l'air :* nous lui avons en respirant enlevé l'élément sans lequel il n'entretient pas la vie (l'oxygène). Aussi comprend-on qu'un hygiéniste ait dit que « l'air malsain tue plus d'hommes que le glaive. » — Si les poumons déjà forts de l'adulte exigent un air pur, que sera-ce des poumons si délicats et encore non formés de l'enfant ? L'air vicié est pour lui à la lettre un poison, un poison qui n'agit qu'à la longue, il est vrai, mais qui agit sans jamais omettre ni jamais pardonner. On voit pourquoi les enfants de la campagne, quoique mal nourris souvent, sont la plupart si robustes : ils ont l'air pur ! Et l'air pur agit plus puissamment que la nourriture : nous ne mangeons que trois ou quatre fois par jour, et par une seule ouverture ; nous « mangeons l'air » non seulement par la bouche et les narines, mais par des milliers d'ouvertures (les pores qui sont à la surface entière de notre peau), et cela à tous les instants de notre vie ; dans les vingt-quatre heures nous faisons passer par nos poumons et par nos pores environ 10.000 litres d'air.

Avec son importance l'air lui-même est-il tout, suffit-il ? Non, il faut le soleil. Laissons un grain de blé dans l'obscurité : nous aurons beau le noyer dans du plus gras fumier, la plante n'en sera pas moins blanche et étiolée. Ainsi de l'homme : l'enfant qui vit au soleil est frais et fort, l'enfant privé de soleil est pâle et chétif. Les rayons du soleil ont été comparés à autant de fils dont sont tissées les feuilles et les fleurs : de même, quand à travers la peau ils pénètrent dans le tissu humain, ils fortifient les nerfs et enrichissent le sang. Supprimez le soleil, vous aurez la mort de tout ce qui vit sur la terre, plante, animal et homme. On comprend donc combien est nuisible la privation même partielle de soleil. On comprend le proverbe : « *où le soleil n'entre pas la maladie entre.* » Oui, particulièrement trois des maladies les plus redoutables : la scrofule, le rachitisme, la phtisie.

Procurons donc à nos enfants ces deux grands biens, l'air et le soleil.

*Air et soleil au dedans.* 1° Faire circuler l'air autour du berceau (comme il a été dit au chapitre du sommeil). 2° Placer le berceau à l'endroit le mieux aéré et le plus ensoleillé, et non dans le coin le plus sombre, sous le prétexte sot que l'enfant y reposera mieux. 3° Dans la chambre, que l'on choisira de préférence parmi les plus vastes et les mieux exposées au soleil, tenir ouvertes les fenêtres. 4° Ne laisser dans la pièce aucun objet pouvant vicier l'air : ni linges ni vases sales, ni fleurs ni odeurs, ni pétrole qui brûle ni poèle qui chauffe. 5° Ne laisser séjourner l'enfant en nul endroit où l'air est vicié : ni dans la chambre le matin avant que l'air soit renouvelé, ni devant une cheminée où flambe le feu, ni dans une salle de café ou de théâtre où ont respiré un grand nombre de personnes. Par les vêtements ne pas serrer la poitrine, et apprendre à l'enfant à bien respirer (voir le chapitre sur les moyens de fortifier).

*Soleil et air au dehors.* L'air renfermé dans nos appartements étant toujours plus ou moins altéré, rien ne vaut pour l'enfant la sortie au grand air, non dans les rues d'une ville où l'atmosphère est encore loin d'être pure, mais à la campagne, dans les champs, au milieu des arbres, qui purifient l'air. Et pour que cette sortie fasse plus de bien, il faut la rendre la plus fréquente et la plus longue possible. Les enfants de la campagne feront bien de passer dehors toute leur journée. Ceux des villes qui le pourront la passeront au jardin ; même le berceau gagne à y être transporté dans les temps doux. Ceux qui n'ont à leur disposition ni champs ni jardin, on tâchera de les conduire chaque jour à une de ces promenades publiques plantées d'arbres qui se rencontrent dans les grandes villes. Nous ferions des sacrifices pour guérir l'enfant d'une maladie : faisons-en pour l'en préserver. Nous faisons des sacrifices pour le rendre heureux : faisons-en pour la chose qui lui procure le plus de jouissances saines, la promenade. Profitons du seul temps qui lui reste, bientôt viendront les études de l'école et les occupations de la vie. — L'idéal serait de sortir tous les jours ; mais les temps les plus favorables sont les temps secs. Sortir surtout le matin, l'air du matin étant le plus pur, le soleil du matin le plus bienfaisant. L'hiver, profiter des quelques instants de soleil, entre dix et trois heures. — On craint de sortir les nouveau-nés, c'est un tort. Par les temps doux ils peuvent sortir dès l'âge de huit à quinze jours. Prendre seulement les précautions nécessaires contre le froid (bouteille d'eau chaude) et contre l'excès de chaleur (ombrelle, rideau, etc.) — Un léger rhume doit-il empêcher de sortir ? Non, s'il n'y a pas de fièvre. La privation d'air n'est pas favorable à la guérison, et un doux soleil ne pourra que faire du bien.

## XIV. — MOUVEMENT

**Ne pas nuire aux muscles, favoriser les mouvements, laisser marcher seul, laisser s'ébattre.**

Comment une femme est-elle certaine d'être mère ? En sentant remuer. Qu'est un cadavre ? Ce qui ne remue plus. Ainsi le mouvement c'est la *vie*. C'est aussi la *chaleur*. Restez sans bouger, les extrémités, surtout les pieds, se refroidissent. Donnez-vous du mouvement, la chaleur revient et traverse tout votre sang. Le mouvement c'est enfin la *force*. Voyez l'épaule et les bras du forgeron, comme ils sont robustes ; les jarrets du facteur, comme ils sont solides. La science explique ces faits : elle nous enseigne que tout muscle qui se meut appelle à lui le sang. — Donc, si nous voulons nous fortifier, nous réchauffer, et même vivre, nous devons nous donner du mouvement. L'enfant bien plus : comme il n'est pas encore formé, il a besoin de gagner plus qu'il ne dépense, c'est-à-dire de faire circuler le sang pour que ce sang forme ses tissus.

Le rôle des parents se borne à quatre points essentiels, selon qu'ils ont affaire à l'enfant couché, à l'enfant assis, à l'enfant debout, ou à l'enfant en mouvement.

1. Les six premiers mois, enfant couché, *ne pas nuire aux muscles*. Le tenir constamment couché : sa colonne vertébrale n'est pas encore assez forte pour le soutenir ; si on voulait le tenir assis, elle pourrait devenir courbe, et par suite resserrer la poitrine, gêner la respiration, etc. Le coucher et le porter tantôt sur l'un des flancs, tantôt sur l'autre, et non toujours sur le même, comme font trop de nourrices : le côté toujours immobile et comprimé ne se développe pas, et c'est ainsi que l'on a vu des enfants avoir un bras et une jambe de travers.

2. A partir de six mois, enfant assis, *favoriser les mouvements*. Il peut désormais se tenir sur son séant et déplacer le tronc. La meilleure position pour lui désormais est à terre, sur un tapis où il puisse se rouler à l'aise. Le laisser sur ce tapis la plus grande partie de la journée, entouré de ses jouets qu'il lance en l'air, ce qui l'amuse ; qu'il fait effort pour rattraper, ce qui développe ses forces et son intelligence.

3. A partir d'un an laisser l'enfant apprendre à *marcher seul*. D'abord ne pas trop se pres-

ser : les os encore tendres peuvent se courber, et voilà des jambes arquées, désagrément pour toute la vie : bien des mamans payent cher le désir et la vanité de voir leur marmot marcher trop tôt. Ensuite ne se servir d'aucun appareil. Le chariot roulant et la promeneuse serrent la poitrine et empêchent les poumons de bien se développer, font séjourner le sang à la tête parce que la poitrine est resserrée, soulèvent les épaules, peuvent provoquer la courbure des jambes et de la colonne vertébrale. Tous ces dangers ne sont pas à craindre, sans doute, si l'enfant est fort et s'il ne reste que peu de temps appuyé à l'appareil. Mais quand on a un appareil il est si commode et si tentant !.. Point de lisières non plus (mêmes inconvénients). Quand l'enfant sera en état de pouvoir marcher — un instinct sûr l'en avertit — il s'appuiera aux chaises, aux canapés, qu'il faudra autour de lui disposer en rangées, ou encore aux barreaux d'une grille. Point de bourrelet pour amortir les chutes : outre qu'il serre et échauffe la tête, il enseigne à tomber sans se faire mal, donc à devenir maladroit. Mieux valent quelques petites chutes qui ne font pas de mal et qui apprennent à faire attention. Quand il tombe, mettons-nous à rire : par imitation il rira lui aussi quand il tombera, et c'est charmant. — Gardons-nous, pour franchir un obstacle, de le soulever par les bras : on risque de démettre l'épaule ou le poignet, tant sont faibles ses jointures et ses os ; c'est par l'aisselle qu'il faut saisir un enfant. De même, ne le levons pas par la tête brusquement, comme on fait souvent pour s'amuser : il en est résulté des accidents graves et même la mort.

4. Enfant qui marche, le *laisser s'ébattre :* sauter, courir, jouer, danser, monter, descendre, manier des poids, etc. Favoriser de préférence les mouvements qui exercent tous les muscles les uns après les autres, et non un seul aux dépens des autres. Deux précautions à prendre : si l'enfant a telle maladie ou telle infirmité, se demander si tel exercice ne nuira pas ; — et éviter les refroidissements.

---

## XV. — COMMENT RENDRE LES ENFANTS FORTS

**A l'état de santé : soigner l'estomac, les poumons, la peau; pratique des longues inspirations, de la gymnastique en chambre, des frictions.**

**Fort contre la maladie : ménager d'abord, puis endurcir.**

Secret merveilleux. Il est un moyen sûr, et il n'y en a qu'un, de rendre un enfant fort. Ce secret, que dans bien des circonstances on payerait des centaines et des milliers de francs, ne coûte pas un centime : il consiste à respecter les lois de l'hygiène. — La santé dépend du sang. Or le sang dépend en premier lieu de la digestion : il faut donc avant tout ne rien donner qui ne puisse être digéré, et ne le donner qu'aux moments où l'estomac pourra le digérer. — Le sang dépend en second lieu de l'air qui le purifie : cet air lui-même doit donc être pur. — Le sang dépend encore de l'air respiré par la peau, d'où l'importance de la propreté. — Et voilà les trois grands points. Si nous donnons les soins nécessaires à l'*estomac*, aux *poumons*, à la *peau*, nous aurons toute chance d'avoir un produit bien constitué.

Pour doubler l'effet de ces soins, voici trois pratiques simples et faciles, recommandées par beaucoup d'hygiénistes, appliquées encore par presque personne, mais qui ont donné de merveilleux résultats, et qui les donneront toutes les fois qu'on les suivra avec persévérance (ces pratiques doivent être répétées tous les jours et durant des années ; il en est d'elles comme de l'acte de manger et de respirer).

1. *Longues inspirations.* Habituer l'enfant à faire tous les matins, en se tournant vers le soleil, cinq à six inspirations aussi prolongées qu'il pourra : la poitrine s'ouvre, s'élargit, s'imbibe des rayons du soleil, c'est une provision précieuse pour la journée. — Il faut d'ailleurs favoriser tout ce qui peut dilater la poitrine, le chant, les cris, la lecture à haute voix, les mouvements des bras, etc.

2. *Gymnastique en chambre.* Obliger (ce ne sera pas difficile) l'enfant à imprimer, sitôt levé, du mouvement à tous ses membres, tronc, jambes, bras ; à les faire aller en avant, en arrière, en haut, en bas, à côté ; à sauter, à s'accroupir pour se relever, etc. Cela pendant une à deux minutes. Le sang, engourdi par le sommeil, se remet à circuler vivement, et toute la journée il sera plus gaillard. Ces

mouvements chaque matin, combinés avec les longues inspirations, ce sont deux merveilles. Et en voici le complément :

3. *Frictions* sur toute la surface du corps, pour bien nettoyer la peau, ouvrir ses pores à l'air, faire circuler le sang. Au saut du lit l'enfant se frotte rapidement avec une flanelle si la peau est délicate, avec une brosse dure aussitôt que la peau peut la supporter. « L'homme a besoin d'être étrillé aussi bien que le cheval. » Essayez ces trois exercices sur vous-même, pendant un mois, pour voir. S'ils vous font du mal vous vous vengerez en ne les recommandant pas à vos enfants.

Voilà pour rendre fort dans l'état de santé. Que faire pour rendre *fort contre la maladie ?* Prendre des précautions, disent les uns ; éviter le froid, l'humidité, l'air ; se couvrir de flanelle, etc. — Bien ; mais ces précautions vont rendre l'enfant très sensible. Il ne pourra plus sortir sans s'exposer à un rhume : la vie lui permettra-t-elle de rester toujours dans du coton ? Quant à la flanelle, elle rend frileux et délicat, elle entretient le corps dans un état de moiteur continue qui ne peut que l'affaiblir. Aussi d'autres disent-ils : Endurcissez. Habituez au froid, à la pluie, aux privations. Obligez votre enfant à se laver tous les jours à l'eau froide, non seulement la figure, mais tout le corps. Le tempérament s'y fera et il sera bientôt à l'épreuve des intempéries. — Fort bien ; cependant ces pratiques, appliquées trop tôt, peuvent tuer des enfants faibles, et en ont tué beaucoup en réalité ; et même parmi les forts tel a résisté qui s'en ressentira plus tard.

De ces deux systèmes lequel suivre? C'est bien simple : *les précautions d'abord, l'endurcissement ensuite.* Il faut en effet apprendre à l'enfant à supporter et à résister, mais d'abord il faut lui en donner la force. Donc : aux premiers temps préserver du froid, puis peu à peu couvrir moins, laisser l'enfant créer la chaleur lui-même, le laver à l'eau graduellement moins tiède pour arriver jusqu'à l'eau froide ; pour les repas, régler et donner le nécessaire, et parfois obliger l'estomac à supporter une légère différence ; pour les exercices, aller des plus faciles aux plus fatigants ; et ainsi pour tout. En d'autres termes, fortifier d'abord, et alors rompre ce tempérament fort à tous les régimes, à toutes les températures, à tous les exercices.

## XVI. — VACCINE, DENTITION, CROISSANCE

I. — **Vaccine.** — Il y a cent ans la petite vérole était l'une des maladies qui faisaient le plus de ravages : aujourd'hui, grâce à la vaccine, on est sûr de l'éviter. Si un enfant meurt de la petite vérole ou en demeure défiguré, c'est la faute de ses parents.

La petite vérole ne vient guère avant l'âge de six mois, et avant l'âge de sept à huit semaines la peau n'est pas encore assez bien organisée pour prendre le vaccin : il faut donc vacciner *entre deux et six mois*. Comme il vaut mieux éviter les extrêmes de chaleur et de froid, les meilleures époques sont le printemps et l'automne. Profiter d'un repos de la dentition. Inutile d'envelopper le bras d'une compresse, comme l'on fait quelquefois : il suffit de le tenir propre. Seulement, du 7e au 9e jour, époque de la fièvre, on évitera le froid, l'eau, l'air. Si la rougeur fait craindre une inflammation, appliquer un cataplasme.

La vaccine, pour être infailliblement efficace, doit être renouvelée tous les cinq à six ans. En temps d'épidémie, se hâter de vacciner ou de revacciner, quel que soit l'âge, quelles que soient les circonstances.

II. — **Dentition.** — Avant la sortie des dents l'enfant souffre des gencives, qui sont souvent rouges et enflammées : il faut les lui *frotter* avec le doigt, ou mieux avec du miel ou du beurre frais. Comme on ne peut rester tout le temps à lui faire des frictions, il est bon de lui donner un *hochet* qu'il mord, qui calme sa souffrance et qui aide à percer la gencive. Le choix du hochet n'est pas indifférent : les objets en verre, en métal, une clef, un corps avec aspérités, peuvent blesser les dents, ou par leur dureté rendre les gencives calleuses; les couleurs peuvent renfermer du poison ; le nœud de chiffon ou nouet épuise et provoque de fréquentes diarrhées. Les bons hochets seront donc ou un morceau de bois blanc lisse, ou une racine de guimauve dont on fait un anneau à suspendre au cou par une corde, ou tout simplement une croûte de pain à mâcher.

Pendant la dentition le sang peut s'enflammer, et par suite la digestion être troublée. On doit donc plus que jamais veiller à la *bonne alimentation* : nourriture légère et réglée, retour au régime du lait seul, vigilance de la nourrice à éviter toute colère et toute émotion pouvant altérer le lait, inquiète attention à la constipation et à la diarrhée. Tous ces maux sont évités, presque infailliblement, si jusque-là le régime alimentaire a été bien réglé ; ils sont à redouter dans le cas contraire.

Par suite de l'inflammation du sang l'enfant est très impressionnable. Rien ne *calme l'irritation* comme la vie au grand air, un exercice modéré, des bains tièdes un peu plus prolongés qu'à l'ordinaire, un sommeil long et paisible.

Pendant le travail des dents le sang ayant une tendance à se porter vers la *tête,* éviter tout ce qui pourrait irriter ou échauffer cette partie, la saleté, les poux, les cheveux longs, la chaleur, etc.

Beaucoup d'enfants qui font les dents sont atteints de *toux* : redoubler de précautions pour *éviter les refroidissements,* les brusques variations de température, les sorties le soir ; vêtir chaudement ; sirop de gomme et tisanes adoucissantes avec lait.

Si les malaises (diarrhée, fièvre, bronchite, convulsions) durent ou deviennent intenses, appeler le *médecin.* On a tort de se dire : Ce sont les dents, ce ne sera rien. Les dents sont capables de tout quand il y a déjà des prédispositions maladives.

La dentition exposant à tant de troubles, on doit n'effectuer *aucun changement de régime* pendant cette crise : ni sevrage, ni vaccine, ni même voyage prolongé. Il faut attendre que les groupes de dents soient sortis par paires, au nombre de 2, 6, 12, 16, ou 20 : entre la sortie de ces groupes il y a des intervalles de repos dont il faut savoir profiter.

Pour *préparer la seconde dentition*, il faut avoir grand soin de tenir propres les premières dents, et les extraire dès qu'elles sont douloureuses : on évite ainsi un afflux de sang aux gencives, et on laisse la place nette aux dents qui doivent suivre, et qui se formeront plus ou moins bien selon qu'elles trouveront la place prise ou disponible.

III.— **Croissance.**— « Un enfant qui grandit est obligé en même temps à des dépenses d'entretien et d'accroissement : il faut donc *diminuer ses dépenses et accroître ses ressources.* » (1) — Moyens de diminuer les dépenses : 1° Ralentir le travail du cerveau. 2° Remplacer les exercices violents par des exercices modérés et qui ne fatiguent pas. — Moyens d'accroître les ressources : 1° Bonne et substantielle nourriture, dans laquelle tout est donné à la réparation et rien à la friandise. 2° Séjour au grand air et au soleil. 3° Sommeil plus long. 4° Huile de foie de morue.

Pendant la croissance l'état de mollesse des os peut devenir le point de départ de cour-

(1) Fonssagrives, Du rôle des mères dans les maladies des enfants.

bures difformes pour la vie. On doit donc à ces époques exercer une surveillance particulière sur les attitudes.

La croissance est le miroir de la santé. Un enfant grandit-il d'une façon régulière, c'est signe de santé. A-t-il, au contraire, une croissance hâtive ou retardée, ce n'est pas de bon augure, et l'on sera averti.

Quant à la croissance pendant la première année, on fera bien de *peser* le nourrisson de temps en temps. S'il perd de son poids, c'est l'annonce d'une indisposition ou d'une maladie : on prendra ses précautions, quand même il aurait l'air de se bien porter. — Voici le tableau des poids qui, à peu près, indiquent la santé et la bonne croissance.

Le poids moyen à la naissance est de 3 kilog. La première année l'augmentation moyenne doit être :

| | Par mois | Par jour | | Par mois | Par jour |
|---|---|---|---|---|---|
| 1er mois | 750 | 25 | 7e mois | 450 | 15 |
| 2e — | 700 | 23 | 8e — | 400 | 13 |
| 3e — | 650 | 22 | 9e — | 350 | 12 |
| 4e — | 600 | 20 | 10e — | 300 | 10 |
| 5e — | 550 | 18 | 11e — | 250 | 8 |
| 6e — | 500 | 17 | 12e — | 200 | 7 |

Ce qui fait une augmentation moyenne de une livre par mois, allant de une livre et demie à une demi-livre.

Si les pesées ne procurent pas la santé, elles donnent la sécurité, elles signalent le danger.

# XVII. — MALADIES DE LA NUTRITION

« *Non pour me substituer au médecin, mais pour le mieux seconder* ».

**Diarrhée.** — Indisposition fréquente, parce qu'elle tient à la digestion, qui est un travail à faire plusieurs fois par jour, jusqu'à dix fois pour l'enfant. Et grave : elle ruine les forces, s'oppose au développement régulier, est le principal obstacle à la bonne éducation physique des enfants. Symptômes : les évacuations sont *vertes* et semées de grumeaux blancs constitués par du lait non digéré ; à l'état de santé il n'y a pas de grumeaux et les matières sont jaunes. Symptômes plus graves encore : matières *liquides* et *fétides*. Remède : la diarrhée venant de ce que l'intestin est irrité, le soulager en ne donnant que du lait et à des intervalles moins rapprochés. On obtient ainsi un double résultat : l'intestin est moins chargé, et chargé d'une nourriture plus légère, le lait se délayant par un séjour prolongé dans les mamelles. S'il s'agit d'un enfant sevré, mêmes règles : donner à manger peu, et des choses digestibles. Deux autres précautions sont indispensables : le séjour au lit, ou tout au moins le repos, et la chaleur autour du ventre et aux pieds. La diarrhée étant, à un autre point de vue, l'effort de la nature pour vider, on peut l'y aider en donnant un lavement (eau tiède de son), un purgatif (huile de ricin).

Si la diarrhée ne cède pas dans les quarante-huit heures au *repos* et au *régime*, appeler le médecin. On a le tort impardonnable de négliger les diarrhées, sous prétexte qu'elles sont le signe d'une bonne dentition et qu'elles préservent des convulsions. — Il n'est pas de maladie qui tue plus d'enfants. On doit se le rappeler surtout si l'on est dans un temps ou dans un pays chaud, si le nourrisson vient d'être sevré, s'il fait des dents, s'il court une épidémie de diarrhée dans le pays, toutes choses qui favorisent la redoutable dysenterie qui a mérité le nom de **choléra des enfants** : en ce cas il faudrait appeler le docteur dès le premier dérangement.

Si la diarrhée revient souvent, elle est due au mauvais régime : il faut donc changer de régime, sous la direction d'un médecin. (1)

**Maux de ventre** ou **coliques.** — Symptômes : cris, visage rouge, cuisses repliées sur le ventre. Principaux moyens d'adoucir la souffrance : 1° Coucher sur le ventre. 2° Couvrir le ventre d'une serviette chaude. 3° Mais surtout le *frictionner* longuement avec de l'huile camphrée et une flanelle, avec la main si l'on n'a pas autre chose : la friction fait circuler le sang et lui rend la chaleur nécessaire : là est la guérison ; ne pas se lasser, mais continuer de frotter, tant que durent les cris, non seulement le ventre, mais encore le dos, les jambes, la poitrine. 4° Lavement

(1) Donné recommande, pour refaire un estomac délabré, de faire prendre du lait seul, même aux enfants sevrés, pendant vingt à trente jours. Aucun régime n'a produit et ne peut produire d'aussi remarquables résultats (Conseils aux mères, pages 292-334).

émollient (son). On peut aussi faire avaler un peu d'huile dans une cuillerée d'eau sucrée. 5° Cataplasme de mie de pain cuit dans du lait (le lin brûle la peau délicate des enfants).

Le grand point c'est d'éviter la cause des coliques : elles viennent de la difficulté de digérer : il faut donc ne donner à manger ni trop ni trop tôt ; obliger à manger lentement, à bien mâcher, à faire un exercice modéré. On peut reconnaître, avant que l'enfant crie, si une colique se prépare : quand il a la peau chaude, sèche, la langue empâtée, c'est le signe, il vaut mieux commencer aussitôt le traitement : repos, chaleur, frictions, boissons chaudes, diète jusqu'à la délivrance ; la plus mauvaise pratique, c'est de donner le sein dans l'espoir d'apaiser (voir page 16). Quand l'évacuation n'a pas lieu, on peut y aider par un vomitif, le premier jour ; et quand le vomitif n'agit pas, par un purgatif le second jour.

Si le nourrisson est d'ordinaire gêné pour digérer, on fera bien de lui donner, chaque fois qu'il a tété, un peu d'*eau de Vichy* (de l'eau où l'on a mis du bi-carbonate de soude) ou simplement de l'eau de chaux : toute eau alcaline neutralise les acides ; or dans toutes les maladies de l'enfant le tube digestif est acide, ce qui caille le lait et le rend indigeste : détruire l'acide c'est donc détruire la cause du mal.

**Vomissements.** — Pour soulager la douleur: comme dans les maux de ventre. Pour aider à rendre quand les efforts demeurent impuissants : eau tiède non sucrée, vomitif. Pour empêcher le retour: laisser moins téter, eau de Vichy ou eau de chaux.

**Vents.** — Comme pour les vomissements.

**Hoquet.** — Le problème consiste à arrêter un moment la respiration : donner à boire par petites gorgées tandis que l'enfant se bouche les oreilles.

**Constipation.** — Symptômes : efforts sans résultat, puis selles dures et sèches. Indisposition rare chez les enfants, mais grave parce qu'en refluant le sang vers le cerveau elle peut y produire une congestion, causer des convulsions. Remèdes : 1° Lavement. 2° Bain. 3° Purgatif (sirop de chicorée pour les tout jeunes, huile de ricin pour les autres). Graduer ces trois remèdes selon les besoins.

Si la constipation est un état habituel, on se gardera d'avoir recours à ces moyens : en rendant les organes paresseux, ils aggravent et éternisent le mal. Il faut donc alors remonter à la cause, qui est le plus souvent dans un *régime* trop substantiel et trop sec : moins d'aliments, plus de boissons, voilà le premier point. Ensuite la vie au grand air et l'exercice, si puissants stimulants de la digestion. Enfin l'habitude: chaque jour, aux mêmes heures, on mettra le bonhomme sur sa chaise percée « comme s'il avait le pouvoir de décharger « son ventre aussi bien que de le remplir » et on écartera de lui tout ce qui pourrait le faire songer à ses jeux ou à ses repas. Il se fera à la régularité, et la régularité est une force.

**Vers.** — Beaucoup plus rares qu'on ne le croit communément. Aucun symptôme n'est certain : il faut les voir pour être assuré de leur présence. S'il y a des démangeaisons on peut administrer un lavement presque froid le soir, avec ail ou oignon. Presque toujours la cause est dans un mauvais *régime* alimentaire, lait trop vieux ou trop nourrissant, bouillies mal cuites, eaux impures. Il faut donc amender le régime, faire prendre l'air et le soleil. La pratique de donner à tout bout de champ du semen-contra est l'une des plus nuisibles. On ne doit risquer aucun vermifuge sans l'avis du médecin.

**Croûtes de lait** ou **gourmes.** — Sont des boutons d'où s'échappe une humeur d'un blanc sale et d'une mauvaise odeur. Les croûtes couvrent surtout la figure et quelquefois n'y laissent pas un endroit où poser un baiser. En outre elles causent de vives démangeaisons, et par là irritent le caractère, troublent le sommeil. Néanmoins elles n'ont rien de dangereux, sauf quand elles couvrent les yeux, et elles ne laissent pas de trace : ce visage aujourd'hui pitoyable reprendra sa limpidité. Ce n'est pas à dire qu'il faille respecter ces croûtes, comme quelques-uns le croient encore, sous prétexte que les guérir expose à d'autres maladies : c'est là une erreur ; il faut essayer de les faire disparaître, ne serait-ce que pour délivrer le pauvre chéri de ses douleurs, de ses démangeaisons et de sa laideur. Comme le traitement est très long, on se fera guider par un médecin. On pourra commencer par tenir les croûtes constamment enfarinées : la poudre absorbe la sérosité, au bout de quelques jours les croûtes sèchent et tombent, assure Brochard. Les deux causes principales des croûtes étant la malpropreté et l'excès de nourriture, on voit ce qu'il faut faire pour épargner aux enfants cette longue infirmité. Eviter enfin la contagion.

Quant à la **teigne** le médecin seul peut en diriger le traitement.

**Scrofules** ou **écrouelles.** — Symptômes : les ganglions du cou s'engorgent, suppurent, laissent en se fermant des cicatrices ; l'enfant est pâle et languissant. Causes : le principe des scrofules est dans un tempérament lymphatique, dans la mauvaise constitution du sang et des tissus. C'est donc les tissus et le sang qu'il faut refaire : on n'y arrivera point en quelques jours et avec des médicaments, mais par *l'hygiène* et grâce à plusieurs années de persévérance. 1° Régime fortifiant. 2° Substances fortifiantes, huile de foie de morue et quinquina, pris alternativement et longtemps continués. 3° Vie à l'air et au soleil, au soleil surtout: nul traitement n'égale celui de la *pleine lumière* ; il y a là une action chimique des plus énergiques des rayons lumineux sur les humeurs.

Le médecin doit d'ailleurs diriger un traitement si long; mais on sera bien persuadé que l'hygiène suffit, et qu'elle seule est efficace. Les parents feront bien d'avoir recours aux moyens préventifs dès qu'ils constateront dans leur enfant les traits suivants : visage bouffi, chair grasse et molle, paupières chassieuses, grosses lèvres souvent crevassées par le froid. Ce sont autant de signes dénotant la prédisposition aux scrofules.

**Rachitisme.** — Caractérisé par la courbure des os, surtout de la colonne vertébrale, en forme de S. Infirmité très grave : les membres restent grêles et courts, la poitrine est rétrécie (danger de devenir poitrinaire), l'estomac est comprimé (souffrances pour digérer), etc ; ce qui rend plus grave, c'est qu'une fois les os déformés, ils le sont pour la vie : plus de remède. Mais on peut, en s'y prenant à temps, enrayer la redoutable infirmité. Il faut donc connaître les signes avant-coureurs : l'enfant pâlit, maigrit, montre peu d'appétit, et surtout éprouve une répugnance invincible pour le mouvement, ne se plaît que couché, se laissera battre plutôt que de se remuer. Si l'on n'y prend garde, dans quelques mois ses poignets, ses articulations vont se renfler, se nouer, comme on dit. Remèdes : 1° Alimentation fortifiante, comme pour les scrofules, mais qui puisse être digérée, car le rachitisme vient souvent de ce que l'enfant, ayant été mal nourri trop tôt, n'a pas pu digérer. 2° Air et soleil : nous en revenons toujours à ces deux points fondamentaux, *bien manger, bien respirer*. 3° Bains d'eau salée, frictions avec de l'eau-de-vie camphrée : tout cela fortifie. 4° Eviter les stations debout ou assis, qui augmentent la déviation, et laisser couché ; plus tard, après que les membres auront repris un peu de vigueur, les exercer modérément tous, et non un seul.

## XVIII. — CAS URGENTS OU L'ON DOIT APPELER LE MÉDECIN

« *J'observerai et je veillerai, et je prendrai mes précautions à temps.* »

Dans les premiers jours, entre le 4e et le 20e, yeux du nouveau-né gonflés, rouges aux bords, constamment fermés, laissant échapper, quand on les ouvre, un pus blanc et épais : c'est **l'ophtalmie** des nouveau-nés. Elle peut détruire à jamais la vue. — En attendant le médecin : laver avec de l'eau à peine tiède. — Eviter les causes qui produisent cette inflammation : lumière trop vive, coup d'air froid, poussière, fumée, malpropreté, etc.

Dans l'intérieur de la bouche, une espèce de moisissure blanchâtre, ressemblant à un semis de grains de lait caillé : c'est le **muguet,** qui par lui-même n'est pas dangereux, mais qui très souvent est mêlé à des troubles digestifs graves, diarrhée et fièvre : quelquefois il existe des plaques dans tout le tube digestif, et la bouche peut être gangrenée. — Pour le prévenir, éviter la mauvaise alimentation, les nouets, les lèvres mouillées de lait, les gouttes restées au bout du sein, en un mot la malpropreté.

Au fond de la gorge, sur une surface rouge, un semis de points blancs ; accès de suffocation ; l'enfant se lève en sursaut, porte les mains au cou comme pour en arracher quelque objet qui l'étreint... Vite ! c'est le terrible

**croup,** qui peut en quelques heures asphyxier ; ne vous laissez pas abuser par des moments de calme et de somnolence, ce sont des signes trompeurs. Il vaut même mieux, au moindre mal de gorge, appeler le médecin : un enfant qui semble à peine pris peut être déjà menacé. En attendant : 1° Faire vomir, pour dégager la gorge. 2° Tenir les pieds bien chauds (bain de pieds chaud, cataplasme sinapisé, enveloppement dans de la laine, etc.), pour éloigner du cou le sang. — Le croup étant contagieux, éviter d'embrasser celui qui en est atteint, de respirer son haleine, de se mettre en face de sa bouche ; plonger dans l'eau bouillante tout ustensile ayant servi à son usage. — En temps d'épidémie : éviter le froid humide, nourrir avec soin, éloigner du contact des atteints.

Tête chaude, langue sèche et empâtée, soif inaltérable, perte d'appétit, mouvement accéléré du pouls et de la respiration : c'est la **fièvre,** qui chez les enfants peut être « ou rien ou le commencement de tout. » Quelques enfants ont une fièvre à tout propos : pour la sortie d'une dent, pour un écart de régime, pour une simple course, etc., il n'y a pas lieu de s'en inquiéter, ces légères indispositions passent d'elles-mêmes. Mais on reconnaîtra le début d'une maladie grave aux caractères suivants : 1° Symptômes précurseurs : une maladie est comme annoncée d'avance par certains signes, figure abattue, perte de l'appétit, amaigrissement, manque d'entrain au jeu, etc. L'indisposition, au contraire, débute soudainement comme elle passera sans convalescence. 2° Sommeil troublé de rêvasseries : c'est un indice sérieux chez l'enfant, dont le sommeil doit être calme et profond. 3° Changement de caractère : est-il triste, lui qui est gai d'ordinaire, c'est chose grave ; d'abord il a été grognon, c'est que le malaise l'irritait; bientôt le voilà abattu, il sent qu'il est pris... Vite le médecin. Une indisposition qui n'a pas présenté ces signes n'a besoin, par contre, que de repos et régime (v. chap. suivant).

Il en est de la **toux** comme de la fièvre : l'enfant qui tousse est-il né de parents sains, continue-t-il de se bien porter, sans fièvre, abattement ni amaigrissement, ce n'est rien. Il suffit de tenir chaud, surtout les pieds et la poitrine, et de donner du sirop de gomme. Mais si la poitrine est grasse, si l'enfant a la fièvre, si, surtout au réveil, il y a des accès de toux, d'abord sèche, puis humide et grasse, si la peau est brûlante le soir, ce pourrait bien être un **rhume de poitrine,** le commencement d'une bronchite, d'une pleurésie, etc : on ne peut soi-même distinguer, c'est donc le cas de s'éclairer. — En attendant : faire vomir pour dégager la poitrine, purger si le vomitif n'agit pas assez, tenir chaud, donner des tisanes chaudes ; tenir assis : dans la position couchée les mucosités restent sur la poitrine.

Quant au **rhume de cerveau,** il peut être aussi le symptôme et le point de départ d'une foule de maladies sérieuses. En tout cas il gêne pour téter, le nourrisson ayant besoin de respirer par les narines. On verra pendant deux à trois jours si l'on peut arriver soi-même à guérir. L'essentiel est de dégager les narines obstruées : au lieu d'y jeter du lait, comme on fait souvent, il vaut mieux appliquer sur les narines une éponge imbibée d'eau chaude : cela dissout et enlève les mucosités ; le soir, répandre une couche de suif sur le nez. Autres moyens : tenir les pieds chauds pour y attirer la chaleur, bain de pieds sinapisé matin et soir, papier wlinzi entre les épaules, etc. Le médecin verra si un vésicatoire est nécessaire.

Si la toux vient par quintes fréquentes, si dans chaque quinte le pauvre être est emporté de mouvements brusques et convulsifs, s'il se cramponne aux objets à sa portée comme pour y chercher un point d'appui dans les efforts pour dilater sa poitrine, s'il siffle en respirant, c'est la **coqueluche.** — Pendant les accès, soutenir la tête. Faciliter l'écoulement des mucosités comme dans le rhume de cerveau. Eviter le froid et les repas copieux, qui aggravent les quintes, faire manger immédiatement après une quinte, afin que la digestion puisse se faire pendant le répit qui suit. Se tenir en garde contre la multitude des remèdes prônés qui trop souvent ne font qu'ajouter à la fatigue. Le remède le meilleur, à peu près le seul efficace, c'est un *changement d'air* et de milieu, parce que la cause principale est un vice particulier répandu dans l'air. Les parents n'attachent pas en général assez d'importance à cette maladie, qui n'est dangereuse, il est vrai, que pour les nourrissons jeunes et frêles, mais qui est accablante et si longue à guérir.

— La coqueluche étant à la fois contagieuse et épidémique, il faut, en temps d'épidémie, éloigner du contact, et, si c'est possible, du siège de l'épidémie.

Lorsque à la fièvre et à la toux viennent s'ajouter des taches rouges sur fond blanc, c'est la **rougeole.** — En attendant le médecin : faire garder le lit, chambre à température douce, à l'abri du bruit et de la lumière ; tisane chaude de bourrache. Eloigner du contact les enfants sains. C'est une maladie qui exige infiniment de soins : on ne lui en accorde pas souvent assez, sous prétexte qu'elle est inévitable et bénigne : deux erreurs. On fera attention surtout au moment où les taches pâlissent : c'est alors que les complications graves sont le plus à redouter ; et l'on ne fera pas sortir sans l'avis du médecin. Ce qui importe dans la rougeole, c'est de favoriser l'éruption : donc préserver la peau de la moindre impression de froid, le froid empêchant la sortie des boutons ; ne pas sortir du lit, ni même asseoir sur une chaise pour faire le lit, ni changer de linge, ni laver, rien. Eviter pourtant d'étouffer sous de lourdes couvertures.

Si, toujours avec la fièvre et la toux, il y a en outre douleur à la gorge en avalant, et boutons rouges sur fond rouge, avec apparence plus sombre que dans la rougeole, c'est la **scarlatine,** source de complications sérieuses et de dangers réels : la mort peut survenir à chaque instant, et cela pendant quarante jours. — Premiers soins : comme pour la rougeole. Pour calmer les démangeaisons, poudre de riz ou d'amidon. Surveiller la gorge. Ne pas laisser sortir avant le quarantième jour et sans l'avis du médecin. L'éloignement des autres enfants est de rigueur, la scarlatine étant encore plus contagieuse que la rougeole. Elle peut aussi se transmettre par intermédiaire : vous embrassez quelqu'un atteint de scarlatine, vous pouvez communiquer à votre enfant la terrible maladie.

Secousses involontaires et brusques des muscles, tête renversée sur le côté ou en arrière, mouvements désordonnés des yeux, grincement de dents, écume sortant de la bouche, terreur dans le regard : ce sont des **convulsions**, l'un des plus désastrueux fléaux de l'enfance, pouvant amener la suffocation immédiate, ou annonçant une maladie grave ; sauf pourtant dans le cas où elles ne sont qu'un trouble accidentel provoqué par une indigestion. Il faut consulter, alors même que la crise serait passée, parce qu'elle révèle une prédisposition fâcheuse. — En attendant, soins urgents : supprimer la cause si on peut la découvrir, surtout la difficulté de respirer, desserrer les vêtements, ouvrir les fenêtres, exposer au *grand air*, faire respirer du vinaigre ; *eau froide* ou linges mouillés sur la tête, chaleur aux pieds (enveloppement, bain, ou cataplasme sinapisé), tête élevée et pieds pendants. Surtout *frictionner* tout le corps, frapper les fesses, la paume des mains. Si la cause est une indigestion, faire vomir, lavement d'eau salée pour favoriser les selles, tilleul à boire pour soulager l'estomac.

En même temps il faut observer les convulsions pour pouvoir renseigner le médecin. « Comment était l'enfant immédiatement avant la convulsion ? Et la veille ? Etait-il constipé ? Avait-il au contraire un peu de diarrhée ? A-t-il eu de la fièvre ? A-t-il eu une indigestion ? S'il est en train de faire des dents, comment sa dentition s'est-elle passée jusqu'alors ? — Et la convulsion elle-même, à laquelle le médecin n'assistait pas, comment s'est-elle produite ? A-t-elle été locale, c'est-à-dire s'est-elle produite sur une seule partie du corps, et sur quelle partie ? A-t-elle au contraire été générale ? Combien de temps a-t-elle duré ? N'y a-t-il eu qu'un accès ? — Et la nourrice ? n'a-t-on à se plaindre ni de son lait, ni de son caractère, ni de ses habitudes ? — Une mère attentive et soigneuse doit être capable de fournir au médecin tous ces renseignements. » (1).

Rougeur des yeux, chaleur à la peau, somnolence pendant la veille, sommeil agité, accompagné de délire et de cris, enfin nausées et vomissements : c'est le prélude d'une **maladie cérébrale,** vite le docteur.

(1) Mme Millet-Robinet et le Dr Allix.

# XIX. — EN ATTENDANT LE MÉDECIN (1)

**Repos et régime.** — Aussitôt qu'on voit un enfant indisposé, il y a lieu, pour plus de sûreté, de le traiter comme s'il était malade : on le mettra au berceau ou au lit, on le privera de manger pendant quelque temps, et, s'il n'a pas le ventre libre, on lui donnera un lavement.

**Des Cataplasmes.** — Le cataplasme adoucit la souffrance : on l'appliquera sur le ventre dans les maux de ventre, sur la poitrine en cas de toux fatigante. La meilleure substance pour faire un cataplasme doux n'est pas la graine ou la farine de lin, qui cause vite des démangeaisons aux enfants, mais la mie de pain bouillie dans du lait, ou la fécule de pomme de terre d'abord trempée dans de l'eau froide pour verser ensuite sur cette bouillie de l'eau très chaude en remuant vivement : on obtient une espèce de gelée qu'on laisse refroidir à la température convenable. Le cataplasme ne doit être ni trop mince, car il sècherait vite ; ni trop épais, il serait lourd ; ni trop sec, car il meurtrirait au lieu de calmer, ni trop liquide, il coulerait. On a l'habitude de placer la pâte entre deux linges : c'est une mauvaise pratique, l'eau seule suinte à travers le tissu. Il vaut infiniment mieux mettre la substance adoucissante

(1) D'après les ouvrages des Docteurs Monod et Fonssagrives.

en contact direct avec la peau. Pour qu'elle ne s'y colle pas, il n'y a qu'à oindre la peau d'huile, ce qui permet au cataplasme de se détacher avec une facilité extrême, et d'autre part augmente ses propriétés émollientes. Une fois qu'il est en place, il est bon de le recouvrir d'une toile vernie ou d'une feuille d'ouate, qui mettent obstacle au refroidissement par évaporation.

**Les pieds chauds.** — Le grand point est d'écarter du cerveau et des poumons les amas de sang. Le sang allant de préférence vers les parties chaudes et humides, c'est les pieds qu'il faudra tenir humides et chauds. Il y a pour cela deux moyens : le bain des pieds et leur enveloppement. Plongez les pieds du petit malade dans de l'eau tiède très chargée de savon et ajoutez graduellement de l'eau chaude : il supportera une chaleur bien plus forte que s'il avait été brusquement plongé dans une eau trop chaude. Au bout de dix minutes essuyez bien les pieds et enveloppez-les dans de la laine : cette chaude enveloppe fera transpirer les parties inférieures, donc y attirera le sang. Il faudra renouveler la laine à mesure qu'elle s'humecte. Le bain peut être répété plusieurs fois dans les vingt-quatre heures.

**Des sinapismes.** — On obtient un effet plus fort au moyen des sinapismes, qui, en irritant la peau, y font affluer le sang : mais à cause même de leur puissance on ne les appliquera qu'avec ménagement : tel sinapisme oublié a causé des accidents mortels. On se contentera donc d'un sinapisme pas trop grand (deux travers de doigt sur trois) et, au lieu de le laisser trop longtemps à la même place, qu'il brûlerait, on le promènera toutes les cinq minutes d'une cuisse à l'autre et des cuisses aux jambes. Il faut avoir soin de laver la place où a séjourné le sinapisme, afin qu'il n'y reste pas trace de moutarde. Pour être plus active la moutarde veut être trempée dans l'eau froide, et non dans l'eau tiède, comme on se l'imagine quelquefois.

Quand les premiers soins n'amènent pas dans les vingt-quatre heures une amélioration marquée, c'est signe d'affection sérieuse. Si le médecin n'est pas encore arrivé, on pourra recourir aux vomitifs et aux purgatifs.

**Des vomitifs.** — Le vomitif est salutaire : 1° Dans une indigestion, où il s'agit de vider l'estomac pour qu'il puisse reprendre ses fonctions. 2° Dans un coup de froid, qui provient d'un arrêt brusque de la transpiration : l'effet constant du vomitif est de provoquer une transpiration plus ou moins abondante. 3° Dans un rhume, pour dégager les poumons. 4° Dans un accès de fièvre, qui dénote presque toujours un estomac chargé.

Pour les enfants au-dessous d'un an le meilleur vomitif est le sirop d'ipéca à la dose d'une cuillerée à soupe (une cuillerée à café n'agit pas assez, donne des nausées qui fatiguent en pure perte). Dix minutes après on donnera une seconde cuillerée si la première n'a pas produit son effet. D'un an à deux, pour que le vomitif soit énergique, on pourra ajouter au sirop un peu de poudre d'ipéca.

Enfin à partir de deux ans il faut donner la préférence à l'émétique parce que l'ipéca risquerait de n'être plus assez énergique. Des médecins craignent les effets trop violents de l'émétique : il n'y a qu'à l'administrer en petites doses, de quart d'heure en quart d'heure, jusqu'à ce qu'il y ait vomissement. Il faut d'ailleurs aider à l'expulsion en donnant le vomitif dans une quantité de liquide aussi petite que possible, afin qu'il soit plus actif; en tenant l'enfant debout ou assis, et non couché; en lui présentant de l'eau tiède non sucrée dès qu'il commence à bâiller ou à pâlir; s'il y a beaucoup d'angoisse sans résultat, en remuant le patient et en lui introduisant un doigt ou une plume à l'arrière-bouche; si cela ne vient pas encore, comme dernière ressource il y a le bain de pieds et le sinapisme.

**Des purgatifs.** — L'estomac vide, reste l'intestin à vider : c'est l'objet du purgatif. On y aura recours si, le lendemain du vomitif, l'indisposition persistant toujours, il n'y a pas eu d'évacuation par en bas. Le meilleur purgatif est l'huile de ricin à la dose d'une cuillérée, petite, moyenne, ou grande, selon l'âge. Aux enfants à qui répugne absolument l'huile on pourra donner deux ou trois tablettes de calomel qui, prises le matin à jeûn et suivies deux heures après d'un déjeuner ordinaire, produisent dans la journée une purgation très douce, sans nausées et sans coliques. — Si l'enfant purgé est sujet aux dégoûts et aux rejets d'estomac, on lui fera garder le repos, on tâchera de l'endormir, afin que la substance purgative, traversant l'estomac sans le soulever, arrive jusqu'à l'intestin, où il doit agir. Dans le cas contraire et si l'enfant est gaillard, on favorisera les mouvements, qui précipitent l'action du purgatif. On mettra une flanelle sur le ventre et on évitera le froid. Une idée fausse, c'est de croire qu'il faille tenir affamé un enfant qui a été purgé. Deux heures, une heure après, on peut lui donner à manger s'il le désire, quand même le purgatif n'aurait pas encore agi. Faire souffrir la faim, c'est compromettre l'effet du médicament.

## XIX. — SOINS AUX ENFANTS MALADES (1)

**Fautes à éviter.** — N'ayez pas la prétention de vous substituer au médecin dans les maladies de vos enfants : ce serait jouer avec leur santé, ce serait disposer légèrement d'un bien qui ne vous appartient pas. Ne donnez pas de médicament au hasard : la substance la plus inoffensive peut nuire, employée mal à propos. Défiez-vous des merveilles prônées à la quatrième page des journaux, elles promettent trop. Défiez-vous aussi des remèdes des commères : un tel remède a réussi dans un cas

(1) Résumé de l'ouvrage de Fonssagrives : Du rôle des mères dans les maladies des enfants.

pareil, diront-elles ; la question est précisément de savoir si le cas est le même : il peut être l'opposé, malgré des apparences trompeuses.

**Choix du médecin.** — Au lieu de courir après celui qui est à la mode ou après le plus occupé, prenez celui de la famille s'il y en a un : celui qui connaît les parents est celui-là même qui peut le mieux connaître la constitution des enfants ; autrement choisissez un spécialiste, ou qui ait lui-même des enfants. Après l'avoir choisi n'ayez ni dédain de ce qu'il prescrit, ni défiance injuste, mais montrez-lui la confiance qui redouble ses forces. « Les mères confiantes font les médecins dévoués. »

**Observer le malade.** — Il est de la plus haute importance que le médecin connaisse exactement toutes les manifestations de l'état du malade. Voyez si le pouls bat vite et fort, si le rythme de la respiration est égal, si la toux est en dedans ou en dehors. Observez avec soin la peau moite ou sèche, la figure rouge ou pâle, le sommeil calme ou agité, la digestion régulière ou troublée ; conservez, pour les montrer, les crachats, la matière vomie, les urines, les déjections, le sang rejeté. Ecrivez ce qui se passe entre deux visites.

**Chambre.** — En médecine les petites choses conduisent aux grands résultats. Ayez de *l'ordre:* les boissons et tout ce qui s'y rapporte sur une table, le linge et l'eau à portée de la main : à chercher vous ne perdrez ni votre temps ni votre tête. Tenez la chambre *propre*, sans linge sale et sans poussière.

Et surtout songez à y entretenir un *air pur*, si nécessaire aux sains, plus nécessaire encore aux malades, parce que leurs émanations délétères vicient l'air : ils respirent ces miasmes infects et empoisonnés, c'est comme s'ils étaient plongés dans un « bain de pourriture. » Il n'y a pas à en douter, c'est là une cause active de désorganisation et de mort. — Pour détruire les mauvaises odeurs, n'employez ni camphre ni caramel ni eau de cologne, qui, ne détruisant rien, font seulement oublier parce qu'ils mettent à la place quelque chose de plus fort : une odeur ajoutée à une odeur, c'est deux choses nuisibles ; le vinaigre seul est sans inconvénient. — Pour détruire les miasmes il existe principalement deux substances : le chlorure de chaux, que l'on trempe dans du vinaigre, et l'acide phénique ou phénol, qui possède la propriété particulière de tuer les microbes, germes de beaucoup de maladies. On aura donc recours au phénol, on en tiendra constamment dans le vase de nuit, dans une assiette promenée de coin en coin, au bout d'un mouchoir suspendu, etc. — Tout cela ne suffit pas : on a détruit les germes morbides provenant de la maladie, il reste à rendre à l'air les éléments vivifiants qui lui ont été retirés par la respiration de tant de personnes (1) et par une foule de circonstances. Il faut donc renouveler l'air. La crainte des refroidissements fait plus de mal que n'en font les

(1) Eloignez d'ailleurs tous visiteurs inutiles, faiseurs de bruit, donneurs de conseils contradictoires.

refroidissements eux-mêmes. L'air est toujours salutaire, seuls les courants sont nuisibles. Enveloppez le malade, fermez les rideaux, puis tenez longtemps ouvertes les fenêtres, matin et soir : que craindre quand la figure seule est découverte ?

**Propreté du malade.** — Sitôt malade, plus d'eau, voilà une autre grande faute. Il s'ensuit que la peau ne fonctionne plus, qu'elle s'enflamme, qu'elle s'écorche aux points où porte le poids du corps : en outre de la souffrance et de l'irritation qui en résulte, ces écorchures vicient l'air. — Au début de toute maladie commencez donc, sauf interdiction du docteur, par faire prendre un *bain* tiède qui calmera l'irritation et rétablira les fonctions de la peau. — Lavez le *visage* chaque matin : quel danger croyez-vous qu'il y ait à passer de l'eau tiède sur la figure, pourvu qu'on essuie aussitôt et rapidement ? Propreté, sécurité. — Changez fréquemment de *linge*. Ici encore le préjugé et la peur arrêtent, surtout si les enfants suent : et c'est justement alors qu'il est le plus nécessaire de changer : le linge mouillé se refroidit, glace la sueur ; le linge sec l'excite. Or la sueur est salutaire. Pour dissiper tout danger il suffit d'essuyer vite avec une flanelle et de chauffer le linge. — Passez le *peigne* chaque jour : l'air doit circuler entre les cheveux si l'on veut que la tête demeure fraîche. La fraîcheur procure le bien-être, tandis que la chaleur provoque l'inflammation.

**Couchage.** — Le lit en fer est préférable, comme se prêtant mieux à la propreté. Le sommier est ce qu'il y a de meilleur pour reposer le corps. Il serait bon d'avoir deux lits pour changer, comme deux chambres, si possible, pour les aérer et assainir l'une après l'autre. *Variez* souvent la position des enfants alités : mettez-les sur un côté, sur l'autre, couchés, assis, dans les bras : être sur le même endroit fatigue et agace. Evitez surtout de les tenir longtemps couchés sur le dos : cela gêne les poumons, qui s'engorgent peu à peu, ce qui ralentit la circulation du sang, et par suite amène le refroidissement : il y a eu même des cas d'asphyxie chez les tout jeunes.

**Régime.** — Le médecin prescrit, la mère doit exécuter fidèlement et intelligemment.

1° Pour les *boissons*. A-t-il prescrit une grande quantité de boisson à prendre dans les vingt-quatre heures, il faut la faire avaler sans susciter la révolte de l'estomac : donnez peu à la fois mais souvent, mesurez exactement ce que vous servez, afin d'administrer la quantité ordonnée, qui est nécessaire, sans aller au delà, il y en a assez. A-t-il ordonné, au contraire, de ne laisser boire que peu, sachez tromper la soif. Servez dans des verres très petits, mais pleins : « le contenu d'une coquille de noix satisfera si elle déborde, la moitié d'un grand verre laisserait mécontent. » Donnez aux boissons un goût acidulé par des tranches d'oranges, du jus de citron, etc. Ne craignez pas (ici il y a un autre préjugé) de les servir froides : par petites gorgées elles ne peuvent nuire, même dans les fièvres, car avant d'arriver à l'estomac elles se sont tiédies à la bouche. On a l'habitude de ne servir que des breuvages chauds, qui viennent altérer davantage : la soif fait alors plus souffrir que la maladie, et c'est à cette « croix des malades » que sont dues les insomnies. Accordons par grâce une cuillerée d'eau froide, « la plus suave des boissons quand on a la fièvre. » Ajoutons, seulement pour aciduler, une goutte de vin, cette boisson peut remplacer toutes les autres, nulle ne saurait la suppléer. On abuse surtout des tisanes : ne servez que les plus agréables et les plus calmantes, comme celle de mélisse et de tilleul. Le lait aussi est excellent, il fait passer bien d'autres mélanges, et, comme c'est un aliment, il nourrit sans fatiguer l'estomac et sans exciter la circulation. Quand le petit malade refuse de boire, quand on en est réduit à le forcer, les mères savent le secret : renverser la tête en arrière, obstruer les narines, ouvrir la bouche et verser.

2° Pour les *aliments*. Rompez avec la funeste manie de faire manger contre le vœu de la nature. On entend souvent dire : Il est faible, ce n'est pas étonnant, il ne mange pas. Erreur : il serait plus faible encore s'il mangeait, car la fièvre serait accrue par le labeur de la digestion. A un enfant atteint de fièvre ne donnez donc à manger que sur l'ordre du médecin. — Parmi les aliments prescrits ou autorisés, choisissez de préférence ceux qui plairont : un mets désiré est à moitié digéré. Vous êtes d'ailleurs habile à guider les désirs de votre chéri, vous savez des petits artifices pour tourner ses répugnances. Evitez l'abus des viandes et des bouillons gras : l'enfant s'en dégoûte vite. Variez, variez : bouillons maigres, lait de poule, lait surtout sous diverses formes, mélange de lait et bouillon ( peu employé, mais d'ordinaire fort bien accepté des enfants et excellent pour la santé). Prenez des aliments de premier choix, et apprêtez-les avec un soin scrupuleux : un bouillon trop gras, un œuf couvé, un chocolat médiocre, un vin aigre, peuvent provoquer une indigestion mortelle. — En dernier lieu observez les effets des aliments : s'ils ont provoqué de la chaleur ou de la rougeur à la face, de l'agitation, des nausées, des bâillements, s'ils ont été bien digérés, etc., vous serez renseigné pour continuer ou pour modifier.

**Convalescence.** — Veillez à la convalescence, presque aussi sérieuse que la maladie : une rechute trouverait l'organisme affaibli, et toute maladie qui revient tend à passer à l'état chronique.

Il est bon que le médecin autorise le premier lever. Mais en principe ne faites pas trop longtemps garder le lit : le manque de mouvement et l'ennui éloignent l'appétit, constipent, affaiblissent, et finalement on retombe malade parce qu'on est trop resté alité. Pour éviter tout danger, il suffit d'y aller graduellement, de ménager les transitions : ouverture progressive des fenêtres, séjour de plus en plus long dans la chambre, première sortie en un temps et un endroit doux, etc.

Même gradation dans les aliments. L'estomac des convalescents n'est pas celui des bien portants : il a désappris ses fonctions, il faut les lui réapprendre peu à peu en lui ménageant la tâche. Tenez-vous en garde contre un appétit factice qui peut venir plus du désir que du besoin. Une indigestion, ou peut être mortelle, ou peut amener la privation de l'appétit. Voici d'ailleurs quelques aphorismes d'Hippocrate, aussi vrais aujourd'hui qu'il y a deux mille ans. « Il faut restaurer avec lenteur les corps amaigris lentement, et rapidement les corps amaigris en peu de temps. — Quand un convalescent mange bien, si le corps ne se refait pas, cela est fâcheux. — Si un convalescent reste languissant et mange, c'est signe qu'il prend trop de nourriture ; s'il reste languissant et ne mange pas, cela montre qu'il a besoin d'évacuer. »

Gradation, enfin, dans les exercices, nécessaires à la fois pour stimuler l'estomac et pour réveiller les forces : sans exercice la force ne revient pas, avec excès d'exercice elle s'épuise. C'est comme pour la nourriture : il en faut, et il n'en faut pas trop. Si le convalescent pâlit, s'il sue, la mesure est dépassée. Surtout craignez tout ce qui fatigue le cerveau et les nerfs, les édudes suivies, les divertissements bruyants, les émotions trop fortes. Du repos et du calme, du calme et du repos !

## XX. — PANSEMENTS USUELS

**Orgelet.** — Grain rougeâtre à l'angle de l'œil. Frotter d'eau de mauve plusieurs fois par jour. Tenir à l'abri du froid et de la lumière. Mêmes soins si les yeux sont rouges et larmoyants. L'orgelet fréquent est le signe d'un tempérament lymphatique : régime tonique.

**Oreillons.** — Gonflement et suintement au-dessous des oreilles. Couvrir d'huile et de ouate, au besoin d'un cataplasme, garder à la chambre, boissons chaudes.

**Saignement de nez.** — N'est pas un mal quand il cesse de lui-même au bout d'un instant. S'il dure, il s'agit de glacer le sang pour l'empêcher de couler: appliquer sur le front, sur les tempes, même sur la nuque, du linge trempé d'eau très froide ; attirer le sang aux pieds par des bains chauds ; faire tenir les bras levés. — Si l'enfant est sanguin et que cela se renouvelle souvent, régime moins substantiel.

**Engelures.** — Le meilleur moyen de les guérir est de les oindre, le jour, de glycérine; le soir, en se couchant, d'huile tiède, après quoi on enveloppe les mains dans des gants de laine. Ce qu'il faut éviter, c'est les bains d'eau tiède, de son, etc., qui ramollissent et affaiblissent la peau ; et surtout les alternatives de froid et de chaud, le passage brusque de l'un à l'autre , principale cause des engelures.

Quand un enfant est sujet à ces petites misères, le mieux est de fortifier la peau à l'avance : pour cela, dès le début de l'hiver, il se frottera les mains d'eau-de-vie, d'huile, etc., et même de neige à l'occasion. Comme la fréquence des engelures dénote un tempérament lymphatique, c'est sur le tempérament qu'il faut agir au moyen d'un régime plus tonique.

**Gerçures** ou **crevasses.** — Achetez du collodion chez le pharmacien, versez-en quelques gouttes sur la crevasse jusqu'à ce qu'elle soit comblée : le collodion se solidifie à la minute et forme désormais une espèce de peau artificielle sous laquelle se reforme en sûreté la naturelle. Si l'on n'a pas de collodion, faire comme pour les engelures.

**Panaris** ou **mal d'aventure.** — Au début, combattre l'inflammation en tenant le doigt dans l'eau froide. Si la douleur persiste, la calmer par un cataplasme ; et, pour éloigner le sang du siège de l'inflammation, tenir la main élevée à l'aide d'un mouchoir. Eviter toute imprudence en n'allant pas au delà, se défier des pommades, et confier le doigt à un médecin.

**Écorchures.** — Laver à l'eau froide et à l'arnica ; l'eau salée, l'eau-de-vie, sont bonnes aussi. Quand le sang a cessé de couler, mettre à l'abri de l'air au moyen soit d'un linge, soit d'un papier gommé (bordures des timbres-poste).

**Coupures.** — Comme pour l'écorchure.

**Plaies.** — Si le sang coule, arrêter en appuyant le doigt dessus. Réunir les bords de la plaie, puis comme pour l'écorchure. Le papier gommé peut ne pas suffire : on trouve chez les pharmaciens diverses toiles qui collent les chairs, taffetas gommé, sparadrap, diachylon, etc.

**Bosse.** — D'abord arrêter l'inflammation par des compresses renouvelées d'eau froide. Si l'inflammation se déclare quand même, plus d'eau froide, mais un cataplasme.

**Entorse** ou **foulure.** — C'est l'arrêt du mouvement, après un effort, dans une articulation, pied, épaule, poignet. La gangrène peut s'ensuivre, à la hâte le médecin. — En attendant : pour prévenir l'inflammation plonger immédiatement dans l'eau froide (1) et y maintenir pendant quatre à cinq heures. Il n'y a qu'un cas où il faut craindre l'eau, c'est si l'inflammation se déclare. Par intervalles, pour calmer la douleur et pour faire circuler le sang, on peut faire des frictions à l'eau-de-vie ou à l'huile camphrée.

**Fracture.** — Ici, au lieu d'une articulation qui ne va plus, c'est un os qui est rompu. Mêmes précautions : le médecin, et des compresses. On peut soulager le membre brisé en le mettant entre deux cartons ou deux planches rembourrées.

**Piqûres.**— Enlever le dard de l'insecte, voilà l'essentiel, parce que ce dard a souvent du venin (abeille, guêpe). Ensuite eau fraîche.

---

(1) On voit que le remède est toujours le même : rien ne vaut l'eau froide aux premiers moments de tous les accidents, parce qu'elle s'oppose à l'inflammation.

**Brûlure.** — Ici encore il s'agit de deux choses : 1° Empêcher l'inflammation (bain d'eau froide renouvelée). 2° Soustraire à l'action de l'air (fécule, farine, purée de pommes de terre, huile, etc ; la meilleure chose, c'est tout simplement de la ouate, qu'on laisse appliquée jusqu'à cicatrisation). S'il y a des cloches, les percer d'une épingle, ne pas enlever la peau, afin qu'elle recouvre la chair. Si la brûlure est profonde et étendue, le médecin : c'est un accident des plus graves.

**Précautions.** — Pour éviter tant d'accidents les parents ne négligeront aucune précaution : enfants tenus loin du feu, jamais laissés seuls dans une pièce à feu, allumettes hors de leur portée ; couteaux et objets blessants serrés loin de leurs mains ; portes fermées pour qu'elles ne meurtrissent pas les doigts; enfin interdiction de rester penché à une fenêtre. Un accident est vite arrivé : une distraction, un mouvement subit, et voilà un malheur, un regret pour la vie. L'éducation est une œuvre de tous les instants.

# LE CARACTÈRE

*C'est ici qu'est la grande tâche :*
*recueillons-nous,*
*recueillons notre esprit,*
*notre cœur et nos forces.*

## LE BUT ET LES MOYENS

Bien élever un enfant ! En quoi cela consiste-t-il ? L'œuvre est si vaste et l'expression si vague ! Tâchons d'y voir un peu.

J'ai entendu dire d'un homme : C'est une perle. Il a *toutes les qualités, et pas un défaut*. Tiens ! mais voilà précisément ce qu'il faudrait à un enfant : pas de défauts, et toutes les qualités.

Y a-t-il là deux œuvres à faire séparément? faut-il d'abord extirper les défauts, avant de commencer à développer les qualités? Je m'en garderai bien : il y a un moyen, et il n'y en a pas deux, de combattre les défauts, c'est de leur substituer les qualités contraires.

Mais encore quelles qualités? Il y en a tant, et de si diverses ! Si je pouvais les classer, cela me permettrait de voir clair dans ce que j'ai à faire.

Lorsque j'étais enfant ma mère me disait souvent : Deviens *travailleur*. Qui ne gagne pas son pain est forcé de le voler.

J'avais vingt ans, un homme me dit : Vous êtes chargé d'élever ces enfants, attachez-vous à leur donner une seule qualité, et si vous la leur inspirez vous aurez tout fait : rendez-les *bons !*

Plus tard, un autre me dit : J'ai souffert, nul ne saura combien. Et j'ai souffert uniquement parce que ceux qui m'ont approché n'ont pas respecté mon droit, n'ont pas fait ce qu'il était juste qu'ils fissent. Monsieur, formez des hommes *justes.*

Vers le même temps j'ai rencontré sur la rue un homme d'un âge mûr et qui déjà paraissait vieilli. Sa parole a été la suivante : Apprenez à l'homme à dompter ses passions. Qu'il soit *maître de lui-même.*

J'ai souvent réfléchi à ces quatre paroles : chacune d'elles ne renferme-t-elle pas une partie de la vérité, et les quatre ensemble n'embrassent-elles pas toute l'éducation ? En effet l'homme doit vivre, de là le travail ; vivre sans par sa faute faire souffrir ses semblables, de là la justice ; la justice, pour ne pas être raide et rogue, a besoin d'être tempérée et comme parfumée par la bonté ; bonté, justice, amour du travail, tout cela peut être étouffé et rendu stérile par des passions mauvaises et triomphantes : mais réunissez ces quatre qualités chez un être humain, cet être n'est point à plaindre ni à mépriser : ôtez-en une, il manque quelque chose qui est beaucoup.

Voilà donc le but. Et les moyens ?

J'ai vu un jeune homme de vingt ans mené par le bout du nez. Il ne faisait un pas sans être poussé et soutenu par ses parents. Et je me suis dit : Ce n'est pas cela. Ce grand garçon n'est plus en âge d'être aux lisières. Il devrait maintenant marcher tout seul, éclairé par sa raison et mû par *sa propre volonté*.

Voici, au contraire, un bambin de dix ans qui toujours fait ce qu'il veut. Pour lui nulle contrainte et nulle gêne. Tout lui est permis, rien ne lui est prescrit. Son père et sa mère lui laissent toute licence. Mauvais ! me suis-je écrié en moi-même. A cet âge l'enfant ne peut encore savoir ce qu'il doit faire dans toutes les circonstances. Avant de se conduire par lui-même, c'est-à-dire par son ignorance et ses caprices, il doit apprendre à se gouverner d'après les autres, c'est-à-dire d'après leur expérience et leur raison. En d'autres termes, il doit *obéir*.

Petit Paul, deux ans, ne veut pas faire ce que pour la première fois lui ordonne sa maman. Veux-tu bien obéir ! lui crie-t-elle. — Mais, Madame, cet enfant de deux ans ne peut pas encore comprendre ce que vous voulez dire par ce mot « obéir ». Vous voulez qu'il se laisse mettre seul au lit sans pleurer : il ne fera pas aujourd'hui par exception, et pour vous obéir, ce que vous ne lui avez jamais fait faire encore. Mais il le ferait parfaitement et sans difficulté, sans un cri, si vous l'aviez mis seul au lit ou au berceau dès ses premiers jours, si vous l'y aviez *habitué*.

En pensant à ces trois exemples un trait de lumière vient frapper mon esprit : l'habitude, l'obéissance, la volonté, voilà les trois étapes de la vie morale. Le nourrisson doit être bien conduit sans qu'il s'en doute ; l'enfant, qu'il le veuille ou non ; l'homme, parce qu'il le veut. Nulle éducation n'est complète si elle ne donne la volonté du bien ; mais cette volonté est d'abord trempée dans l'obéissance ; l'obéissance est rendue plus facile par les premières habitudes inconsciemment contractées ; et ces premières habitudes se greffent sur la vie même et sur le régime des premiers mois.

Voilà donc ma route éclairée : *faire acquérir chacune des quatre grandes qualités (bonté, justice, amour du travail, empire sur les passions), par ces trois moyens : l'habitude, l'obéissance, la volonté.*

# I. — LES PREMIÈRES BONNES HABITUDES

« *C'est la nourrice qui est la première éducatrice.* »

**Importance des premières bonnes habitudes : elles sont une seconde nature.**

**Quelles sont ces bonnes habitudes : celles du corps, celle de ne pas crier, d'être content, d'être calme, d'être aimant.**

**Moyens de les faire contracter : commencer tôt, exiger toujours les mêmes actes, les rendre agréables.**

## 1. Importance des premières bonnes habitudes

— *Laisse-le pour cette fois. Que veux-tu faire à un enfant d'un an ? — L'empêcher de prendre une mauvaise habitude.*

Voilà l'éternelle dispute entre le père et la mère. Dans beaucoup de familles on peut constater ce triste fait : la mère laissant aller..., le père sentant confusément qu'il ne faut pas tout permettre : d'où des conflits fréquents et quelquefois de vives souffrances. En vaut-il la peine ? Et le père ne ferait-il pas mieux, lui aussi, de laisser les choses aller leur train naturel ? Si l'éducation n'y doit rien gagner, ce serait bien bête de se monter le sang et de se gâter son bonheur.

Voici deux enfants de vingt mois. — *Il est insupportable*, dit sa mère. Rien ne le satisfait. On ne sait que lui faire. — *Il est toujours calme et content*, dit l'autre mère.

D'où vient cette différence radicale ? De la nature peut-être. Chacun de nous, en effet, naît plus ou moins avantageusement doué. Ah ! pourquoi n'ai-je pas le pouvoir de donner à mon fils telle nature qu'il me plairait, une nature à mon choix ? Je serais le plus fort des hommes. A mon gré pouvoir façonner et pétrir jusque dans ses entrailles un être humain! Aussi puissant que Dieu je serais. Qui me fera tenir une parcelle de la divinité ? Consultons la mère de l'enfant calme, elle répond: « Il aurait eu lui aussi ses caprices si on l'avait laissé faire. Il se jetait sur toutes les choses, je l'ai habitué à ne toucher qu'aux siennes ; il commençait à crier pour se faire obéir, je l'ai empêché de continuer ; il ne voulait pas m'obéir, je lui en ai fait prendre l'habitude : peu à peu il est devenu autre qu'il n'aurait été. Croyez-moi, *l'habitude est une seconde nature.* » Soudaine révélation : s'il n'est pas en mon pouvoir de créer une nature à mon gré, du moins je peux faire contracter à mon choix telles ou telles habitudes. Cela ne revient-il pas, en définitive, à pouvoir douer l'objet de mon amour de presque telle nature que j'aurais voulu ? Voilà la clef du mystère : je tiens le secret de ma puissance ! — Cette puissance, je veux en user pour donner au jeune être de bonnes habitudes dès le berceau : aussi facilement il contractera les bonnes que les mauvaises, pareil à la jeune plante qui se peut plier dans un sens comme dans l'autre.

## 2. Les habitudes physiques

Seulement y a-t-il des habitudes qui puissent être qualifiées de bonnes à cet âge? C'est si jeune! Il ne peut guère avoir que les habitudes du corps... — Eh! mais c'est là qu'est justement le nœud de la question: l'ordre et la régularité dans les fonctions du corps dresseront l'enfant à la régularité et à l'ordre en toutes choses: à cet âge surtout *on agit sur l'âme en agissant sur le corps*. C'est pour cela qu'il est si important de régler, dès les premiers jours, le nouveau-né dans son sommeil, dans ses repas et même dans ses déjections (voir pages 15, 65, 76).

Une vilaine habitude, ou plutôt une manie, qu'on ne doit pas permettre à l'enfant, c'est celle de téter un doigt, de sucer un morceau de linge, et plus tard de ronger ses ongles, etc. J'aurai grand soin d'empêcher tout *tic* de naître. Dès que je verrai le nourrisson commencer, j'essayerai de détourner son attention sur un autre point. Autant de fois il y reviendra, autant de fois je l'en empêcherai: lassé d'être gêné dans sa tendance, il finira par y renoncer. Ceci ne s'applique pas à l'acte isolé qui consiste à porter à la bouche un objet nouveau, comme pour le tâter: je sais que le nouveau-né s'instruit avec la bouche comme avec les mains et les yeux. Ce qu'il faut empêcher, c'est la succion, qui épuise. Le premier fauteur est la nourrice, quand elle a cherché à tromper la faim de l'enfant en lui faisant sucer un doigt ou un objet quelconque.

### 3. L'habitude de ne pas crier

*« O l'insupportable enfant que celui qui crie à propos de tout et qu'on ne peut faire taire ! Et que son éducation est déjà compromise à l'âge de deux ans ! »*

L'enfant crie parce qu'il souffre ou bien pour se faire accorder ce qu'il désire. Dans aucun cas il ne faut le laisser crier longtemps, afin qu'il ne devienne pas, par la force de l'habitude, un pleurnicheur insupportable à lui-même et aux autres.

Dès qu'un nourrisson crie, il faut s'assurer qu'il ne souffre pas, qu'il n'est pas piqué par une épingle ou mouillé dans ses langes, qu'il n'a pas faim ou soif. Si l'on découvre une souffrance, on tâche d'en supprimer la cause aussitôt, mais sans trop le plaindre, afin qu'il ne se croie pas plus malade qu'il n'est.

Le nourrisson, jusqu'à l'âge de cinq à six mois, pleure quelquefois sans motif, c'est-à-dire sans souffrance et sans désir : on s'en aperçoit à sa figure relativement calme et contente malgré les pleurs. Il crie alors par un besoin instinctif de faire de longues prises d'air, d'élargir sa poitrine, de se donner du mouvement. Laissons-le crier en ce cas, rien n'est meilleur pour développer les poumons.

L'enfant plus âgé, entre un et trois ans,

crie quelquefois par ennui ou par fatigue, par lassitude des nerfs. S'il est fatigué, qu'il se repose et dorme. S'il éprouve de l'ennui, qu'il joue ou mieux qu'il prenne l'air au dehors.

Les pleurs habituels des enfants sont surtout causés par leurs caprices : pour se faire accorder ce qu'ils désirent ils se mettent à crier, pour peu que cela leur réussisse une fois. Il faut donc ou prévenir leurs désirs, ou empêcher leurs pleurs, ou triompher de ces mêmes pleurs.

1° *Prévenir les désirs.* Donnons d'abord tout ce qui est nécessaire à la santé et au divertissement, de façon à éviter et la souffrance et l'ennui. Et lorsque l'enfant manifeste un désir qu'il n'y a aucun inconvénient à satisfaire, donnons lui satisfaction : c'est une cruauté et une maladresse de refuser une chose uniquement parce qu'elle est désirée. Seulement il importe de lui montrer au plus tôt comment il doit s'y prendre pour demander une chose. Les petits Allemands sont dressés dès l'âge de un an à joindre leurs deux petites mains lorsqu'ils désirent un objet, et ils font cela couramment (1) : ce fait montre combien on peut prendre d'empire sur les enfants rien que par l'habitude. Sous la forme de mains jointes ou sous une autre forme, habituons nos enfants à demander, pour les empêcher de crier.

2° *Empêcher les pleurs.* Tant que l'enfant est encore jeune, et surtout tant qu'il s'en tient aux pleurs passagers, on peut le dis-

(1) Preyer, l'Ame de l'enfant.

traire en appelant son attention sur un autre objet qui lui fasse « oublier qu'il voulait pleurer. » As-tu vu la poule noire ? Où est le chat ? Que t'a dit la voisine hier ? C'est par ces questions et autres semblables que bien des parents arrivent à consoler leurs petits prêts à pleurer. « Mais il est de la dernière importance, dit avec raison Rousseau, que l'enfant n'aperçoive pas l'intention de le distraire, et qu'il s'amuse sans croire qu'on songe à lui. » Autre remarque : cette méthode est bonne pour le présent, non pour l'avenir, car elle n'enseigne pas à maîtriser son désir, ce qu'il faudra enseigner plus tard progressivement , à mesure que l'enfant grandit.

Les pleurs parfois reviennent en face des mêmes circonstances, à la même heure, au même endroit : évitons ces circonstances, ces endroits, et à ces moments tâchons de distraire les enfants par des objets nouveaux.

3° *Triompher des pleurs.* Malgré toutes ces précautions l'enfant criera. Mais aussi il sera inexcusable. Un enfant que l'on rend heureux et qui malgré cela remplit l'air de ses cris perd son charme, perd son innocence, perd tout ce qui attache à lui et tout ce qui le fait aimer. « Les pleurs trahissent souvent la prétention de l'enfant à se faire obéir : ils sont comme la déclaration de son arrogance et de son entêtement, dit Locke. Qu'y a-t-il de plus choquant, ajoute Rousseau, de plus contraire à l'ordre, que de voir un enfant impérieux et mutin commander à tout ce qui l'entoure, et prendre impudemment le ton de maître avec ceux qui n'ont qu'à l'abandonner pour le faire périr ! La nature a fait les enfants pour être aimés et secourus : mais les a-t-elle faits pour être obéis et craints ? »

Or il existe un moyen pour ne pas se trouver dans cette intolérable situation. Entre un et deux ans, les uns plus tôt, les autres plus tard, les enfants commencent à se livrer à de véritables crises de larmes qu'ils comptent ne pas cesser jusqu'à ce qu'ils aient eu gain de cause : le secret consiste à les faire capituler et à triompher à leur place. L'enfant désire une chose et la demande. D'ordinaire vous accordez sur le champ et avec bonne grâce. Cette fois vous avez vos raisons pour refuser : refusez net, et que ce soit irrévocable. Faites cela chaque fois que l'enfant trépignera, pendant trois ou quatre fois, dix fois, vingt fois, toujours, aussi longtemps que les pleurs se renouvelleront. Un jour viendra où l'enfant se fera ce raisonnement : J'obtiens toujours ou à la première demande ou jamais. Soyez tranquille : désormais il ne criera plus, car personne « n'aime à prendre une peine inutile, pas même les enfants. » En d'autres termes, il y a, entre les parents et les enfants, une vraie guerre qui se livre sur ce terrain ; de cette guerre dépend l'avenir ; le moment de cette guerre est la période capitale de l'éducation, car le caprice en sortira à jamais dominateur ou à jamais maîtrisé. Il importe de rendre cette guerre à la fois aussi courte et aussi salutaire que possible. Pour cela il suffit d'appliquer cette règle : *le moins possible de batailles, et autant de défaites pour le criailleur.* Une seule victoire de l'enfant double et triple la longueur de la guerre : et c'est en définitive lui qui en pâtira, le pauvre chéri ! Epargnons-lui toute souffrance inutile. Laissons-le crier quatre ou cinq fois dans sa première année afin de ne pas l'entendre crier dix fois par jour durant son enfance, et souffrir toute sa vie par suite de son caractère insupportable.

Que faire si l'enfant crie et tempête longtemps, très longtemps ? Faut-il le laisser crier, ou le forcer de se taire ? — Les premières fois on le laisse crier sans faire semblant de s'en apercevoir. Mais il ne faut plus le laisser à lui-même s'il continue de donner à ses larmes une longue durée : il a pleuré, il pleurera, parce que l'ébranlement nerveux renouvelle la source des larmes. On doit donc rompre cette habitude avant qu'elle soit prise. On ne peut empêcher un enfant de pousser dix fois par jour des cris : mais on peut et on doit l'empêcher de les prolonger. « Peu importe qu'il pleure souvent, pourvu qu'il ne verse qu'une larme et qu'elle soit aussitôt oubliée. » Le moyen? La première crise passée, disons avec énergie : Pas pleurer ! Cette parole, qu'il faut faire entendre dès les six premiers mois, cette parole doit faire taire net. Si elle ne suffit pas aux premiers temps, c'est ici l'un des rares cas où une tape, donnée de cinq à dix fois dans la vie, appliquée sur le derrière pour y attirer le sang et dégager la tête, peut prévenir un nombre incalculable de scènes. Une fois qu'il aura compris que l'on ne doit pas pleurer, ce cera fini. Les parents doivent se rendre maîtres, c'est leur affaire. Ce devoir est surtout impérieux lorsque, furieux d'avoir été corrigé, le coupable veut se rouler à terre, fuir en criant, donner des coups de pied aux chaises, etc : ne permettons pas de pareilles révoltes, qui détruisent tout le bon effet des corrections.

Avec les doux et les timides, des moyens plus doux suffisent : s'ils pleurent, non de rage mais de tristesse et de regret, il faut les consoler, leur rendre l'affection dont la perte les a attristés.

## 4. L'habitude d'être content

Un enfant est par lui-même content, à condition qu'il ne souffre pas et qu'il ne s'ennuie pas. La conséquence est simple : après avoir écarté la souffrance, il suffit d'éviter l'ennui. Or l'ennui ne vient jamais à qui est *occupé*. Occuper l'enfant, là est toute l'affaire. Comment l'occuper? Deux moyens : lui donner des jouets, l'amuser soi-même. Ces deux moyens doivent être employés l'un et l'autre. En effet, le laisser seul, c'est l'exposer à l'ennui. Prétendre l'amuser soi-même tout le temps, c'est l'exposer à ne pas avoir un moment de repos. On doit commencer dès le troisième mois. « Aussitôt qu'il distinguera les couleurs et les objets, on pourra commencer à lui donner les moyens de s'amuser seul, et le tenir ainsi plus longtemps éveillé dans son berceau ; pour cela, on suspendra bien en avant et non au-dessus de ses yeux quelques petits jouets ou chiffons de diverses couleurs ; il s'en réjouira et s'en occupera beaucoup ; vous le verrez sourire, s'ébattre, et pousser des cris de joie. L'enfant imprime alors à son berceau un petit balancement qui fait remuer les objets suspendus, et sa joie en est encore excitée. » (1)

A partir de l'âge de six mois, l'enfant, couché sur un tapis, aura autour de lui divers objets qui occuperont son attention, ses yeux, ses mains. Ici le grand écueil, surtout à partir du moment où il marchera, c'est l'excès. Rien ne lasse et n'agace comme d'avoir trop de jouets. L'enfant, fatigué de leur vue et ne sachant plus lequel choisir, les brise avec rage en s'écriant : « Ah ! que je m'ennuie ! ». Au contraire, celui qui a peu de jouets les estime et s'en trouve heureux, parce que son imagination supplée à ce qui manque. C'est pour cette raison également que les jouets les plus simples sont les meilleurs : une poupée est nue, on a le plaisir de l'habiller ; il n'y a que du sable, on lui donne mille formes diverses ; et ainsi de suite pour tout. Ne donnons pas des *jouets trop beaux*, laissons à l'enfant le bonheur de les embellir. Ne donnons pas *trop de jouets* en bloc, mais un seul à la fois.

Même règle pour les divertissements. Lorsqu'on veut trop amuser un enfant, le tenir sans cesse dans les bras, le faire dan-

(1) Mme Millet-Robinet et le Dr. Allix.

ser, rire et tapager, ses nerfs se fatiguent et se crispent, il souffre et se met à pleurer, justement parce qu'on a voulu trop l'amuser.

En outre on lui a appris à être exigeant, à ne se contenter pas de peu ; la prochaine fois il se jettera dans le plaisir avec une fièvre qui ne pourra être calmée ; il se dira : Après ceci que ferons-nous ? Et après cela, quoi encore ? Impossible de contenter un pareil affamé. Prenons donc pour règle capitale : *Occuper, non énerver.*

Plus tard, à partir de dix-huit mois, l'enfant veut toucher à tout, accaparer tout. On lui défend de toucher tel objet parce qu'il est dangereux, tel autre parce qu'il est fragile, tel autre parce qu'on en a besoin, etc. Mais il en prend d'autres à l'aise : son esprit ne comprend rien à ces différences, c'est trop compliqué ; il n'y voit qu'un acte arbitraire. Mais si dès l'origine on lui apprend à distinguer ce qui est à lui de ce qui n'est pas à lui, si on lui dit souvent, à propos des mêmes objets : *ceci à bébé, cela à papa, à maman*, etc., une idée simple entrera dans son cerveau, il sentira un respect instinctif devant tout objet qui n'est pas à lui, il n'aura nulle envie d'y toucher, il sera heureux, et il vivra dans le contentement.

C'est ainsi que nous éviterons ces douloureux spectacles de petits gâtés exigeant tout objet qui frappe leur vue, la montre du père, l'agrafe de la mère, le tableau accroché à la muraille ; poussant des cris dès qu'on tarde à les satisfaire, articulant des « non » à chaque ordre de se taire, exaspérant le père et la mère, qui le frappent à la fin, poussant alors des hurlements affreux qu'on ne peut faire cesser qu'en capitulant, en cédant au révolté ce qu'il voulait, en le prenant dans ses bras, en lui disant avec lâcheté : Allons, petit chéri, pourquoi pleures-tu...! Ah ! quelle humiliation et quelle honte, surtout devant des étrangers, d'être ainsi vaincus, après avoir tout fait, par un marmot qui mériterait d'être broyé... pardon, si ce n'était pas notre faute ! Répétons-nous donc la règle qui nous sauvera de cette confusion et de cette amertume : *rendre l'enfant heureux mais disposer de lui* dès les six premiers mois.

### 5. L'habitude du calme

Voici deux enfants. — L'un, fils d'une paysanne obligée de travailler aux champs, a été presque toujours laissé à lui-même, déposé dans son berceau ou dans son maillot, à l'ombre d'un arbre. Il est tranquille au sein de la tranquille nature, il ne réclame personne, il est calme. Il a chance d'avoir un tempérament heureux et un esprit sain. — Pour l'autre, orgueil d'une famille aisée, c'est le contraire: sans répit tenu aux bras ou sur le sein, passé à chaque instant de la mère à la bonne et de la bonne à l'aïeule, caressé, dorloté, secoué et agité sans relâche, il n'a pas eu un moment de calme et de repos. C'est un malheur pour lui : enfant trop agité, enfant chagrin; enfant chagrin, homme méchant et malheureux. Il y a pour le jeune être une chose aussi importante que le lait et l'air, c'est le *calme*, « bien immense et facile à perdre, le plus nécessaire peut-être à sa constitution morale, encore si frêle et si délicate. » C'est dans le calme serein que se développent le cœur droit et l'intelligence saine, les plus belles facultés comme les qualités morales les plus nobles. « Il n'est rien d'admirable, rien de grand dans la nature morale, dont la sérénité ne favorise le développement. » Et si jamais une nature calme fut nécessaire, c'est à notre époque agitée et fiévreuse, dans notre société minée et rongée par la grande épidémie morale du nervosisme.

Comment pourrons-nous procurer à notre enfant un tempérament calme ? N'est-ce pas là avant tout un don de la nature ? Certes, comme tous les dons heureux. Mais si je tiens le frêle être dans une agitation et une surexcitation continuelles, ses nerfs s'ébranleront, se crisperont, finiront par être agacés : tout son organisme s'en ressentira et tout en souffrira, la santé, l'intelligence, le caractère surtout ; et j'aurai gâté l'œuvre de la nature : pouquoi ? simplement parce que je n'aurai pas laissé l'enfant tranquille. J'arrive donc à une loi bien claire : *le calme intérieur par le calme extérieur.* Il suffit des habitudes précédemment dites de ne pas crier, d'être content, pour vivre dans le calme.

L'enfant qui ne souffre pas et qui a bonne santé est de lui-même porté au calme. « Il semble bien aise de vivre : respirer, voir, remuer ses petits bras, est déjà un bonheur pour lui... Un enfant, à six mois, à demi couché dans son berceau et jouant avec ses petites mains, est dans la situation la plus heureuse ; il en est de même à neuf ou dix mois, lorsque, assis sur un épais tapis, il s'amuse à disperser divers objets qu'il cherche à rattraper ensuite. Tandis qu'il joue ainsi, vous pouvez reprendre vos occupations : un regard, quelque signe d'intelligence de loin en loin, suffisent à lui dire qu'il est protégé, et sa sécurité est parfaite. » (1)

Petit Léon s'occupait ainsi, absorbé par ses jouets et ses pieds. La nourrice le saisit brusquement, le leva plus haut que sa tête et le fit tournoyer en folâtrant. C'est pour l'amuser, répondit-elle, questionnée. — *Il s'amusait bien mieux tout seul*, dit le père. « Gardons-nous de troubler son activité intérieure : elle est plus réelle et plus salutaire que celle qui lui vient de nous... En conséquence, il vaut mieux occuper les petits enfants des *choses* que des personnes. Les choses sont des objets tranquilles qui ne cherchent pas à les agacer... Auprès des personnes, au contraire, ils vivent de sympathie et d'antipathie. »

## 6. L'habitude de la sympathie

Est-ce tout? Jusqu'ici je n'ai favorisé que les habitudes utiles au nourrisson lui-même: il faudrait pourtant qu'il fasse quelque chose pour les autres aussi. Mais peut-il rien, le tout

(1) Mme de Saussure.

petit? Oui. Il peut beaucoup pour nous faire souffrir s'il est chagrin, il peut beaucoup pour nous faire jouir s'il est aimable et aimant. Or rien de plus facile. L'enfant est par lui même tout sourire et tout amour lorsqu'il se trouve à l'aise. Pourvu qu'il soit maintenu dans la santé et dans le calme, il sera porté à la sympathie : ne pas serrer son cœur par un visage refrogné, au contraire ouvrir ses yeux, sa bouche et son âme par le sourire et les douces paroles, cela suffit pour qu'il sourie et pour qu'il aime. En d'autres termes, *engendrer l'amour par l'amour* et par les petits soins qui le montrent.

Seulement ce n'est pas assez que l'enfant aime sa mère ou sa nourrice, il doit être aimant envers tous, même envers les étrangers. Pour cela il faut ne pas toujours le confier à la même personne ; le changer de bras de temps en temps comme si rien n'était. S'il crie on n'y fait pas attention. — Vers six mois une petite fille poussait un léger cri quand le père la sortait des mains de la mère : il l'emmenait rapidement au salon, essayait de la distraire, lui faisait regarder un objet : dix secondes après elle avait oublié, et au bout de quinze jours elle ne criait plus. Si au premier cri et à chaque fois il l'eût remise à sa mère, la petite n'aurait connu qu'elle, ne voudrait rester qu'avec elle, et ne permettrait point qu'un autre la prenne dans ses bras : elle va de bon cœur avec tous. En outre on lui a toujours présenté *l'étranger en le caressant :* poussée par l'instinct d'imitation, elle a appris à le caresser aussi, et de cette façon elle s'est accoutumée à sourire à toute personne et à aimer tout le monde.

## 7. Comment faire contracter les habitudes .

En somme : *réglé* au physique, *calme* et *aimant* au moral, tel doit être l'enfant au berceau. Si nous lui assurons ces trois bienfaits, notre enfant pourra dire plus tard : « Je suis heureux, et heureux par les habitudes que mes parents m'ont fait contracter ; lorsqu'ils m'y soumettaient, je ne soupçonnais même pas que les choses pussent se passer autrement : je n'en ai point souffert alors, et aujourd'hui j'en jouis. Je ne voudrais pas que ce fût à commencer, ou plutôt à recommencer, car s'ils ne m'avaient donné de bons plis, j'en aurais moi-même peut-être pris de mauvais. » Ainsi agir d'une manière ou d'une autre dès le berceau, c'est le grand point. De quelle manière donc agir ?

Si je le laisse à sa fantaisie les premiers temps, il pourra prendre de mauvaises habitudes, qu'il sera ensuite difficile de déraciner pour mettre les bonnes à la place : on peut imprimer une direction voulue aux pousses d'un jeune plant, non au tronc d'un arbre durci. *Pendant les six premières années ou jamais*, a dit une mère parlant d'éducation. — Si j'endors le bébé aujourd'hui au berceau et demain dans mes bras ; si je le soumets tantôt à un régime, tantôt à un autre, cela brouillera ses idées, il ne saura de quel côté tourner : *toujours de la même façon*, voilà donc une seconde règle. — Enfin si je veux le forcer à rester dans son berceau alors qu'il s'y ennuie ; à être immobile alors qu'il sent le besoin de se mouvoir, il ne contractera point des habitudes si contraires à ses penchants et à ses besoins : je dois donc m'arranger de façon qu'il trouve du *plaisir* dans les bonnes habitudes.

En résumé j'arrive à une triple loi, et en me conformant à ces trois lois je suis à peu près assuré de réussir : 1° Commencer dès le premier jour. 2° Faire répéter les mêmes actes. 3° Les faciliter en les rendant agréables.

Une chose que je n'aurai garde d'oublier, c'est combien les habitudes sont encore fragiles à cet âge. « Un petit garçon de deux ans et demi, dit M. Pérez, changea trois ou quatre fois de caractère, selon les différentes stations qu'il fit chez des parents et des amis pendant deux mois de vacances : très obéissant, très doux, très sympathique et très gai chez son oncle ; très maussade, mutin, querelleur, tapageur chez sa tante ; et réservé, complaisant, silencieux, obéissant, obséquieux, chez une amie de sa mère. » Un être a changé ainsi de caractère parce qu'il a changé de milieu : si je changeais, moi, de conduite envers l'enfant, c'est comme si je le plaçais dans des milieux différents : je dois donc veiller sans cesse, et ne *jamais me relâcher*.

## II. — L'OBÉISSANCE

**On ne se fait obéir ni par des flots de paroles, ni par des supplications, ni par des brutalités.**

**Pour obtenir l'obéissance il faut en faire prendre l'habitude dès la première année, savoir commander et exiger, savoir inspirer le respect, amener l'enfant à vouloir en lui expliquant les raisons des ordres, et enfin savoir stimuler les bonnes volontés.**

**Si l'on est obligé de punir, on évitera les reproches faits devant des étrangers, les injures, les humiliations trop fortes, les menaces effrayantes ou grotesques, le cachot, les coups, la privation du jeu et des aliments nécessaires. Les moindres châtiments, quand ils ont été rendus rares, sont de très grand poids (mécontentement, blâme, privation momentanée d'honneur et d'affection).**

**On devra d'ailleurs agir selon les caractères.**

**Tous les moyens ne sont rien sans l'accord du père et de la mère.**

### 1. Mauvaises façons de s'y prendre

*Jean! tu vas tomber dans le feu! Marie! veux-tu ne pas monter sur la chaise, tu vas te faire mal!* — Et la mère court de l'un à l'autre pour les arracher de force à des dangers que leur épargnerait un simple commencement d'obéissance. Puis elle se remet à crier. Mais sachez donc vous faire obéir, Madame. Ces ordres toujours réitérés et jamais exécutés me font l'effet d'une porte ballottée par le vent, et qui n'est jamais ni ouverte ni fermée: fermez-la tout de bon, et que ce soit fini.

Un petit garçon est allé, malgré la défense de son père, au bord de l'eau. Le père le ramène dans ses bras, lui disant: Il *faudra bien que tu m'obéisses, je suis le plus fort... — Et qu'est-ce que cela me fait ?* répond le rebelle en se débattant des pieds et des mains. Pas si mal raisonné, bonhomme. Tu sens déjà que ce n'est pas la force brutale seule qui doit nous régir.

*Vous osez désobéir ! Vous n'y gagnerez rien. Je suis le maître !* — Oui, vous êtes le maître. Soyez-le sans le dire. Sachez l'être de fait plutôt qu'en paroles.

*Je ferai venir les gendarmes ! — Je te mettrai en prison ! — Je t'enverrai mousse !* — Voilà ce que certains pères répètent souvent. Menaces vaines qui ne se réalisent jamais. Les premiers jours l'enfant a eu peur, cela a faussé son esprit. Ensuite il a découvert la supercherie : croyez-vous que désormais il aura autant de respect pour ceux qui voulaient le tromper et qui cherchaient à abuser de sa naïveté ?

*Attends ! je vais venir !* Encore une vilaine menace : que vous alliez ou non, que vous soyez près ou loin, l'enfant doit vous respecter également. Si vous avez besoin de « venir » pour être obéi, allez sans mot dire : une autre fois peut-être vous n'aurez plus besoin de vous déranger.

*Quand je me mets en colère, il tremble devant moi.* Cela dit devant l'enfant. En colère, Monsieur ? Votre fils sera peut-être fier de vous avoir ainsi vaincu : mauvais plaisir que vous lui procurez là. En colère : mauvais exemple : et s'il vous imitait ! — Il tremble devant vous ? Vraiment on dirait que vous êtes glorieux de le voir trembler : s'il s'en aperçoit — et il s'en apercevra — n'aura-t-il pas une fameuse opinion de son joli père, et ne se promettra-t-il pas de trembler un peu moins à l'avenir ? S'il mettait sa gloire à ne plus vous procurer cette espèce de gloire ?

Trop de paroles, parents, trop de paroles. Dans le nombre il s'en échappe de malheureuses.

Une mère était de mauvaise humeur le matin, et gaie l'après-midi : alors elle permettait à l'enfant les mêmes choses qu'elle avait empêchées le matin. Un jour des confitures furent placées à portée de l'enfant. Il se dit : *Pas ce matin; mais ce soir* j'en prendrai, elle ne dira rien. Un enfant qui parle ainsi n'est pas loin de mépriser sa mère : il a tort, mais la faute en est à la mère qui ne sait pas exiger toujours ce qu'une fois elle a exigé.

Le petit gourmand a demandé, entre les repas, et sans avoir faim, un morceau de sucre ; on le lui refuse. Alors il se met à crier, pleurer, tempêter. — *Prends, prends, puisque tu y tiens tant !* dit la malheureuse mère en lui tendant le sucre. *Es-tu content ?* Mais oui, je suis content, Madame, j'ai le sucre et le secret pour faire de vous ce qu'il me plaira.

Une autre mère, voyant que son gros garçon de neuf ans, occupé de son jeu, ne se pressait guère pour faire une commission qu'elle lui avait ordonnée, ajouta : *Tiens cette bille de chocolat, et va donc.* Ainsi un fils est un salarié ? Il n'obéira que contre livraison de friandises ?

Une autre, voulant engager sa fille à se bien conduire : *Si tu ne fais pas ce que je veux, tu n'auras pas la belle robe, tu sais?* Ainsi c'est l'amour d'une robe inutile — si elle était nécessaire vous ne menaceriez pas de la retrancher — c'est la vanité qui doit régler la conduite de votre fille !

Les uns de la lâcheté, les autres de la brutalité à tort et à travers. O la triste maison où les enfants pleurent sans cesse les uns et les autres ! O la triste demeure où l'on n'entend que des cris et des pleurs ! L'un demande une chose en trépignant, sa mère impatientée lui applique un vigoureux soufflet, qui lui fait pousser des hurlements affreux; l'autre faisait quelque chose qu'il ne fallait pas, ou tout simplement a eu la chance de se trouver là au moment où les nerfs étaient agacés, une bonne gifle lui fait raser terre; un troisième crie : maman ! papa ! je ne veux pas y aller; et remplit la maison de gémissements. Tout est surexité, les enfants sont aigris, les parents ne peuvent tenir leurs nerfs, l'atmosphère est irritante : quelle éducation, quelle bonté de cœur, quel respect de la règle voulez-vous tirer de là ? Arrangez-vous donc de façon à ce qu'il y ait *peu de bruit, peu d'ordres, peu de refus*. Envoyez les enfants dehors un instant, qu'ils y prennent le repos ou la distraction nécessaire ; une fois rentrés, sachez les faire travailler.

## 2. Comment habituer à l'obéissance dès la première année

Ne pourrai-je éviter toutes ces scènes et toutes ces souffrances ? Je n'ai qu'à recourir à ma puissance, à l'habitude. *L'obéissance aussi est une habitude,* et la plus urgente à faire contracter dès le plus bas âge. Si l'on y réfléchit bien, les autres habitudes que j'ai passées en revue (chap. précédent) ne sont qu'au second rang par leur importance, puisque toutes elles peuvent être ou rompues ou contractées par le moyen de l'obéissance.

L'obéissance étant une habitude, elle sera soumise aux mêmes lois d'acquisition (page 145). Il faudra donc *commencer tôt* : « Si l'enfant, en effet, dit Locke, a été accoutumé à faire sa volonté en toutes choses, du temps où il était en robe, comment être surpris qu'il veuille continuer encore et qu'il défende les droits de sa volonté, une fois qu'il est en culottes ? Il a fait de sa gouvernante tout ce qu'il lui a plu, avant de savoir parler ou marcher ; il a régenté ses parents depuis qu'il sait babiller ; et maintenant qu'il a grandi, maintenant qu'il est plus fort et plus intelligent qu'il n'était alors », il se résignerait, grande personne de dix ans, à n'avoir pas les privilèges dont il a joui, enfant d'un an au berceau ? « Faites-en l'essai sur un chien, sur un cheval ou sur tout autre animal, et vous verrez s'il est facile de leur faire passer, quand ils sont grands, les mauvaises et tenaces habitudes qu'ils ont contractées étant petits ». Cela est vrai à plus forte raison de l'homme : plus que les animaux il tient à ses aises ; il y tient d'autant plus qu'il grandit et qu'il sent ses forces croître : les premières années perdues pour l'obéissance, il est ensuite trop tard.

Mais le nourrisson ne comprend pas encore la parole : par quoi commencer ? Par le geste et par la voix. Le *ton de voix* produit sur le jeune être humain « le même effet que le fouet et la bride sur le cheval à dresser. » Le ton agréable et encourageant porte à agir ; le ton sévère, accompagné d'un geste d'arrêt, retient l'enfant qui agissait : on peut donc le faire agir ou le faire rester dans l'inaction, c'est-à-dire « développer à volonté sa soumission. »

Cet âge demande que le geste et le mot soient plusieurs fois *répétés*. Je tiens une fille de neuf mois sur mes genoux. Elle veut toucher le crayon que j'ai à la main. Je lui dis : *laisse*, et j'écarte sa main. Une seconde fois elle s'apprête à saisir le crayon, je lui dis : *laisse*, et j'écarte sa main. Elle reste tranquille un peu plus longtemps. Une troisième fois elle regarde le crayon, commence le mouvement du bras : *laisse*, lui dis-je encore sur le même ton et la fixant aux yeux. Alors elle me lance un regard intelligent d'être humain et semble me dire : Mais tu me veux donc quelque chose ? En même temps elle a suspendu le mouvement commencé : j'ai gardé la même physionomie, elle n'a pas touché le crayon. Elle a donc compris ce que j'ai répété uniformément. De même avec sa mère : quand elle met à la bouche un objet qu'il ne faut pas, la mère lui dit : *donne*, et aussitôt, comme mue par un ressort, jusqu'au bout de la langue elle glisse l'objet et le présente, entr'ouvrant les lèvres ; elle n'a pas inventé cela la première fois : mais toutes les fois qu'elle a avalé un objet dangereux, la mère lui a dit : *donne,* et a aussitôt mis les doigts dans la bouche : l'enfant a associé dans son esprit ces deux choses qui sont toujours survenues ensemble, le son qu'elle entendait et l'obligation où elle se trouvait, et ainsi elle a appris à obéir sur ce point. Peu à peu l'acte a expliqué les paroles; un jour viendra où les paroles empêcheront les actes.

Il ne suffit pas de répéter, il faut *exiger*. « Voici, dit Mme de Saussure, un code pénal pour l'âge de deux ans qui pourra dans la suite en épargner de plus sévères :

Désobéissance causée par *oubli :* s'opposer à la continuation de l'acte, en renouvelant la défense de bonne amitié.

*Récidive* un peu plus volontaire : prendre un air sérieux et avertir l'enfant que s'il recommence on lui ôtera les moyens de désobéir.

Seconde récidive tout à fait *volontaire :* mettre la menace en exécution en prenant silencieusement tel arrangement matériel qui rende la désobéissance impossible. »

### 3. Comment il faut commander

Quand l'enfant sait parler et qu'il comprend le sens de nos paroles, il doit lui suffire d'un mot pour obéir. Ce n'est plus le temps où nous répétions trois à quatre fois le même ordre et où nous l'empêchions matériellement de nous désobéir. Mais pour qu'une seule parole suffise, il faut savoir commander et exiger. C'est un art que savent peu de personnes.

Voici quatre enfants qui m'arrivent de l'école. Toute la journée ils sont restés serrés, attentifs; leur cerveau est fatigué, leur sang a besoin de circuler, leur esprit de se distraire et leur âme de s'égayer. Vais-je exiger qu'il restent encore silencieux et immobiles ? C'est comme si quelqu'un venait me demander de rester sans manger : la vie des enfants n'est possible que par le mouvement et le bruit. Je dois donc *n'ordonner que le possible.* ( O quelle vérité de La Palisse ! — Oui, et de combien de gens ignorée ! )

L'enfant s'amuse tranquillement. Il ne fait de mal à personne. Je ferais mieux de me taire que de lui dire de cesser : pourquoi l'empêcher de continuer ? — Il est occupé à un petit travail qui lui plaît. Je n'ai aucun besoin de lui. Irai-je lui commander une autre besogne ? L'activité qu'il se donne est la meilleure. Il va bien, je le dérangerais. Trop gouverner nuit aux nerfs. Je dois donc ne le déranger — oui, ne le déranger — qu'en cas de nécessité absolue, et *n'ordonner que l'indispensable.*

— Mais il y a tant de choses indispensables, m'allez-vous dire ? A chaque instant ces petits turbulents cassent tout ou se font mal. Rien que pour les obliger de ne se point faire mal il faut une infinité d'ordres souvent renouvelés. — Non, Monsieur, point n'est besoin de tant d'ordres, il suffit d'un empêchement matériel; et cela vaut mieux, car c'est plus sûr, et cela met l'enfant à l'abri de la tentation. Vous voulez qu'il ne casse pas les objets précieux ? Mettez-les hors de sa portée. Vous voulez qu'il évite les accidents ? Rendez-les impossibles par telles précautions que vous jugerez convenables. Il est vrai que de cette façon l'enfant n'apprendra pas à obéir; mais il n'apprendra pas non plus à désobéir; ce qui n'est pas peu.

Retiens bien ces six choses, disait une mère à sa fille; tu ne dois pas... Et la petite se disait en elle-même : Jamais je ne pourrai me rappeler tant de recommandations. J'aurai beau faire, malgré toute mon attention je commettrai quelque faute, et je serai punie. Ainsi l'oubli, le découragement, et le manque d'attention, voilà bien les conséquences de la multiplicité des prescriptions. Donc, *peu de règles.*

Voilà ce que je dois commander. Sur quel ton le faire ? Voici les réflexions qui me sont venues en voyant à l'œuvre divers parents.

« L'enfant comprend avant de savoir parler; il devine votre pensée, il lit réellement dans votre physionomie. Si vous ne voulez pas absolument une chose, ne la commandez pas : il sentirait que vous n'y tenez guère, et il n'obéirait pas. Par exemple, au début du repas, vous dites à votre fils, d'un ton semi-rude, semi-plaisant : Va-t'en dehors ! L'enfant aura une rapide contraction des nerfs ; puis, voyant que vous plaisantez, ou du moins que vous ne voulez pas sérieusement ce que vous avez dit, il demeurera et hasardera peut-être un rire bruyant : et voilà une grave atteinte à l'autorité. *Ne plaisantez donc jamais en commandant.* — Ne priez pas non plus. Des parents aveugles disent parfois : Je t'en supplie, fais-moi cela. Eh ! pourquoi avez-vous l'autorité, pourquoi êtes-vous père ou mère ? Vous devez *commander, non supplier*. « A force de s'entendre solliciter, les enfants se croient faits pour accorder des faveurs : ce sont eux qui ont pour nous des bontés, et c'est nous qui sommes des ingrates. De là vient qu'ils ont rarement de la reconnaissance pour leurs parents » (1) et surtout pour ceux qui les prient au lieu de les commander. — Enfin et surtout vous ne devez *jamais ruser*. Vos enfants vous dérangent à la cuisine, vous voulez vous en débarrasser pour être tranquille un instant ; vous leur dites : Allez chez le voisin, vous y trouverez des camarades. Ils y vont, mais de camarades point. Et vous riez de votre habileté... Triste et funeste habileté ! Vous croyez donc que l'enfant n'a pas de sentiment ? Et que deviendra-t-il, que ferez-vous quand il n'aura plus confiance en ses parents ? »

Je dois donc *commander avec sérieux*. Le « sérieux » ne veut pas dire un accent

(1) Mme de Saussure

rude et menaçant, qui fait trembler la faible créature et porte le trouble dans tout son être. Le ton ferme souffre le ton affectueux. « La fermeté douce réussit parce qu'elle inspire confiance et respect. La colère ne se fait obéir que parce qu'elle intimide : et l'obéissance qu'elle obtient n'est que momentanée comme sa cause. L'enfant sait d'avance que l'orage se dissipera et qu'alors, sous un ciel redevenu serein, il agira de nouveau au gré de ses caprices. L'obéissance obtenue par la fermeté est stable ; car l'enfant se soumet naturellement à une volonté qui lui apparaît comme une nécessité toujours égale, toujours la même. » (1)

Le ton grave convient surtout pour interdire ; moins pour faire agir : *le ton sympathique et gai porte mieux à l'action.* « Une mère qui sait son métier obtient presque toujours ce qu'elle veut en disant : Allons, mon bébé ! — Y penses-tu, mon chéri ! — C'est très bien cela, mon petit homme. » (2)

« Quand vous causez avec vos enfants, quand vous leur racontez quelque histoire, soyez abondant, riche en paroles. Mais *quand vous commandez, soyez bref et concis.* En multipliant vos paroles vous donnez l'idée de la désobéissance, parce que vous avez l'air de croire à la possibilité de ne pas être obéi ; en prononçant au contraire vos ordres d'un ton bref, vous imposez la nécessité de la soumission par cela seul que

---

(1) Liebrich. — (2) B. Pérez.

vous paraissez supposer l'impossibilité d'une résistance. » (1)

### 4. Exiger ce qui a été ordonné.

J'ai défendu à mon fils de manger d'un fruit cru, pour la raison que cela lui ferait mal. Pensant qu'une petite quantité ne lui en ferait pas, il en a mangé un peu. Il a manqué à son devoir: une obéissance qui n'est pas ponctuelle n'est pas l'obéissance ; celui qui agit de la sorte me signifie qu'il ne m'obéira qu'autant que cela lui plaira. Ce n'est pas mon compte. J'exigerai donc une *obéissance entière.*

Souvent les enfants, tout en se préparant à obéir, prennent leur temps. « Tout le temps qui s'écoule entre l'ordre et l'exécution est une révolte de l'amour-propre. Commandez d'un seul mot, et qu'il soit sans appel. Plus on met de douceur dans l'éducation, plus il est nécessaire que la fermeté y soit quelque part; et rien ne donne de la considération aux parents comme le sentiment qu'ils ont de leurs droits. Cela seul les distingue des autres personnes, qui conseillent, exhortent, avertissent toute la journée. » (2) Ce n'est pas seulement l'obéissance qui perd à être tardive. « En obéissant lentement, l'enfant contracte l'habitude d'ajourner tout ce qui ne lui sourit pas, de remettre au lendemain les travaux de la journée, et c'est là assurément une habitude fâcheuse pour la vie entière. » (1) J'exigerai une *obéissance immédiate.*

(1) Liebrich. — (2) Mme de Saussure.

Quelquefois l'enfant essaye des contraventions graduées ; on serait embarrassé pour dire à quel point juste commence la faute ; il vous regarde malicieusement, vous guette du coin de l'œil pour deviner vos pensées, et semble vous dire : Jusqu'à présent c'était permis ; si j'allais un peu plus loin ? Tout cela vient de la légèreté à commander et de la faiblesse à exiger. Qu'il n'y ait donc pas de doute dans l'esprit de l'enfant ni d'hésitation dans sa volonté. Pour cela ayez vous-même de la décision et de la volonté. *Sachez ce que vous voulez, et veuillez avec force.* Tout acte interdit doit être suspendu, tout acte ordonné doit être exécuté : ne permettez jamais, jamais de violation à cette règle capitale. Au lieu de cela, que de fois ne laisse-t-on pas en riant passer une désobéissance formelle ! La désobéissance est ainsi l'œuvre de ceux qui commandent.

Si l'enfant ne vous obéit pas, gardez un instant le silence : la réflexion ayant le temps de venir, peut-être aura-t-il honte de sa mauvaise volonté. Commandez-lui de nouveau alors, avec plus de fermeté que la première fois, mais sans élever la voix, et même en la baissant : vous vous adressez ainsi à ce qu'il a en lui de plus intime, à sa conscience. Le plus souvent il s'empressera de réparer sa faute. Si non, attendez encore : que la chose reste à faire toujours, et *revenez à la charge jusqu'à ce que vous ayez triomphé* ; tout cela sans colère, sans fracas, en parlant peu, mais avec une volonté inflexible. Peu à peu le mutin verra qu'il ne gagne rien à résister ; il se soumettra ; et une autre fois, vous sachant invincible, il n'essayera plus une résistance qu'il sait vaine. Locke parle d'une mère prudente qui battit huit fois de suite sa fille, la première fois qu'elle revint de la nourrice, parce qu'elle ne voulait pas obéir. « Si elle s'était arrêtée plus tôt, si elle avait suspendu le châtiment à la septième fois, l'enfant était perdue pour toujours : par un châtiment qui aurait manqué son effet, elle n'eût fait que fortifier chez sa fille l'instinct de l'opiniâtreté, qu'il eût été fort difficile de guérir dans la suite. Mais ayant eu la sagesse de persévérer jusqu'à ce qu'elle eût plié son esprit et assoupli sa volonté, ce qui est le seul but de la correction et du châtiment, elle établit son autorité dès la première occasion, et désormais elle obtint de sa fille en toutes choses une prompte et docile obéissance. » Il y a en effet des moments, des actes et des souvenirs qui font époque dans notre vie. Par d'autres moyens que les coups je tâcherai de faire céder l'enfant, mais *il devra céder*.

Souvent, au lieu de résister ouvertement, il a recours à des armes habiles. Il s'écrie d'abord : *J'aimerais mieux faire autre chose*. Vous voyez : n'est-il pas plein de bonne volonté ? aussi vous cédez. Une autre fois il s'enhardira jusqu'à dire : *Je ne ferai pas cela*. « Vous vous étonnez un peu, vous répétez l'ordre. Si le refus se répète aussi, vous vous emportez, vous grondez ; mais en même temps, et c'est ce qui importe le plus à votre enfant, vous cédez. Il s'aperçoit bien que vous craignez la fatigue de la lutte » (1) et sur votre lassitude il fondera sa domination. *Il ne faut point se lasser.* Voici une autre arme. « Les enfants connaissent bien cette faiblesse de l'homme qui se laisse si facilement désarmer par le rire ; ils remplacent au besoin la résistance par une malicieuse bouffonnerie ; c'est à nous de nous tenir sur nos gardes, et, dans ces circonstances, de les décourager par notre froideur. Ils sont déjà capables de sentir ce qu'il y a de piteux dans une plaisanterie manquée. » (2) Je devrai donc veiller pour *ne pas me laisser désarmer par le rire.*

« Mais ils connaissent d'autres moyens encore pour faire fléchir notre volonté, dont ils redoutent bien plus la constance que les caprices autoritaires séparés par des périodes de faiblesse et de gâterie. Ils nous montrent de la mauvaise humeur, de l'aversion ; ils affectent de témoigner à d'autres la sympathie qu'ils nous retirent ; en désespoir de cause ils ont recours aux larmes, aux cris, à l'expression d'un désespoir navrant. » (2) Alors, bouleversés dans nos entrailles paternelles, nous mollissons, hélas ! nous nous laissons vaincre. Nous aurions dû reprendre tranquillement nos occupations, ne point défendre les larmes, ne nous apercevoir de rien : devant cette attitude les pleurs auraient promptement cessé. Ainsi *ne point me laisser désarmer par les larmes.* Une autre fois on pleurera moins.

---

(1) Théry. — (2) A. Martin, l'Education du caractère.

## 5. Comment rendre l'obéissance facile : le respect

1° Si l'enfant est convaincu que son intérêt est de m'obéir, il ne lui sera pas difficile de céder. Il faut donc qu'il m'obéisse *de confiance.*

Comment gagner cette confiance ? En ne me trompant et en ne le trompant jamais. Je lui dis que s'il mange une pomme verte il aura sûrement la colique : il la mange, point de colique. J'ai assuré une chose qui n'est pas arrivée : voilà la confiance ébranlée. Au contraire, si par une expérience constante de plusieurs années l'enfant éprouve qu'en dernière analyse l'obéissance que j'ai exigée lui a été toujours avantageuse, et que j'ai eu raison toutes les fois que j'ai parlé ou agi, alors il sera porté à me croire. Ainsi la confiance naît du succès.

2° Mais je ne puis faire appel à sa confiance que quand il s'agit de son intérêt à venir. Le plus souvent j'ai à commander des actions qui doivent être exécutées instantanément, où il ne s'agit pas de son intérêt, et où par conséquent la confiance n'a rien à faire. Quel sentiment sera alors le stimulant de l'obéissance ? *L'affection.* Un fils aime son père : pour lui plaire il fait tout ce qui lui est demandé, ses yeux fixant les yeux de celui qu'il aime, sur le champ, et en toutes choses. Une fillette, à l'âge de trois ans déjà, se disait quel-

(1) A. Martin, l'Education du caractère.

quefois : Je ne veux pas faire de la peine à maman. Et pour ne pas lui faire de la peine elle faisait tout ce qu'on voulait (voir le chapitre sur les moyens de cultiver l'amour filial).

Est-ce à dire que l'affection seule suffit toujours et chez tous les enfants ? Cet appel perpétuel et exclusif à l'affection peut compromettre tout à la fois et l'obéissance et l'affection. « On prodigue les caresses ; et l'attention de l'enfant, toute à ces chères démonstrations, perd de vue l'acte qu'on lui demande, les moyens et les motifs. Il se décide à la légère, par entraînement : il est sûr d'avance que le résultat plaira. Les mères qui suivent cette énervante méthode récompensent de leurs sourires et de leurs paroles d'amitié l'amabilité et la complaisance, sans se préoccuper du mérite, du petit effort de volonté. Leurs commandements sont des insinuations, des suggestions, quand ils ne sont pas des prières. Ces ordres, inspirés par le sentiment, ne peuvent manquer de se contredire sans cesse. Quand elles sont forcées de commander quelque chose de désagréable, elles se désolent de trouver de la résistance, et, blessées dans leur affection, elles reprochent à l'enfant de manquer de tendresse parce qu'il manque de docilité. Ces chocs de la liberté enfantine et de l'amour maternel doivent amener des moments d'humeur et de dépit : ainsi ce qu'on aura perdu en autorité, on ne l'aura pas gagné en bonne intelligence. »(1)

3° Cela n'arrivera point si les parents, non contents d'inspirer l'affection, savent en même

(1) B. Pérez.

temps inspirer le respect. L'enfant qui n'a que de l'affection obéira dans les moments où son cœur sera disposé ; l'enfant qui a du respect obéira à tous les moments, que son cœur soit disposé ou non ; il ne lui viendra pas même l'idée de résister. *Le respect, voilà la source de la docilité complète.* Mais qu'est-ce au juste, ce respect dont on parle tant, et comment l'inspirer ? Notons d'abord qu'il n'y a pas le vrai respect là où manquent la confiance et l'affection. A l'affection et à la confiance joignons la crainte, non la crainte nerveuse et basse, mais cette crainte morale que l'on éprouve en face de quelqu'un que l'on sent supérieur à soi, nous aurons le respect. Nous inspirerons donc le sentiment du respect d'abord en inspirant la confiance et l'amour ; ensuite en nous montrant réellement supérieurs à l'enfant, c'est-à-dire par les moyens déjà indiqués : en exigeant toujours les mêmes choses ; par une volonté ferme et constante qui oblige la sienne à se plier ; par l'accord entre père et mère ; en étant toujours juste et vrai, afin qu'aux yeux de l'enfant notre volonté soit la justice et la vérité mêmes.

Cette dernière pensée en amène une autre. L'enfant doit-il nous respecter parce que c'est nous, ou parce que c'est le devoir ? Autrefois les pères disaient volontiers : Respect, parce que c'est moi. — J'ai à la fois moins de prétention et plus. Je ne veux pas dire à l'enfant : Moi, et c'est tout. Si je disparaissais l'orphelin n'aurait plus rien à respecter ? Et en même temps je veux que l'enfant voie en moi quelque chose de plus que moi : ma qualité de père, c'est-à-dire *son devoir de se soumettre* à ses parents. Alors je serai plus grand à ses yeux, il me respectera davantage, car derrière moi il verra la grande loi du devoir. Il saura que ce n'est pas par caprice que j'ordonne, mais pour obéir moi-même à une loi supérieure. Nous ne serons pas seulement deux en présence, lui qui obéit et moi qui commande, nous aurons un tiers, le Devoir commandant à tous deux : *l'enfant soumis aux parents et les parents au devoir*, voilà la leçon suprême. Si cette idée entre bien dans son cerveau, et elle peut y entrer (voir les moyens au chap. de la conscience) elle produira plus que tous les discours, plus que toutes les récompenses, plus que tous les châtiments.

En somme une idée et un sentiment : le sentiment du respect et l'idée du devoir, voilà les fondements de l'obéissance. L'enfant voudra obéir parce qu'il sait qu'il le doit : voilà pour l'esprit. Il sera aidé et soutenu dans sa volonté d'obéir par son respect filial : voilà pour le cœur. Quand le cœur et l'esprit sont d'accord pour vouloir une chose, nous avons toujours assez de force pour l'exécuter.

## 6. Comment obtenir que l'enfant veuille obéir : les raisons des ordres

Est-ce à dire que, chaque fois que j'aurai à commander, je devrai ajouter : Obéis, c'est ton devoir ? Ce serait trop souvent employer ce mot, ce serait le profaner. D'autre part, le sentiment du respect doit-il tuer chez l'enfant sa volonté ? Ce serait un immense malheur. L'enfant doit : 1° Faire ce que nous voulons. 2° Vouloir de lui-même. Comment concilier ces deux choses ? — Un enfant de six ans m'effraye, dit Dupanloup : il a une volonté, et cette volonté peut être opposée à la mienne. — Oui, et si elle est opposée me voilà réduit au rôle de vaincu. Je puis broyer son corps, mais diriger sa volonté malgré lui, non. Avec lui je peux beaucoup ; sans lui peu de chose ; contre lui, rien. Je dois donc *me faire aider de sa volonté.*

Comment ? question capitale de l'éducation.

Je lisais, accoudé à une table. Devant moi cinq à six gais enfants regardaient des images, en tiraient des motifs de plaisanteries, causaient et riaient librement. Je leur souriais de temps en temps, ils étaient turbulents et heureux. Tout à coup, après une très courte absence, je leur dis : *Faites doucement.* Ils me regardent ahuris, les bras et les yeux suspendus comme s'ils avaient voulu dire : Pourquoi nous troubler la fête ? *Maman dort*, ajoutai-je. Aussitôt un « ah ! » d'assentiment s'échappe des poitrines ; les enfants me regardent, ils ont l'air de me dire : Soyez tranquille ; puis les bras se baissent, les yeux aussi, les bouches se sont tues. Cela a duré une demi-heure, je n'ai eu d'espace en espace qu'à regarder ces turbulents pour qu'ils soient restés silencieux et cois. O puissance de l'intelligence! Ils se sont contenus, car ils ont compris.

Une mère avait promis à sa fille de la laisser sauter à la corde au palier du second étage, quand elle aurait vaillamment terminé son devoir. L'enfant a fini, elle prend la corde, et son cœur s'échauffe à la joie des premiers sauts. — Je n'y avais pas pensé lui dit aussitôt la mère ; *la voisine du premier souffre de la tête aujourd'hui ; veux-tu cesser ?* En une seconde la jeune fille (neuf ans) jette la corde, cesse et rentre sans humeur. O puissance de l'intelligence ! Une jeune fille de neuf ans a fait un sacrifice, car elle a compris.

Si dans les deux cas précédents on se fût contenté de dire sèchement : Cesse ton jeu, faites à voix basse, cette fillette et ces enfants auraient-ils obéi si vite et de si bonne grâce ? Leur esprit ne se serait-il pas demandé pourquoi on les privait de leur plaisir innocent ? Mais on leur a donné *les raisons des ordres :* et le cœur se soumet volontiers quand l'esprit a compris. Les enfants sont comme les hommes, ils «aiment à être traités en créatures raisonnables, dit le sage Locke. C'est une sorte d'orgueil qu'il faut développer en eux et dont on doit se servir autant que possible, comme d'un puissant instrument pour les conduire. » Non seulement pour les conduire, mais en outre pour former leur raison : si nous disons nettement et brièvement la raison de nos ordres, surtout de nos ordres absolus, l'enfant verra peu à peu que nous n'agissons pas sans motif, que tout a une cause et des conséquences, et que ce n'est pas pour le plaisir de lui commander que nous nous mêlons de le diriger.

Quelques éducateurs ne sont pas de cet avis. Mais tous les inconvénients qu'ils signalent tombent devant cette remarque : *Donner les raisons n'est pas disputer* (c'est cette méprise qui explique les discussions à ce sujet ). On indique en peu de mots, une fois seulement pour chaque fait nouveau, la raison de ses ordres, et alors on ne permet point à l'enfant de répliquer ni de louvoyer : on exige une obéissance d'autant plus absolue qu'elle est due deux fois : d'abord parce qu'il a été donné un ordre, et ensuite parce que cet ordre a été justifié.

De même, tous les avantages qu'il peut y avoir à commander sans expliquer sont détruits par cette considération : Il n'est pas bon que l'enfant fasse une chose sans s'apercevoir qu'il la fait : devenu homme, il serait le jouet des hommes et des événements. Cette méthode est excellente pour former des esclaves.

## 7. Comment récompenser l'obéissance.

Si par impossible nous demeurions constamment muets et froids en face de l'obéissance de nos enfants, ils seraient embarrassés de distinguer entre le bien et le mal. Nous devons donc leur dire que c'est bien et en être joyeux, afin qu'ils sachent que c'est bien et qu'ils s'en trouvent heureux.

C'est ce que nous faisons d'ailleurs. Mais que de façons mauvaises de récompenser ! *Tu as obéi, tiens ce bonbon*, dit-on souvent à de grandes personnes de six à dix ans. Ou encore : *Je t'achèterai un beau ruban bleu.* Et les pauvres enfants s'accoutument à n'obéir que contre friandises ou colifichets. Pourrons-nous leur en donner chaque fois que nous aurons besoin de leur obéissance ? *Tu vaux mieux que ton frère*, disait souvent un père à sa fille, pour mieux humilier le frère. Et le frère devint jaloux, et la sœur était superbe de dédain. Tous deux sont morts méchants. Ainsi, sous couleur de récompense, je ne dois exciter ni gourmandise, ni vanité, ni jalousie, en d'autres termes aucun mauvais penchant.

Comment m'y prendrai-je donc ?

Je ne récompenserai pas pour une bonne mémoire, pour une intelligence vive, pour la grâce des manières, comme on fait trop souvent : nous n'avons aucun mérite à posséder ce qui nous a été donné ; et l'enfant ainsi loué ne ferait aucun effort pour acquérir d'autres qualités qui lui manquent. Mais j'embrasserai un rustaud pour sa bonté, s'il lui en coûte d'être bon ; je louerai pour une leçon qui n'a même pas été bien sue, si elle a été l'objet d'un effort soutenu : on sera frappé de ma perspicacité et touché de ma justice, parce que je n'aurai récompensé que le mérite, c'est-à-dire *l'effort.*

S'ensuit-il qu'il faudra récompenser toutes les fois qu'il y a mérite ? C'est à chaque instant, pour peu que l'on se conduise bien, que l'on mériterait des récompenses; et l'on finirait par devenir exigeant. Comme c'est en mangeant que vient l'appétit, c'est en savourant trop de récompenses que nous vient la fièvre inquiète des honneurs. Le petit être se croirait créé et mis au monde pour être récompensé ; et il ne verrait en moi qu'une machine ayant reçu pour destination de le louer sans relâche. Ou bien encore c'est le résultat opposé qui pourrait se produire. De tout on se lasse et on se blase. Le bel avantage si j'entendais des lèvres de l'enfant s'échapper à demi-voix ces paroles : Toujours bien, ça m'ennuie. « Mais lorsque les récompenses sont *rares*, elles suivent la condition de tout ce qui est rare, et acquièrent par là une plus grande valeur. Dans l'intervalle de l'une à l'autre l'élève a le temps de les désirer... » (1)

Ont-elles besoin, parce qu'elles sont rares, d'être relevées par leur nature et par leur forme ? « Leur valeur n'est pas en elles, mais dans l'esprit de notre élève. Telle ne croira pas sa bonne action trop payée par une parure; telle autre sera au comble de ses vœux si elle reçoit un ruban. » Puisque le même effet est produit avec peu, je ferai avec peu. Plus les moyens sont simples, plus ils sont à la disposition de chacun. De même pour le ton. Des mères ne savent récompenser que par une joie qui déborde en éclats, par des caresses bruyantes, par des compliments solennels devant des étrangers. Ce fracas et cette pompe ne conviennent pas. Récompenses *simples données simplement*.

Rien de trop, néanmoins. Il faut qu'elles produisent leur effet, qu'elles marquent que je suis content et qu'elles rendent heureux celui

(1) Théry.

qui les reçoit. Si elles sont trop faibles elles feront sourire ; si je les distribue sans joie et sans bonheur elles ne produiront aucune joie : mieux eût valu ne rien dire et ne rien faire. Tout ce qui frappe les sens agit fortement sur l'esprit de l'enfant. Il n'est pas indifférent que je sois distrait ou attentif, « le front chargé de nuages ou épanoui par un sourire, » lorsque je veux agir sur l'âme de l'enfant : le geste, le ton de voix, tout mon extérieur doit concourir à produire l'impression voulue : il faut qu'en me quittant l'enfant se sente heureux, et qu'il emporte son bonheur avec lui. Donc récompense *réconfortante et accordée avec joie.*

En résumé, la récompense ne doit être accordée qu'à un acte bon ; elle doit s'adresser à de bons sentiments et produire des sentiments bons. En d'autres termes, il faut qu'elle s'applique à une action morale, qu'elle soit morale dans son principe et morale dans ses effets. Quelles sortes de récompenses répondent le mieux à ces conditions ?

Tant que l'enfant ne se comporte pas mal, il me suffit de paraître content, mon bonheur fera son bonheur : je ne suis pas fâché, donc il peut se mettre à l'aise, il va bien. Tel sera l'état ordinaire. Je devrai être *plus joyeux* et le paraître lorsqu'il y aura plus de mérite. « Quand Louise m'a fait quelque belle surprise, comme d'apprendre sa leçon avant l'heure prescrite, et qu'elle saute en frappant des mains tout autour de la chambre, si je ne lui parais pas assez joyeuse, elle me dit d'un ton de reproche : Maman, vous n'êtes donc pas contente ? » (1)

Pour un enfant un peu âgé, et après une bonne action spontanée, il suffira d'un *sourire*. Le sourire est puissant, de l'âme et des yeux il va aux yeux et à l'âme. L'enfant récompensé d'un sourire sent comme un délicieux breuvage lui réchauffer et réconforter le cœur ; il sourit en lui-même, car son âme s'est ouverte ; jusque dans ses moindres fibres est entré le bonheur. Et c'est un bonheur intime et pur comme celui qui résulte du devoir accompli, sans mélange d'orgueil ni d'égoïsme : il est heureux parce qu'il a rendu ses parents heureux ; il s'en retourne plein de joie et disposé à recommencer. O sourire discret et attendri, nous ne savons pas assez user de ta puissance, alors que tu la laisses constamment à notre disposition.

Si l'action est plus méritoire, au sourire j'ajouterai *l'éloge* : non pas la louange flatteuse des qualités, ce qui exciterait l'orgueil ou la vanité, mais l'éloge simple et bref du bien. Je ne dirai pas : Que tu es habile, mais : C'est bien. Ainsi je me serai adressé au sentiment du devoir, en même temps que par le sourire je me serai adressé à l'amour filial : ces deux influences sont les meilleures.

Enfin, pour un acte qui a demandé un très grand effort, et surtout un effort contre des défauts naturels, il faudra donner un *baiser*. Le baiser, c'est encore plus que le sourire et plus que l'éloge : c'est à la fois tout cela, et en outre c'est la marque d'un profond contentement pour une action jugée difficile

(1) Mme Guizot.

et très méritoire. Alors la parole ne sera pas utile : mon cœur parlera au cœur serré contre le mien, nos consciences auront communiqué ensemble : mon enfant aura compris ce que c'est que d'avoir bien fait, et cette satisfaction, quand elle est réellement éprouvée, est la récompense la plus profonde et la plus vraie.

En somme *l'éloge et le bonheur suffisent :* l'éloge pour éclairer la conscience, le bonheur pour aider la volonté. Tout le reste est faux ou nuisible, nuisible surtout. Là où le bonheur et l'éloge ne pourront aboutir, les autres récompenses n'aboutiront pas non plus probablement, mais elles pourront aggraver le mal en favorisant des penchants mauvais.

Voilà les principes. Dans l'application j'aurai à agir selon une foule de circonstances différentes, telles que l'âge, le sexe, les dispositions d'enfants divers. Je dois donc connaître le caractère et les facultés de chacun de mes enfants ; et je ne connaîtrai tout cela que par une observation attentive et persévérante. Cette connaissance ne me servira guère si en outre je ne réfléchis à l'effet que peut produire sur tel enfant, en telle occurrence, telle ou telle récompense. Enfin, si je veux être maître de mes moyens d'action, je dois l'être d'abord de ma sensibilité, c'est-à-dire de moi-même. Donc, *observer, réfléchir, me posséder.*

## 8. Mauvaises façons de gronder et punir

Malgré tout, l'enfant désobéira et il faudra le punir. Ici je tâcherai d'éviter les grosses fautes.

*Elle est paresseuse*, dit à un étranger une mère parlant de sa fille âgée de neuf ans. — Tu mens, répondit l'enfant avec sincérité, et sans manquer de respect (oui, sans manquer de respect, vous en conviendriez si vous aviez entendu le ton). Puis elle baissa les yeux avec un haussement d'épaules, comme si elle eût voulu dire : Tu plaisantes, tu sais bien que ce n'est pas cela (et en effet le reproche n'était pas fondé). Un instant après elle ajouta, parlant à sa mère : Tu me donnes du goût, tiens ; pourquoi parler ainsi ? et encore devant ce Monsieur... que va-t-il penser ?

Un homme faisait causer, sur ses jeux et sur ses études, une autre jeune fille de onze ans. Vint le père qui apostropha son enfant : *Mais qu'as-tu dit ? Tu n'as pas été polie, hein ? ce n'est pas ainsi que l'on t'enseigne.* Cela dit sur un ton de feinte colère. Or elle n'avait pas été impolie, et en réalité il avait parlé ainsi sans avoir entendu un mot de ce qu'elle disait. Sous le reproche immérité elle baissa la tête, on vit sa figure se plisser et s'assombrir ; on demeurait frappé du mouvement de ses nerfs et de la violence qu'elle leur faisait. Elle avait vu que c'était injuste. Au fond c'était cela qui remuait tant son âme. Mais pourquoi donc de ces iniquités ? Parce que vous êtes père ? Elle ne vous demandait rien, la pauvre créature, avant de naître. Parce que vous l'avez mise au monde vous vous arrogez le droit de l'humilier injustement? C'est lui faire payer un peu cher le service que vous lui avez rendu de l'appeler aux maux et aux souffrances de cette vie.

La grande faute, très fréquente, c'est le reproche infligé devant des étrangers. Une mère avait dit à sa fille que sa conduite scandalisait la voisine. *Et qu'est-ce que cela fait à la voisine ?* répondit l'enfant. Parole à méditer : les fautes de nos enfants sont affaires de famille, nous devons les garder pour nous. Un garçon se voyait réprimandé dans un cercle de voisins et d'amis. Le père, pour bien montrer qu'il était sévère et qu'il pratiquait ses devoirs, vous lui faisait un beau sermon et lui énumérait avec complaisance toutes ses incartades. Vraiment on doit prendre bien du plaisir à m'humilier, pensa le jeune homme avec rage. Une des paroles les plus fréquemment répétées par les parents (ils la répètent banalement, sans se douter qu'ils font mal) est la suivante : *Il est méchant.* — Méchant vous-même, serait-on tenté de leur dire. Pourquoi froisser l'amour-propre légitime de l'enfant ? Ménageons son sentiment de l'honneur : c'est la pudeur de l'enfant et de l'homme, c'est la sauvegarde de toutes les vertus. En humiliant un enfant, on court le risque de l'avilir à ses propres yeux et de le décourager : pour lui conserver cette foi en lui-même et ce respect de lui-même si nécessaires à sa vertu, le blâme ne doit pas être public. Mais que faire si le hasard de la conversation amène une question sur un enfant dont nous ne sommes pas content ? Garder le silence. Ce silence sera une forte leçon pour le coupable : il lira dans notre physionomie en quel embarras troublant nous jette sa conduite ; il nous saura gré de l'avoir épargné et il voudra nous en payer.

*Tu seras toujours méchant*, lui dit-on encore. Donc, c'est en vain qu'il ferait effort pour se corriger ; il peut se mettre à l'aise, en prendre son parti, et s'en glorifier.

Que de fois n'entend-on pas des injures tomber dru sur la tête des enfants ! *Tu es une menteuse ! — C'est une gourmande ! — C'est un vaurien ! — Elle est impudente au dernier degré ! — Il a l'entêtement d'un mulet*, etc. Apprenons donc, nous tous pères et mères, que ce n'est point en les méprisant que nous rendrons nos enfants meilleurs. Il faut toucher le cœur, non le flétrir. Les injures n'ont jamais corrigé personne.

Des parents croient corriger les défauts en les raillant. C'est un triste moyen. Les enfants supportent l'indignation soudaine, mais ils ne comprennent pas l'ironie, « les insinuations aigres et indirectes. Ces traits inattendus leur serrent le cœur, font succéder l'amertume à la joie, et leur paraissent presque une trahison. » Une trahison, c'est le mot. Ils sentent d'instinct que railler est le fait ou des impuissants ou des méchants. Un fils disait un jour à son père : *Vous devez me punir, mais ce n'est pas à vous de me railler*. La vérité est sortie de sa bouche.

« Une petite fille de neuf à dix ans, venue avec ses parents pour passer l'octave de la Fête-

Dieu dans une maison de campagne voisine de Paris, fut tentée de prendre la montre d'or d'une de ses jeunes amies, et céda à ce criminel désir. On cherche la montre perdue, on la trouve, on découvre la voleuse, et les parents indignés la condamnent à suivre la procession de la Fête-Dieu avec un écriteau portant les mots *Voleuse de montre*. La coupable consternée se soumet au terrible châtiment. Elle rentre à la suite de ses parents sans avoir proféré un seul mot, sans avoir versé une seule larme, traverse une basse-cour, y trouve une servante, lui dit : Adieu, Marianne, je suis déshonorée ; puis, entrant dans un bosquet où se trouvait une pièce d'eau, elle s'y précipite. » (1)

En 1885 et 1886 on a signalé à Paris des suicides d'enfants de onze à douze ans. C'étaient des élèves à qui le père avait dit : *Ne reviens pas devant moi si tu n'as pas de meilleures notes à la fin de la semaine.* Dans leur sac à livres posé au bord de la Seine, on trouva des billets à peu près ainsi conçus : Je n'ai pas osé paraître avec ces notes devant mon père.

*Tu iras au lit sans souper.* Beau moyen de lui faire faire de sages réflexions ! Talonné par la faim, agité par l'insomnie, est-ce dans cet état d'âme que viennent les bonnes inspirations ? Non, ce n'est pas en privant du nécessaire, c'est-à-dire en irritant davantage les nerfs, qu'on peut espérer d'amender l'âme. Et c'est l'âme qu'il faut atteindre et non le corps.

*Tu seras privé de récréation.* « Diminuer les trop courtes récréations et allonger les

(1) Mme Campan.

études déjà trop longues me paraît être non seulement une cruauté, mais une sottise. La récréation, venant à propos, peut être pour l'enfant un utile dérivatif, en lui permettant de satisfaire le besoin de dissipation, de légèreté, de bavardage, de bruit dont il est tourmenté aux heures de classe et d'étude ; s'il n'a pas eu, pour s'amuser, la sagesse d'attendre ce moment bienfaisant, vous l'en privez ! Croyez-vous que vous avez réprimé le besoin dont je viens de parler ? » (1)

*Au cachot* ! Encore une habitude barbare et sotte. Vous avez peur que votre enfant devienne trop courageux ? Vous voulez en faire un peureux qui tremblera dans l'obscurité ? Sans compter que c'est un intelligent moyen de ramener la paix dans les esprits. « Une femme m'a raconté qu'ayant été enfermée par sa bonne, et voyant du lieu où elle était ses jeunes sœurs jouer et courir dans un jardin, le désespoir la saisit ; on vint par hasard lui ouvrir la porte, au moment où elle allait se précipiter de vingt pieds de haut. » (2)

Il en est de même pour les *coups*. Sans doute, avec l'enfant d'un à trois ans, la tape peut produire de bons résultats (page 136). Sans doute encore on trouvera par le monde nombre d'hommes qui diront : Un soufflet, ça fait du bien ; je me rappelle en avoir reçu un qui m'a remis à ma place ; sans lui je n'aurais pas appris à vivre. Mais il y a des âmes qui ne pardonnent pas ainsi. Legouvé parle d'une femme qui aurait dit : Mon père m'a battue

---

(1) A. Martin, l'Education du caractère. — (2) Mme Campan.

quand j'étais jeune; j'ai trente ans, je suis mariée, j'ai des enfants, j'aime mon père, *je n'ai pas oublié.*

Je n'ai pas d'ailleurs grand espoir en celui qui a plus peur d'un coup que de la honte... Et je ne puis pas être non plus très fier du rôle que je me donne quand je frappe. J'ai l'air de dire : *Moi je ne suis rien, mais le martinet est quelque chose.* Cela est flatteur. Et c'est fait pour accroître mon prestige.

Et puis, je ne sais, mais il me semble que l'enfant finit par voir en celui qui le frappe non un père et un juge, mais comme une machine à battre. Il doit se faire quelque profond raisonnement comme celui-ci : Mon père, ce n'est qu'un bâton... Quand il sera cassé... Ainsi la haine et le mépris entrent dans son cœur. Mais il respecte le bâton : esclave tremblant, il s'ingénie à flatter et à haïr, en attendant qu'il se venge... Non, je ne frapperai pas. Mon martinet ? viens, pauvre ami, nous allons battre les habits.

## 9. Moyen de donner du poids aux punitions : les rendre rares

En renonçant au cachot, à la privation de manger et de récréation, aux coups, aux publiques humiliations, etc., ne vais-je pas me trouver désarmé ? Le salut en ce cas, c'est de rendre les armes inutiles. Or il y a un secret pour n'avoir pas besoin des lourdes punitions : c'est de faire qu'elles ne soient pas méritées. Et alors tout le monde est plus content et s'en trouve heureux. *Mieux vaut prévenir que punir.*

Si je m'arrange de façon que l'enfant m'obéisse toujours, je n'aurai pas à punir des actes de désobéissance ; et si je m'arrange de façon qu'il évite les grosses fautes, je n'aurai guère jamais à sévir. Je dois donc m'attacher à ces deux points : *prévenir la désobéissance, empêcher les fautes.*

Le premier point est vu. Pour les fautes, elles n'éclatent presque jamais d'une façon soudaine et sans signes précurseurs ; elles sont le plus souvent précédées par des fautes légères : c'est ces fautes légères que l'on doit arrêter net, si l'on veut prévenir celles plus graves qui suivraient.

Pour les arrêter il faut les prévoir, les lire à l'avance, pour ainsi dire, dans les yeux et le cœur de l'enfant. Rien de plus facile à un œil observateur. « Chaque défaut, dit Théry, a ses symptômes extérieurs, son langage... L'entêtement a sa physionomie froide et contractée par un effort imperceptible ; la colère rougit le front, la jalousie le décolore. Les mouvements des yeux, des lèvres, le désordre subit des paroles sont des indices que les parents ne doivent pas négliger. » Ces signes extérieurs sont d'autant plus visibles que les enfants ne savent pas encore ou savent peu dissimuler. Je dirai donc à un enfant, au moment où la colère s'apprête à lui monter à la tête : *Prends garde, tu vas avoir un accès de colère, surveille-toi.* Je dirai à cet autre, qui ne veut pas accomplir une tâche imposée : *Tu vas avoir un accès de paresse, triomphes-en.* Ainsi, en faisant appel à la volonté de l'enfant, je l'aurai empêché de commettre bien des fautes que sans cela il eût fallu punir.

Une fillette avait été frappée à la main : il lui en était resté une marque bleue à deux doigts, et au troisième une marque de sang. Elle dit, regardant ses doigts endoloris, et les larmes aux yeux : Pourquoi me méprises-tu comme cela ? pourquoi me faire tant de mal ? *je l'aurais fait si tu me l'avais dit* (il s'agissait d'un travail au crochet, qu'elle n'avait pas achevé). Elle parlait avec une douleur et un accent sincères, et je sentis la majesté de l'enfant. Je me suis dès lors promis de ne pas punir avant d'avoir *averti* (c'est-à-dire ordonné ou défendu à deux reprises au moins).

Avertir ne signifie pas crier et crier encore sans jamais agir. Que de parents qui ont la manie de fatiguer les oreilles par leurs éternelles menaces jamais exécutées. Les enfants ne s'y trompent pas : ils se moquent vite des paroles quand elles ne sont pas suivies d'actes. Il est bon de *menacer* l'enfant, c'est-à-dire de l'avertir que, s'il continue, il aura à compter avec nous ; il est bon de l'inciter à s'arrêter de lui-même, pour n'avoir pas à l'arrêter de force ; il est bon, il est moral de lui accorder un délai, afin qu'il puisse réfléchir et prendre une bonne détermination dont l'honneur lui restera ; il ne faut pas qu'il ait le droit de dire : Je ne savais pas... Mais du moment qu'il sait, il doit agir ; ou autrement c'est à nous d'agir immédiatement : quand la menace n'a pas réussi, on l'exécute sans mot dire. Seulement il faut pour cela ne pas avoir fait une menace irréalisable, ou que l'on n'a pas l'intention de réaliser. Combien de fois, aveuglés par la colère, ne lançons-nous pas des paroles ou qui font rire (parce qu'elles sont trop grosses) ou qui effraient. Le meilleur avertissement est celui qui est fait de sang-froid et dans lequel on dit : *Continuer, c'est me faire fâcher*. On s'adresse ainsi au sentiment filial, au lieu de s'adresser à la peur. On peut aussi faire appel, avec certains caractères, à l'amour-propre, dire, par exemple : *Comment! il faudra que tu sois menacé?* Ce seul mot soulève les cœurs bien nés, qui obéissent aussitôt, se disant en eux-mêmes et prêts à dire hautement : Je cède, mais ce n'est pas par crainte ; c'est parce que je veux.

Voilà quelques moyens préventifs. Malgré toutes nos précautions, l'enfant fera encore des fautes : son sang est trop vif, son esprit trop léger pour qu'il en soit autrement. Mais, parmi ces fautes, n'y en a-t-il point qui ne doivent pas être punies? Nous sommes portés souvent à considérer comme faute ce qui nous dérange, uniquement parce que cela nous dérange. Rien de plus faux et de plus injuste. Faire du bruit, sauter, ne sont pas des fautes. D'autre part, je n'attacherai pas grande importance aux gaietés, aux enfantillages, voire aux étourderies ; tout cela passera avec l'âge, et ne passerait pas sans l'âge. Aussi n'userai-je point mon temps et mon autorité à des efforts reconnus stériles : s'il est bon de tout voir, on ne doit *pas tout punir*. J'aurai assez à faire pour extirper les défauts qui ne disparaîtraient pas d'eux-mêmes (mensonge, vol, etc.), et pour développer les qualités qui ne se formeraient pas toutes seules (amour du travail, de l'ordre, etc.).

J'ai envoyé mon fils remplir la cruche. Il revient confus et tremblant, il l'a cassée.. Pas de reproche ni de raillerie, ce serait injuste et bête. Il faut le consoler plutôt, lui dire que les cruches ne manqueront pas, que le marchand sera content d'en vendre une autre, etc. L'enfant se sentira soulagé ; peut-être pleurera-t-il d'attendrissement; et une autre fois, quand il aura commis une faute vraie, il sera tout disposé à recevoir mes observations, précisément parce que je ne l'aurai pas puni pour un accident *involontaire*.

L'enfant touche à la pendule malgré ma défense : lassé de le lui répéter, je le laisse à la fin. Voilà que par mégarde il en brise les ressorts; je me mets dans une colère violente et je fouette le maladroit... C'est avant qu'il devait être puni ; maintenant il l'est assez par la confusion où il se trouve, sans que j'aille lui donner des coups de fouet qui n'auront d'autre effet que de lui faire oublier sa faute pour ne songer qu'à sa douleur. Il ne faut donc pas punir pour la *conséquence*, mais pour la *désobéissance*.

Une petite fille, prise en flagrant délit de vol par gourmandise, s'écria comme avec angoisse : *Je ne le ferai plus*. Elle reçut quand même trois bons soufflets. La mère n'eut-elle pas tort ? Elle devait, pour le moment, être satisfaite de cette promesse spontanée et en prendre acte, se réservant de sévir dans le cas de manquement à la promesse. L'enfant dut se faire ce singulier raisonnement : Alors à quoi bon prendre une bonne résolution ? Ce n'est jamais au profit des bonnes résolutions pour l'avenir qu'on se fait de ces raisonnements-là.

Que de façons diverses et nombreuses de faire souffrir les enfants à tort et à travers, sans qu'ils aient rien fait qui mérite d'être repris ! Sous prétexte de les corriger, on les torture parfois, physiquement et moralement. On leur dit : *Reste tranquille, sans bouger, sans parler*, comme si le bruit et le mouvement n'étaient pas leur vie même. — Un enfant est de mauvaise humeur : *Sois gai*, lui dit-on, comme si la gaieté se commandait. L'enfant continuant d'être triste, on le frappe. Belle manière de le réjouir ! — Quand il commet quelque étourderie, le père le regarde la colère aux yeux, lui parle d'un ton rude et menaçant, feint de le frapper : ne faut-il pas le corriger ? — Un autre s'est mis les doigts entre la porte et le mur; il pleure en regardant ses membres meurtris : on le frappe; pourquoi s'est-il fait mal ? — Un autre tombe par mégarde : *Petit sot*, lui dira-t-on. Ne faut-il pas corriger les enfants ? — Un fils vient tout haletant vous apporter une bonne nouvelle qu'il croit devoir vous faire plaisir. Il vous la raconte, ses yeux dans vos yeux, heureux d'un service qu'il espère vous avoir rendu. Tu as cet habit en désordre, lui dites-vous. C'était bien le moment de lui faire un reproche ! — Une petite fille portait à sa mère un bouquet de fleurs qu'elle avait été cueillir dans le jardin. Par suite de la précipitation où la met sa joie, elle trébuche en montant l'escalier et laisse tomber le vase qui renfermait les fleurs. La mère au bruit accourt de la chambre. Elle voit le vase brisé et accable de reproches celle qui avait cherché à lui faire une surprise agréable. La pauvre enfant pleura amèrement sans rien expliquer. Mais elle ne porta plus de fleurs à sa mère. Et voilà comme on corrige les enfants !

## 10. Comment punir

Si je sais tirer profit de toutes ces idées, je n'aurai à sévir que très rarement : le moindre châtiment alors produira un grand effet, parce qu'on n'y aura pas été habitué, parce qu'on se sera mis dans l'esprit que les punitions n'étaient pas à notre usage. Ce qui produit de l'effet, ce n'est pas le châtiment, c'est *l'idée qu'on s'en fait.*

Ainsi, dans l'état ordinaire, je parais content : un *regard sévère* suffit pour indiquer à l'enfant que j'ai cessé de l'être, c'est-à-dire qu'il a fait quelque mal ; ce regard sévère est déjà pour lui une souffrance ; et souvent il suffira pour suspendre l'acte mauvais ou pour ôter l'envie de recommencer. Si je veux paraître plus fâché, je n'ai qu'à dire, pendant quelques instants, *vous* au lieu de *tu* : c'est signe que pour sa mauvaise conduite l'affection lui est un moment retirée : le coupable le sait et le sent, c'est assez. Il sera encore plus puni s'il a l'habitude de me tutoyer et que je le lui défende. En un mot, pour une faute légère, il suffit d'un léger *mécontentement*. De même que peu suffit pour récompenser, c'est avec peu qu'il faut châtier.

Quand la faute sera grave, au visage sévère j'ajouterai le *blâme*. Le blâme, et non la réprimande ou le reproche. Le reproche est comme une plainte, une récrimination contre les défauts : il vient de la colère. Le blâme est l'arrêt prononçant que ce qui a été fait est mal : il est dicté par la raison. Le reproche ne fait que se plaindre et accuser sans conclure, le blâme conclut parce qu'il condamne. L'enfant grondé ne distingue pas suffisamment si c'est à sa personne ou à sa faute que l'on en veut. Pas d'équivoque lorsqu'il est blâmé. Il ne se dit pas alors : On me gronde parce qu'on est de mauvaise humeur, mais : J'ai mal fait. Sous tous les rapports le blâme vaut mieux que le reproche.

Si je sais blâmer, je ne tomberai pas dans la faute trop commune qui consiste à accabler les enfants sous de perpétuelles plaintes. Je comprends qu'une femme malheureuse dise à son ivrogne de mari, comme dans certaine comédie de Molière : Tu passes tout ton temps à l'auberge...; tu me manges tout ce que j'ai...; tu me laisses avec quatre enfants sur les bras, etc. Mais je ne comprends pas que des parents tiennent un semblable langage à leurs enfants. Souvent nous concevons bien mal notre rôle. Nous pourchassons l'enfant comme s'il était notre ennemi insaisissable, comme si ce n'était que pour nous braver qu'il fait ses fautes; et « contre un être inconscient et faible qui plie, qui s'efface, nous usons une passion, une force nerveuse qui suffirait à accabler un puissant adversaire. » Ce n'est pas cela. Il commet des fautes parce qu'il est enfant et parce que nous ne l'avons pas fait différent de nous. Il est né pour avoir des défauts ; et nous, pour les souffrir jusqu'à ce que nous les ayons changés en qualités. Nous devrions toujours avoir présente à l'esprit cette considération, l'une des plus importantes parce qu'elle marque la place et le rôle de chacun : *l'enfant n'est pas un ennemi à terrasser, c'est un être dépendant à élever.* Celui qui tient la puissance ne doit pas se plaindre, il doit agir. Peu de paroles ; beaucoup d'actes, d'influences, d'habitudes, d'impressions, d'exemples, qui donnent une bonne tournure à l'esprit et au cœur.

Quand et comment blâmer ? Oh ! que ces choses sont bien dites par Fénelon, le doux et habile pasteur des âmes. « Il faut attendre le moment où l'esprit de l'enfant sera disposé à profiter de la correction. Ne le reprenez jamais *ni dans son premier mouvement ni dans le vôtre.* Si vous le faites dans le vôtre, il s'aperçoit que vous agissez par humeur et par promptitude, et non par raison et par amitié ; vous perdez sans ressource votre autorité. Si vous le reprenez dans son premier mouvement, il n'a pas l'esprit assez libre pour avouer sa faute, pour vaincre sa passion, et pour sentir l'importance de vos avis ; c'est même exposer l'enfant à perdre le respect qu'il vous doit. Montrez-lui toujours que vous

vous possédez : rien ne le lui fera mieux voir que votre patience. Observez tous les moments pendant plusieurs jours, s'il le faut, pour bien placer une correction. » Cela est nécessaire surtout avec les jeunes filles, que connaissait bien Mme de Maintenon : « Il y a des jours malheureux (et aussi des moments) où elles sont dans une émotion, dans un dérangement, prêtes à murmurer ; tout ce que vous feriez alors, toutes les remontrances ne les remettraient pas dans l'ordre. Il faut couler cela le plus doucement que l'on peut, afin de ne point commettre son autorité, et il arrivera quelquefois que le lendemain elles feront des merveilles. Il faut *leur laisser le temps de se calmer, et se calmer soi-même.* » Oui, nous calmer nous-mêmes. Nous avons nous aussi nos moments de mauvaise humeur et d'agacement, car la vie est parfois dure, et nous sommes faibles. Eh bien ! dans ces moments il vaut mieux nous abstenir : au moins nous n'aurons rien gâté. Le moyen de se contenir en de certains moments ? Se dire à l'avance : Lorsque tu sentiras la colère monter, pas d'éclat, tu cours à une sottise ! — D'ailleurs je ne resterai pas sans absolument rien dire : l'enfant, lorsque tout à l'heure je le blâmerai, pourrait me représenter qu'il ne sait pas de quoi il est question. Je lui dirai donc : *C'est mal. Je vous dirai plus tard pourquoi*. Alors le délinquant suspend l'action défendue ; il sait qu'elle est mauvaise, il se demande pourquoi et en quoi. La réflexion à laquelle il se livre le prépare à mieux recevoir mes explications quand elles viendront. « Alors une analyse exacte, soit des séductions qui l'ont entraîné, soit des motifs qu'il avait pour y résister, devient utile ; c'est là une leçon de morale pratique dont l'impression peut se conserver. » Ainsi le *blâme infligé en deux fois* aura été salutaire : tout en une fois il eût pu aigrir et révolter, ou affaisser. — Au reste je n'attendrai pas trop longtemps : le moment de laisser passer l'irritation, pas davantage. L'enfant oublie vite, et il n'est pas bon qu'il me dise : Maintenant je ne fais pas mal.

Le moment étant bien choisi, quel ton prendrai-je ? Si je parle sur un ton rude et brutal, je ferai trembler l'enfant ; or trembler est-ce bien voir le mal et le réparer ? C'est perdre sa force et son esprit, dont on a tant besoin pour comprendre ce qu'il y a à faire et pour le faire. — Tout en évitant le ton effrayant, je n'affecterai pas non plus un air indifférent : il ne m'est pas indifférent que l'on obéisse ou non, l'on doit savoir que la mauvaise conduite me fait souffrir. Le ton doit donc être *calme et contristé.*

Il y en a qui ne savent que louer croyant gronder. Oh ! celui-là, dites-vous, *c'est un petit bougre. Il est terrible.* Cela dit sur un ton de reproche apparent et d'approbation secrète : l'espiègle ne s'y trompe pas ; il surprend votre regard admiratif, votre rire déguisé ; son instinct lui dit qu'au fond vous admirez ses petits talents, et il recommencera avec ardeur, croyant presque bien faire. Il n'y a pas de milieu : il faut blâmer sérieusement ou ne pas blâmer du tout.

Ah ! je suis content, je vois clair à présent :

pour que le blâme ne soit pas nuisible et pour qu'il soit efficace, je n'ai que deux choses à faire : *choisir le bon moment, prendre le bon ton.*

Il est des cas et des caractères où le blâme ne suffirait pas : le coupable s'en tirerait à trop bon compte. Il faut parfois lui faire sentir qu'il ne gagnera rien à se mal comporter. Ne vais-je pas me trouver embarrassé, moi qui me suis interdit les gros moyens ? J'ai été ravi de trouver dans Mme Campan une idée qui m'ouvre la voie : « Privez l'enfant d'un plaisir sensuel, il y attachera plus de prix ; privez-le de l'honneur, vous lui faites sentir le prix de l'honneur. » Ce principe est fécond en conséquences : ainsi, au lieu d'envoyer l'enfant au lit sans souper (1), je lui ferai manger comme à l'ordinaire, à la même heure, à la même salle que moi, mais non *pas à ma table :* c'est de ce coup qu'il sera atteint, et c'est là de la bonne punition ; — ainsi je l'enverrai pour un instant dehors, la porte fermée brusquement sur lui, et après lui avoir dit : *Vous ne méritez pas de rester à côté de nous ;* — ainsi une promenade devait être faite avec un voisin, avec un parent, un oncle, une tante, le coupable sera privé, non de l'exercice nécessaire à sa santé, mais de la promenade avec une grande personne, ce qui flattait son amour-propre. En un mot, quand elle n'est pas une humiliation positive, la *privation d'un honneur* est d'un bon effet.

(1) On peut cependant condamner au pain sec et à l'eau pure : le coupable est puni, sans être privé du nécessaire.

Ce sera encore mieux si au lieu de m'adresser à l'amour-propre je m'adresse à l'amour filial. J'ai l'habitude d'embrasser l'enfant à telles heures : aujourd'hui, au moment où il s'avançait pour recevoir le baiser accoutumé, je lui ai dit : *Vous ne l'avez pas mérité*. C'est un châtiment auquel il est très sensible, et il fait des efforts pour mériter le baiser : je préfère ces efforts-là à ceux qu'il ferait pour attraper un gâteau. Ma fille m'a un peu manqué de respect : *Vous ne me parlerez pas d'un quart d'heure*, lui ai-je dit. Le quart d'heure passé, elle a senti quelle faveur c'est de pouvoir s'entretenir librement avec un père et une mère, et elle cherchera à conserver ce privilège, dont elle sait maintenant tout le prix. Si j'avais besoin de me montrer plus rigoureux, je la priverais de me faire la lecture à haute voix pendant une ou deux soirées, de me cirer les souliers, de me servir à table, etc. D'ailleurs je ne fais cela qu'avec les jeunes ; les grands seraient blessés dans leur fierté ; au lieu du repentir ils éprouveraient de l'amertume et de l'irritation.

Le mécontentement doit-il durer longtemps ? Si l'on se met à sourire aussitôt après s'être fâché, la peine de l'enfant sera légère, et il ne craindra pas une autre fois aussi de s'exposer à un mal si peu cuisant. Si l'on fait trop longtemps durer sa froideur, l'enfant, qui a besoin de consolation, en cherchera en dehors de nous, et ce ne sera pas au profit de l'éducation. Il y a un moment où le trouble, achevant de secouer le coupable, est sur le point de le quitter : c'est ce moment qu'il faut prendre pour relever et pardonner : on le console à l'instant où il allait se consoler tout seul, et on en retire les bénéfices. Les privations morales ne doivent donc être *ni trop courtes ni trop longues.*

## 11. Agir selon les cas et les caractères

Ainsi que les récompenses, les punitions doivent être en rapport avec l'âge, le sexe, les circonstances et les caractères. Je serai plus exigeant pour un garçon de dix ans que pour un bambin de cinq. Aux garçons je ferai, de préférence, un blâme sévère et froid ; aux filles des observations affectueuses. Jeanne vient de commettre une grosse étourderie ; mais elle n'en a pas l'habitude : je considère que c'est un accident, je ne la blâmerai pas aussi fort que si elle faisait à chaque instant des bévues : je regarde moins à une faute qu'au défaut. Même dans une faute je regarderai la circonstance : une même étourderie est moins grave quand l'esprit a été troublé par quelque accident imprévu. J'avais préparé un blâme très fort pour Léon, ordinairement peu sensible aux reproches légers : cette fois aux premiers mots je le vois pâlir, puis sangloter : je dois modifier mon châtiment selon l'effet produit. Puisque l'enfant pleure, il sent fortement sa faute, cela suffit : je dois me taire un instant, puis le consoler et le relever ; c'est une occasion unique de rafraîchir son cœur et de le mettre près du mien. Que font la plupart des parents en pareille occurence ? Ils redoublent de colère feinte, ils triomphent des pleurs de l'enfant. Misérable triomphe : l'enfant se retourne, son cœur se remplit d'amertume ; quand vous aurez l'air de le pardonner, et encore en grommelant, il sera trop tard, car son cœur se sera fermé, et peut-être pour ne pas se rouvrir une autre fois. Enfin je tâcherai que le châtiment soit en rapport avec la faute : il faudrait avoir bien peu de sens pour punir un paresseux en lui demandant des excuses, ou un manquement au respect en donnant dix lignes à apprendre par cœur.

Que de fois on entend ce cri : *Oh! celui-là, il faut le prendre par la douceur ; autrement on n'en tirera rien.* Cette parole populaire est bien vraie, je ne saurais trop la méditer. Il est, en effet, des enfants tellement sensibles qu'on ne peut leur adresser un reproche; aussitôt ils froncent le sourcil, ramassent leur figure, changent de couleur et baissent la tête : c'est fini maintenant, ils se buteront la tête contre le mur plûtôt que de céder. C'est malheureux, mais c'est ainsi. Ces enfants sont des malades, on doit les traiter comme des malades : ils ont la chair sensible comme des écorchés, il ne faut pas la leur frotter. Au reste ils n'ont pas tous les défauts : presque toujours sérieux et appliqués, c'est rarement qu'ils méritent d'être punis ; plus rarement encore on peut les punir. En les laissant faire quand ils ne font pas mal, en les flattant un peu s'ils font mieux, en fermant les yeux sur leurs petites défaillances, on arrive à en tirer beaucoup plus que par la rigueur.

Ensuite, dans les moments de bonne humeur, on peut leur apprendre, non sous forme de reproche — ils n'en reçoivent pas — mais sous forme d'instruction, que les enfants sont faits pour commettre des fautes et en être repris; que cela ne doit ni les étonner ni les irriter; qu'ils n'en valent pas moins pour recevoir quelques remontrances, etc. Ainsi on les achemine à recevoir, eux aussi, et à accepter le blâme quand ils le mériteront. C'est une espèce de courage dont il faut doter ces martyrs de la sensibilité. — D'autres ont le défaut contraire, sont indifférents à tout : blâme, privations, colère, coups, affection, honneur, tout les laisse froids. O la rude et ingrate besogne que de faire mouvoir de pareils soliveaux! A tout prendre, ma foi, je préfère encore les autres, les écorchés, on peut au moins les faire crier et s'assurer qu'ils ont vie; mais ceux qui sont de bois!... Pourtant il ne faut désespérer de rien : tous nous avons quelque endroit caché par où on peut plus facilement nous prendre : c'est à découvrir cet endroit sensible que doit s'attacher l'éducateur avec tout ce qu'il peut avoir de flair : une fois la mine ouverte, on en tirera des trésors, si l'on sait s'y prendre. Il faut alors, non punir et récompenser à tout bout de champ, ce qui achèverait de blaser un être déjà trop insensible, mais produire de temps en temps de fortes secousses, ou très agréables, ou très désagréables, qui soient pour lui comme une révélation, et qui lui apprennent qu'il y a des souffrances et qu'il y a des jouissances. Une fois qu'il se sentira vivre, il sera sauvé. — Il y a enfin les étourneaux, qui ne manquent pas de cœur ni d'amour-propre, mais qui manquent d'énergie et surtout de constance ; c'est à nous d'en avoir pour eux : j'entends par là que nous ne devons jamais les rater, mais à chaque fois leur taper sur les doigts, et leur faire sentir par l'expérience que, s'ils s'oublient volontiers, d'autres ne les oublient pas : c'est le meilleur moyen de leur mettre un peu de plomb dans la cervelle. Tout cela, d'ailleurs, sans colère et sans fracas : on ne se fâche pas contre les oiseaux, on les prend par le bec. Inutile, d'autre part, de les menacer : c'est surtout avec les sujets de cette espèce qu'il faut agir au lieu de parler.

## 11. Comment triompher de l'entêtement

J'ai connu une jeune fille bien difficile à manier : elle ne se répandait pas en éclats lorsqu'on lui donnait des ordres, mais elle ne les exécutait pas ; quand on lui faisait des reproches, elle les écoutait sans rien dire, mais ensuite elle ne songeait pas à se corriger ; si l'on voulait lui faire avouer sa faute, elle résistait, obstinément muette et impénétrable ; en un mot il suffisait qu'on lui demandât de faire une chose pour qu'elle ne la fît pas : âgée seulement de onze ans, elle voulait faire à sa guise et n'écouter que sa tête. Il ne fallait pas s'occuper d'elle ni chercher à la diriger : elle, elle, et c'était assez. Prévoyait-elle un reproche prêt à lui être adressé, elle commençait à bouder, afin d'arrêter sur les lèvres de ses parents le blâme qu'ils étaient sur le point de lui infliger. Elle devenait de jour en jour plus difficile à toucher et à manier, maussade et boudeuse : c'était le type de l'entêtée. Oh ! quel cadeau à faire à un mari !

Un ami de la famille, consulté, ne sut trouver que cette boutade : *le meilleur moyen de corriger une entêtée, c'est de ne pas la faire.* Les parents crurent qu'il raillait. Peut-être qu'il disait une profonde vérité. Bien des parents, en effet, gâtent leur enfant. Mademoiselle est accoutumée à faire et à obtenir tout ce qu'elle désire : elle n'a qu'à effleurer un caprice pour qu'aussitôt il soit satisfait. Si un beau jour on est obligé de lui refuser ou de lui commander, elle boude et se met dans un coin, pensant ; *Ce n'est pas moi qui cèderai.* Ce n'est pas elle en effet qui cède, c'est la mère et c'est le père. Pour peu qu'elle ait d'égoïsme et de vanité, elle deviendra vite entêtée à ce régime : elle n'aura qu'à faire toujours ce qui lui a si bien réussi une ou plusieurs fois ; à la fin la résistance devient chez elle un besoin, la maussaderie une habitude. — Il y a un autre moyen de rendre entêté un enfant : c'est de lui demander trop de choses à la fois ; il faut, avec certaines bonnes, qu'il fasse continuellement des choses opposées à ses désirs et à ses besoins, qu'il se tienne immobile alors qu'il sent le besoin de faire aller ses muscles, qu'il remue bras et jambes alors qu'il est fatigué et n'en peut plus, etc. A la fin l'enfant se demande *ce qu'on lui veut..*, et il soupire après le moment où il pourra se mouvoir et se reposer à son gré. Puis on le punit parfois parce qu'il ne s'arrête pas tout d'un coup dans l'action défendue : or cela, il ne le pourrait, pas plus qu'un coureur lancé à toute vitesse ne peut arrêter son mouvement à volonté : oubliant que chaque rechute n'est pas un mépris formel des ordres, on punit ainsi comme fautes d'obstination ce qui ne vient que de la vivacité de l'âge et des besoins du tempérament. L'enfant, continuellement puni alors que sa volonté n'était pas rebelle, s'accoutume à voir dans ses parents des espèces de tuiles qui sont faites pour lui tomber dessus ; il gare la tête à tout hasard, puis s'attend silencieusement à recevoir le coup ; nulle autre pensée ne l'occupe, rien ne le porte à agir, il devient stupide, il devient abruti, c'est le mot. Et voilà comment on forme les entêtés : par *manque de justice et d'amour*.

Tel n'est pas, d'ailleurs, le cas de tous les têtus : quelques-uns le sont par tempérament, comme la jeune fille dont j'ai fait le portrait. Ses parents, voulant la corriger, cherchèrent des directions dans un livre, et voici ce qu'ils y trouvèrent.

« Si vous voulez venir à bout d'un entêté, gardez-vous de toute impatience. Votre impatience est pour lui un triomphe qu'il désire et qu'il épie : ne lui donnez pas cet avantage. Mais armez-vous d'un calme persévérant qui déroute ses calculs et l'en fasse rougir.

« Ne dites pas non plus : *Tu n'y gagneras*

*rien, je serai plus entêté que toi*. Vous auriez l'air, parlant ainsi, de lui jeter un défi. Et s'il relevait le gant? Il serait capable de placer son honneur à vous braver et à vous vaincre. — Au lieu de parler, agissez. Ne cédez jamais qu'il ne vous ait obéi; obligez-le, au besoin par des punitions fortes et longues, à comprendre qu'il n'a qu'un seul parti possible, celui d'obéir; qu'avec vous il n'y a que deux façons d'être : très heureux quand on obéit, très malheureux quand on n'obéit pas.

« Cela n'est que pour le présent. Pour l'avenir, il faut non seulement briser la désobéissance, mais amener l'amélioration de l'âme : pour cela attaquez le mal *dans sa racine*.

« L'entêtement vient quelquefois de la paresse : l'enfant, qui voudrait rester sans se fatiguer, oppose à vos ordres une force d'inertie plus difficile à soulever qu'un bloc de pierre. Attaquez-vous donc à son indolence, faites-lui éprouver le plaisir qu'il y a à agir (voir le chap. de la volonté et du travail).

« Mais le plus souvent on est entêté parce qu'on est orgueilleux, et orgueilleux de la mauvaise façon. Car il y a un orgueil bien compris. Celui de l'entêté est sot et digne de compassion: il met son honneur à résister à ses parents, c'est-à-dire à marcher seul, en aveugle et en maladroit qu'il est, jusqu'à ce qu'il se casse la tête au coin du mur, ou qu'il tombe à la renverse, les quatre pattes étendues. Faites-lui sentir le ridicule et le piteux de ce rôle qu'il a pris, et inspirez-lui le désir d'en changer. Montrez-lui combien il est réellement beau d'obéir, parce qu'alors on terrasse un terrible adversaire qu'il y a courage et honneur à terrasser, et qui est en nous-même. L'entêtement vient d'un orgueil mal entendu, de l'*orgueil bien entendu* viendra la soumission.

« L'orgueil seul brûle l'âme, il doit être tempéré par l'affection. Tâchez donc d'arriver aussi jusqu'au cœur de l'enfant. Dans les moments où il fait bien montrez-lui une vraie affection qui le touchera peu à peu ; un jour peut-être viendra où il se dira : Que j'étais pourtant coupable de manquer à de tels parents ! Si cette réflexion lui vient une seule fois, le voilà sauvé.

« Faites aussi appel à son expérience. Arrangez-vous de façon que son obstination lui fasse faire de faux pas, tandis qu'en vous suivant il n'aura que des succès. Il comprendra que vous lui êtes supérieur, et il se dira en lui-même : Mon père et ma mère méritent d'être écoutés. »

Les parents dont je parle suivirent ces sages conseils : au bout de deux ans ils eurent le bonheur de voir leur fille corrigée.

En résumé, dans mes rapports avec mes enfants, je tâcherai d'être à la fois réfléchi et constant, calme et ferme, patient et persévérant. — Pour m'exciter sans relâche à acquérir ces qualités, j'aurai chaque jour présente à l'esprit cette image : mes enfants grandiront ; un jour ils se souviendront, ils jugeront ; je les vois serrés en groupe, occupés à me juger : je veux mériter leur estime ; je veux avoir leurs suffrages; je veux qu'ils s'écrient : c'était une *vraie mère!* c'était un *vrai père!*

## 12. Nécessité de l'accord dans la famille

*LE PÈRE.* — As-tu remarqué ce marmot de dix-huit mois ? Hier je lui ordonnais une chose, il ne m'obéissait pas : tu la lui as ordonnée, il l'a faite. Aujourd'hui c'est l'inverse : c'est à toi qu'il désobéissait, mais il s'est exécuté aussitôt que j'ai répété ton ordre. Ainsi il ne met pas de différence entre nous : mais il obéit de préférence à celui qui va à la rescousse de l'autre, ou plutôt lorsque nous commandons tous les deux ensemble.

*LA MÈRE.* — J'ai tout noté. Et ce n'est pas la première, c'est la troisième fois que la même chose se produit. Il semble comprendre qu'il n'y a rien à gagner quand nous nous y mettons les deux. Par contre j'ai été frappée du changement survenu dans le caractère de petit Paul, le fils du voisin. Dans l'espace de huit jours il est devenu tout autre, parce que son père et sa mère se sont disputés devant lui, et que depuis lors l'un le cajole quand l'autre l'a puni. Il désobéit aux deux avec une décision qui fait peur : il y a huit jours il n'avait pas encore commencé de désobéir.

*LE PÈRE.* — Vois au contraire ce qui est arrivé chez notre ami, et qu'il m'a raconté. Léon avait été blâmé par son père. Il fit la moue et alla chercher des consolations auprès de sa mère : la mère le reçut d'un œil froid.

Il alla au grand-père, qui est indulgent : le grand-père fut froid. Il alla au domestique, qui souvent l'amuse : le domestique fut froid. *Quand j'ai fait mal tout le monde m'en veut*, s'écria-t-il bouleversé. Et c'est auprès de celui qui l'avait puni qu'il revint mériter un adoucissement à son sort.

*LA MÈRE.* — Dans cette exclamation cet enfant a fait de ceux qui l'élèvent le plus bel éloge.

*LE PÈRE.* — Au lieu de cette conduite si naturelle et si nécessaire, combien de parents qui ne savent s'aider et se soutenir les uns les autres ! — *Ton père t'a puni, viens avec maman, viens, chéri,* dit la mère. Et elle console celui qui devrait être châtié, elle le récompense d'avoir mal fait. — *Ta mère est fâchée, viens avec papa*, dit le gros père. Et il console le coupable dans ses bras, et il lui apprend à mépriser celle qui l'a porté dans son sein. Infâmie et horreur !

*LA MÈRE.* — Mon ami, nous marcherons la main dans la main. Il suffira que l'un ordonne, défende, ou blâme une chose, aussitôt l'autre se joindra à lui. C'est une autre fois et en particulier que l'on discutera, s'il y a lieu.

*LE PÈRE.* — Nous prierons aussi tous ceux qui approchent l'enfant, grand-père et grand'mère, oncle et tante, domestiques, voisins et visiteurs mêmes, de ne jamais se mettre en travers de notre action. Si nous assurons autour de notre enfant cette unanimité de conduite, nous aurons bien rempli l'un de nos plus grands devoirs de père et de mère.

# III. — LA CONSCIENCE ET LA VOLONTÉ

**Il est de la plus haute importance de fortifier la volonté après l'avoir éclairée.**

**Le meilleur moyen d'éclairer la conscience est d'expliquer le devoir par l'idée de justice. Cette idée doit être présentée à l'enfant à l'occasion d'actes bons et mauvais, faits par lui et autour de lui. L'idée doit être accompagnée d'habitudes et de sentiments conformes qui le renforcent.**

**La volonté se fortifiera par l'exercice, c'est-à-dire : par l'initiative dans la décision, par l'effort et la persévérance dans l'exécution.**

**On corrige la légèreté par l'habitude de la réflexion, l'irrésolution par l'habitude de la décision, l'inconstance par l'habitude de la constance, la faiblesse par l'habitude de l'effort, l'obstination par l'habitude de la souplesse.**

## 1. Nécessité de cultiver la volonté

*J'ai évincé sa volonté*, dites-vous avec satisfaction parlant de votre fils. C'est dire que vous l'avez détruite. Alors qu'est-ce donc qu'un père, pour vous ? Une machine à mater les caractères ? Un soliveau en ferait autant : il broie. Une volonté brisée, c'est pire que des jambes cassées et des bras cassés. Maintenant sous notre garde, l'enfant un jour sera seul. Qui le guidera dans la droite voie ? Et qui le soutiendra dans les épreuves de la vie ? Il s'agit donc, non de tuer ou de soumettre sa volonté, mais de lui en donner une.

Il n'y a pas lieu de lui en donner, direz-vous ? L'enfant est assez volontaire de lui-même ? — Il est volontaire, et c'est pour cela justement qu'il n'a pas la volonté. Avoir une volonté, c'est en être le maître ; or l'enfant n'est que le captif de ses impulsions ; il fait ce que lui dictent ses instincts, ses penchants, ses besoins ; il ne leur commande pas, il leur obéit. Pour être le maître chez lui, il doit pouvoir leur commander.

A quelles conditions commande-t-on à soi-même ? 1° A la condition que l'on veuille ce que l'on doit vouloir ; en d'autres termes, que l'on ait une volonté *éclairée* (conscience). 2° A la condition que cette volonté éclairée soit plus forte que les penchants mauvais (ce qui arrivera si elle est *aidée* par un fonds d'habitudes et de sentiments conformes). 3° Comme elle rencontrera des obstacles, la volonté a besoin d'être *forte* par elle-même. — Eclairer, aider, fortifier, telle est donc, relativement à la volonté, la triple œuvre à poursuivre.

## 2. Comment expliquer le devoir : par l'idée de justice

Le devoir nous étreint toute la vie. L'enfant doit obéir à ses parents. L'apprenti à son patron. L'employé à son maître. Le soldat à la discipline. Le citoyen doit une partie de son sang et de son bien à sa patrie. L'homme doit protection à la femme, la femme doit fidélité à l'homme. Tous, dans quelque condition que nous soyons, nous sommes à tous les moments de notre existence sous la règle invariable du devoir. Apprenons à nos enfants à se soumettre à la règle : il n'est pas de plus grand service à leur rendre. Le devoir étant le tissu même de la vie, apprendre le devoir, c'est apprendre à vivre. Et ne pas apprendre le devoir à l'enfant, c'est le trahir au même titre que si on ne lui apprenait pas à marcher.

Quel est le meilleur moyen d'expliquer clairement à l'enfant et de lui faire bien comprendre qu'il y a des devoirs ? La religion ? Elle s'éteint dans bien des âmes, et il faut empêcher le sentiment du devoir de s'éteindre avec. L'honneur ? On risque de faire fausse route : on sème l'honneur, mais trop souvent on récolte ou l'orgueil ou la vanité. L'amour filial ? Cela reviendrait à dire que l'enfant ne doit pas avoir une lumière en lui-même pour se conduire quand nous ne serons plus là ou quand il sera devenu lui aussi père ou mère. Son intérêt ? Oui, il est certain que notre intérêt bien entendu s'accorde fort souvent avec notre devoir. Mais ne donner pour règle de conduite que cette maxime : Examine bien où est ton intérêt, c'est pousser à toutes les mauvaises actions qui seront jugées utiles et que l'on croira devoir rester impunies. Les habitudes seules, sans aucun principe, comme le voudraient certains éducateurs ? Les habitudes peuvent changer, par exemple sous l'influence du ridicule. La raison reste la même. Donnons un principe, une idée, ce sera la boussole de l'enfant.

Mais alors quelle idée ? Il est une chose morale que l'enfant aime par dessus tout, c'est le juste ; un mot qu'il comprend mieux que tout autre mot, c'est le mot juste. C'est donc l'idée de *justice* qui devra servir de fondement à toutes nos explications de morale.

Nous dirons : Il n'est pas juste de faire souffrir autrui par notre faute. Quand tu souffres, si c'étaient les hommes qui te faisaient souffrir par leur faute, que penserais-tu d'eux ? Songes-y bien : tous les hommes ont des souffrances : que nul n'ait à souffrir par toi.

Tous les devoirs peuvent s'expliquer de cette manière. Qu'est-ce que le dévouement filial ? C'est la justice : il est juste que nous fassions quelque chose pour ceux qui ont tant fait pour nous. Pourquoi le mensonge est-il si odieux ? Parce qu'il est une trahison, c'est-à-dire une injustice. Qu'est-ce que le vol, la médisance, la calomnie ? Autant d'iniquités. D'où vient l'obligation morale du travail ? Chacun nous avons comme une dette envers tous ceux qui nous font vivre. Pourquoi l'orgueil est-il mal ? Parce qu'il est injuste : il nous fait nous estimer plus que nous ne valons. Pourquoi chacun de nous doit-il conserver l'honneur de la famille ? C'est chose due aux nôtres. Tous nos devoirs sont des dettes. Remarquons la force de cette expression : des dettes. Qui ne paye pas ses dettes est un lâche. Une personne qui a sujet de me dire : Vous m'avez fait mal, par vous j'ai souffert, cette personne m'atterre. Je me sens vaincu et honteux : je n'ai pas fait honneur à ma dette, j'ai été injuste. Je mériterais qu'on me jette la pierre. — Voilà les fortes pensées dont il faut nourrir l'âme de l'enfant.

Quelques esprits voudraient lire : « Faire du bien » au lieu de : « Ne pas faire du mal. »

Rousseau répond admirablement : « Qui est-ce qui ne fait pas du bien ? tout le monde en fait, le méchant comme les autres ; il fait un heureux aux dépens de cent misérables ; et de là viennent toutes nos calamités. Les plus sublimes vertus sont négatives ; elles sont aussi les plus difficiles, parce qu'elles sont sans ostentation, et au-dessus même de ce plaisir si doux au cœur de l'homme, d'en renvoyer un autre content de nous. O quel bien fait nécessairement à ses semblables celui d'entre eux, s'il en est un, qui ne leur fait jamais de mal. » En effet le monde est plein de gens qui sont bons envers des indifférents aux dépens de ceux qui les touchent de plus près : Combien d'hommes charmants avec le monde et tyrans envers leur femme ? Combien de femmes aimables en société et maussades dans la famille ? Combien de fils de vingt ans « gentils » avec tous et affreux avec leurs parents ? Combien d'honnêtes industriels charitables envers les uns et voleurs envers les autres ? Toutes les souffrances que les hommes se causent réciproquement viennent de ce qu'ils cherchent à être bons, charmants, gentils, tout ce qu'on voudra, tout, sauf justes. Et c'est pourquoi la bonté est abominable — oui, la bonté abominable — si elle n'est pas guidée par la justice.

Au contraire la justice comprend la bonté, car elle envisage les choses comme elles sont. Or les choses sont ainsi : chacun de nous nous avons une dette immense envers l'humanité. Toute ma vie j'ai joui et je jouirai d'une infinité de biens (outils, routes, facilités de la vie, etc.) que je n'ai rien fait pour créer. Exposé à tomber malade et à ne pouvoir plus gagner ma vie, je compte sur l'humanité pour être nourri, pour être soigné, pour être soulagé dans mes souffrances. Je ne puis m'acquitter envers l'humanité en général, qui n'est pas un être : je dois donc m'acquitter envers ceux de ses membres qui, se trouvant en contact avec moi, auront besoin de moi. Je suis comme le membre d'une société de secours mutuels : je dois ma cotisation à ceux que le hasard place à mes côtés. Que pour payer ma dette je fasse au moins quelque bien à ceux qui m'approchent. Que je ne sois pas la bête égoïste, inutile et puante au milieu des gens...

Cela, objectera-on, serait fort beau si tout le monde en faisait autant ?.. — La morale de la justice ne sacrifie point soi à autrui. Il n'est pas prudent de dire à l'homme : Sois comme le bon chien, immole-toi. Les âmes généreuses commencent par se dévouer, remplies d'illusions : peu à peu on s'aperçoit que l'on n'est pas payé de retour, la désillusion est pleine d'amertume, l'on entre dans un dépit et une irritation qui rend égoïste et féroce. Rien de tel à craindre avec les idées de justice. L'homme est prévenu et armé. Il se dit : Je ne ferai pas d'injustice, et je ne prétendrai pas non plus qu'on m'en fasse : laisser violer le droit chez soi est presque aussi mal que de le violer chez autrui. L'être nourri dans cette doctrine pourra avoir à souffrir de l'injustice, parce que les injustes pourront être plus forts que lui. Mais il n'éprouvera pas ce désenchantement de celui qui s'attendait à trouver les hommes parfaits. Au lieu de se jeter dans la haine, il ne s'en attachera que plus à la justice. Si je souffre, se dira-t-il, c'est que tous les hommes ne savent pas encore être justes.

En d'autres termes, il est parmi le monde nombre de mangeurs et nombre de mangés. L'une des morales dit : Sois le mangeur, et pour cela le plus fort et le plus habile. L'autre morale dit : Laisse-toi manger, peu importe cette vie. — La bonne morale, celle de la justice, crie : Ni mangeur ni mangé. Ni dupe ni dupeur. Sois fort et sois habile, mais pour vivre sans avoir besoin de faire tort à autrui, et pour empêcher qu'on t'en fasse à toi-même et aux tiens.

Ainsi le principe de justice explique à la fois nos devoirs et envers autrui et envers nous-même. Les parents n'auront pas besoin de différentes explications pour les divers devoirs : une seule explication, et tout y sera rapporté. L'unité est un besoin de notre nature : nous aurons imprimé de l'unité à la morale et à l'éducation. Et pour nos enfants eux-mêmes la vie sera loin d'être un ennui : une idée forte la rend supportable, en lui donnant un but, des principes et des convictions.

## 3. Comment faire connaître le bien : culture du sens moral

Les idées qui viennent d'être exposées sur la morale de la justice, on ne peut pas les dire en bloc et en une fois à l'enfant; et d'un autre côté on ne doit pas attendre non plus sans les faire connaître jusqu'à l'âge où il serait capable de les comprendre. C'est par une longue pratique seulement que l'on pourra peu à peu les faire entrer dans son esprit. Comment apprend-il à parler? En parlant. De même la faculté de distinguer le bien du mal, le sens moral, se formera *en s'exerçant*.

Il serait oiseux de montrer que l'être humain en naissant n'a pas le sens moral, pas plus qu'il n'a la connaissance. « L'enfant prendra un raisin dans une vigne, un morceau de sucre dans un sac, comme on prend de l'eau dans une fontaine ou une fleur sur le bord de la route. » Cela vient de son ignorance ; il ne sait point que le sucre n'est pas à tout le monde, que le raisin est à quelqu'un : il ne connaît pas les rapports des choses. Mais, de même qu'en grandissant il apprend à parler et que son esprit se forme, de même il est capable de comprendre que telle chose est bien et telle autre mal : il n'y a qu'à appeler son attention là-dessus. La preuve, c'est qu'il regarde à nos yeux pour être approuvé ; c'est qu'il cherche dans notre regard ce qu'il doit penser. Il sent comme un besoin de notre affection. Il est mal à l'aise s'il nous voit mécontents de lui, il est heureux s'il nous voit contents. En un mot il a de l'amour-propre et il est capable de sympathie : ce sont les germes du sens moral. Comment les faire lever ?

Toutes choses ont leurs lois : l'éclosion du sens moral n'a-t-elle pas les siennes ?

Si je dis à un jeune enfant de six ans : Il ne faut point voler, il répétera ces mots, mais il ne les comprendra pas : ce sera comme si je n'avais rien dit. Mais que je lui montre une pauvre femme pleurant et que le dialogue suivant s'engage : Qu'a-t-elle pour pleurer ? — Elle avait une bourse, elle ne l'a plus. — Qu'en a-t-elle fait ? — On la lui a prise sans le lui dire. Elle ne sait pas qui l'a, elle ne pourra plus la ravoir. Elle en avait besoin, c'est ce qui la fait pleurer. L'enfant restera d'abord pensif. Ensuite je pourrai lui dire que prendre ainsi ce qui n'est pas à nous c'est voler, que le voleur fait souffrir ; enfin je lui demanderai s'il trouve joli de voler : non seulement il me comprendra, mais il ira jusqu'à sentir combien le vol est odieux. Cette impression restera ineffaçable dans sa conscience : cette scène a été pour lui comme le trait de lumière qui soudain illumine. L'huile était dans la lampe, elle attendait l'étincelle : l'étincelle, c'est l'exemple, c'est le fait. Le sens moral était en l'âme, mais comme assoupi : le fait est venu lui donner l'éveil, et désormais il ne s'engourdira plus tant qu'on fournira un aliment à son activité. Ainsi : *l'explication après le fait*, voilà la grande loi.

Comment appliquer cette loi ? L'enfant vient de commettre une faute quelconque. Je lui dis : Tu devais faire telle chose ; tu as fait telle autre : c'est mal, pour telle raison. Cela sera dit, non comme reproche, puisqu'il ne savait pas, puisque je n'avais pas encore défendu, mais comme instruction, pour l'éclairer : de ce que j'aurai dit son esprit sera frappé et en gardera mémoire. Quand il sera plus âgé je pourrai même lui poser des questions comme celles-ci (toujours pour l'éclairer, non pour le punir) : Tu as agi de cette sorte : est-ce juste ? voudrais-tu qu'on t'en fasse autant ? Bien des fois, guidé par moi, l'enfant découvrira lui-même en quoi il a manqué à la justice ; cette découverte vaudra mieux que tout ce que j'aurais pu lui dire. Ce que nous avons vu, nous le saisissons et le croyons infiniment mieux que ce que nous n'avons fait qu'entendre.

Si l'enfant cherchait à se justifier de certains actes blâmables qu'il aurait commis, il faudrait distinguer : est-ce ignorance, c'est le cas de l'éclairer avec douceur, sans aucune marque de mécontentement ; est-ce calcul, désir d'éviter un châtiment qu'il sait mérité, il faut lui ôter l'envie de recommencer.

De cette manière l'enfant prendra l'habitude de se regarder agir. Il ne sera pas comme un moulin qui tourne au vent sans savoir qu'il tourne, il deviendra peu à peu un être raisonnable qui agit sachant qu'il agit et sachant qu'il doit agir de telle sorte et non de telle autre. Avant d'exécuter un acte il se dira : Est-ce bien ? Et après : Est-ce bien ? Il se fera lui-même son propre juge à chaque instant de la vie, et c'est la plus salutaire habitude à lui faire prendre.

Voilà pour les fautes. La même règle doit être appliquée à l'acquisition des qualités : *la chose avant le mot*. Nous nous garderons bien de parler de grandeur d'âme à un enfant de huit ans. Quand il saura par expérience combien nous fait souffrir une injure, et combien pour la pardonner il faut d'empire sur soi-même, alors seulement il comprendra la beauté de la clémence. Mettons d'abord l'enfant face à face avec les choses, et les mots viendront comme par surcroît.

Jusqu'ici nous n'avons éclairé la conscience de l'enfant qu'à la lueur de ses propres actes : on peut l'éclairer aussi à propos de la conduite d'autrui. Il n'est que trop porté à juger et même à blâmer les autres. Il dira volontiers, en parlant d'un frère ou d'un camarade : Paul pas sage; Julie pas été obéissante. On ne doit pas encourager cette tendance qui pourrait dégénérer en esprit de médisance, mais il faut en profiter pour amener l'enfant à se juger lui-même par comparaison. L'enfant ne se voit pas lui-même, il voit les autres : il est comme nous, qui voyons la paille... Eh bien! faisons que les autres deviennent pour lui un miroir où il se regardera et s'examinera. Chaque fois qu'il blâme quelqu'un : Et toi, ne fais-tu jamais comme lui ? lui dirons-nous s'il mérite cette observation ; et s'il ne la mérite pas, nous dirons simplement : Oui, c'est mal; ne l'imite pas. Aux moments où, au contraire, il approuvera la conduite de quelqu'un méritant en effet approbation, un seul mot : Oui, c'est bien, fais comme lui. S'il se trompe, s'il loue ce qui mérite d'être blâmé et inversement, c'est à nous de l'éclairer et de lui montrer où est le bien, où est le mal. Que d'occasions d'exercer ainsi le sens moral ne présente pas la vie ! Dans une visite, dans une promenade, dans une partie de jeu, faisons que les enfants observent tout (ils ont d'ailleurs l'instinct observateur) : et qu'ensuite ils nous disent le bien ou le mal qu'ils auront remarqué : ceci, répétons-le, non pour leur donner le plaisir de médire, mais pour leur procurer l'occasion d'exercer leur jugement moral.

Cela tranche la question des exemples. Il est dit dans les traités d'éducation : épargnez les mauvais exemples à vos enfants. Le mauvais exemple venant des parents, il n'y a pas de doute qu'il faut l'éviter. Mais le mauvais exemple venant d'autrui, est-ce possible ? Ira-t-on pour cela renfermer les enfants dans une boîte, et les laisser dans l'ignorance du mal ? En supposant que ce fût possible, serait-ce désirable ? Pourront-ils traverser la vie dans cette ignorance ? S'ils doivent en sortir un jour, mieux vaut qu'ils en sortent sous notre direction, afin que nous puissions au moins dire aux innocents : Vous voyez faire cela, et vous le verrez encore, mais vous saurez que c'est mal.

## 4. Comment faire aimer le bien : culture des sentiments moraux

Voilà quelques-uns des moyens à employer pour faire *connaître* le bien et le mal. Mais connaître ne suffit pas : pour faire le bien, il faut l'*aimer;* pour éviter le mal, il faut le *haïr.* Seulement il n'y a pas d'autre moyen de faire haïr le mal que d'en montrer la laideur, comme il n'y a pas d'autre moyen de faire aimer le bien que d'en montrer la beauté (dire combien l'injustice fait souffrir). — Je me trompe : il existe un secret, secret puissant, unique, pour développer ces deux sentiments : il consiste à s'adresser à l'expérience de chacun. L'enfant a-t-il fait quelque bonne action, il éprouve, qu'il s'en rende compte ou non, une satisfaction intime. A-t-il mal fait, il éprouve encore, qu'il le sache ou non, un malaise secret. Eh bien ! il n'y a qu'à profiter de ces états de conscience pour les signaler à l'enfant lui-même. Il n'y a qu'à lui dire : En ce moment tu es heureux. — Je n'y pensais pas, mais c'est vrai. — C'est pour telle raison... Ou : Es-tu content ? Te sens-tu à l'aise ? — Non, je ne sais pourquoi. — C'est pour tel motif... Dans les deux cas l'enfant fait une grande découverte : il découvre qu'il est heureux ou malheureux par le fait seul de sa conduite. Avec la réflexion les états de conscience se prolongent, et selon les cas, le font souffrir péniblement ou jouir délicieusement. Il suffit : les parents ont presque d'un seul coup commencé et achevé la tâche. Si l'enfant a réellement senti une seule fois ce qu'est le *remords* et ce qu'est la *satisfaction* de la conscience, il y a mille chances pour qu'il veuille désormais éviter une pareille peine et se donner souvent un pareil bonheur.

Disons ces choses sur un ton grave, disons-les en peu de mots, et disons-les rarement. Il ne faut pas que les enfants s'imaginent que « nous sommes faits pour réprimander, eux pour écouter d'un air soumis, et les uns et les autres pour recommencer éternellement notre rôle. » Peu de paroles, et bien senties, voilà ce qui pénètre l'âme.

Ne nous faisons pas d'ailleurs illusion. Ne nous imaginons pas que la conscience seule suffira. L'homme est faible : ce n'est pas la seule connaissance du bien et le seul amour du bien qui le tiennent debout et le font marcher. La conscience est comme une lumière : toute lumière éclaire le chemin, mais ne soutient pas le corps : il faut reposer les pieds sur terre si l'on ne veut pas se casser les reins. Or ce qui avant tout fait marcher l'homme, c'est l'*amour de soi* et les *affections*. Nous ne pourrions supprimer des forces comme les affections et l'intérêt : mais nous pouvons les tourner au profit de l'éducation. Que l'enfant soit heureux en faisant le bien, c'est le plus sûr moyen de le lui faire peu à peu aimer ; qu'il cherche son bonheur, à la condition qu'il ne le cherchera jamais aux dépens de la justice, nous devons le lui permettre et même l'y aider, afin que dans son esprit le bonheur et la vertu soient étroitement associés et comme inséparables.

L'affection la plus forte chez les enfants, et la seule à laquelle l'éducateur puisse avoir recours, c'est *l'amour filial*. Nous nous montrerons heureux quand ils feront bien, et attristés quand ils feront mal : les yeux fixés sur nous, ils prendront l'habitude et le désir de bien faire, pour nous faire plaisir ; ils chercheront à éviter le mal, pour ne pas nous donner de la peine.

L'amour de soi cherche soit le plaisir, soit l'intérêt, soit l'honneur. — Arrangeons-nous de façon que le plus souvent la bonne conduite soit accompagnée de *plaisir*, la mauvaise de déplaisir : l'enfant haïra le mal en souvenir de ce que le mal lui aura fait souffrir, et aimera le bien en souvenir des joies que le bien lui aura procurées. — Du même coup il aura senti que son *intérêt* est de se bien conduire. Nous pouvons lui faire observer que le menteur perd la confiance qu'on avait en lui, que le voleur est enfermé, que le méchant est haï, etc; en un mot, que la justice est encore le meilleur calcul, même pour notre avantage personnel. — Enfin nous serions imprudents et maladroits de dédaigner un appui aussi puissant que le sentiment de l'*honneur*. Chacun nous avons notre petit amour-propre. Il n'est pas possible de détruire cet amour-propre, et cela ne serait pas désirable. Gardons-le pour le mettre au service du bien, afin qu'il ne pousse pas au mal, comme il fait quand il est mal compris. Disons à l'enfant : Mets ton honneur à être juste. Que nul n'ait sujet de te crier : Tu as mal fait. Considère le bien comme une portion de toi-même, ainsi qu'un de tes bras ou qu'une de tes jambes. Dis-toi : la justice c'est mon honneur, on ne me l'enlèvera pas.

En résumé, l'enfant aura pour guide la connaissance et l'idée de la justice ; cette idée sera soutenue et comme étayée par l'amour filial, par le plaisir, par l'intérêt, par l'amour-propre. Enveloppé de toutes ces forces, dirigé par sa lumière, on a bien des chances de savoir et vouloir prendre la droite voie.

## 5. Comment on peut donner la force de pouvoir : culture de la volonté

« *La volonté est le grand levier du monde.* »

Vouloir ne suffit pas, il faut pouvoir. Pour cela on a besoin de force. Cette force, c'est la volonté proprement dite, c'est l'énergie. Toute force ne s'accroissant que par l'exercice, il n'est qu'un moyen de fortifier la volonté, c'est de *l'exercer*.

La volonté, on n'y pense pas assez, s'exerce tout d'abord par l'obéissance, si cette obéissance est soutenue et voulue. Qu'est-ce, après tout, qu'avoir de la volonté ? C'est vouloir fortement ce qu'on veut. Or celui qui obéit déploie de la force : il fait taire ses préférences devant une idée. Rien ne trempe mieux le caractère.

Ne nous y trompons pas toutefois. Ce que l'homme doit apprendre en définitive, ce n'est pas à obéir, c'est à agir. L'obéissance n'est que le moyen, c'est la volonté personnelle qui est le but. Pour y parvenir il n'existe qu'une voie, c'est de laisser dès le jeune âge les enfants *se guider tout seuls* dans une certaine sphère. Oh ! que nous sommes loin de cette pratique ! Tu mangeras six bouchées, et pas une demie de plus... Tu marcheras sur la pelouse de façon à faire cent pas à la minute, et non davantage, tu suerais... Voilà les choses que nous prescrivons à notre progéniture. Mais est-ce des créatures humaines que l'on élève ainsi, ou est-ce des chevaux de manège que l'on dresse ? Celui qu'on n'a jamais laissé se gouverner lui-même n'apprend qu'à obéir, c'est-à-dire à attendre toujours d'autrui le mot d'ordre. Il devient une machine, bien réglée, si l'on veut, mais qui a besoin d'être montée. Il est bien prêt pour la vie celui qui n'a toujours marché que derrière les jupes de sa mère !

Et quant à nous, que gagnons-nous à agir différemment ? « Si vous n'accordez pas à votre enfant ce degré de liberté légitime que lui rendent nécessaire sa force et son activité, il les emploiera à vous échapper. Manquer au devoir sera alors la preuve et le profit de sa liberté. Il vaut mieux accorder d'avance la somme de liberté que l'enfant est destiné à prétendre un jour, de sorte qu'il la reçoive comme un présent, et que nous puissions y mettre nos conditions. » (1) Nous devons un jour pouvoir dire à notre disciple : Je t'ai formé pour toi, non pour moi. Au lieu de chercher à te maintenir sous mon joug, j'ai voulu t'affranchir le plus tôt possible. Sois digne de la liberté que je t'offre.

Comment franchir la distance de l'obéissance à la liberté ? En procédant graduellement. D'abord forcer l'enfant, par l'obéissance, à prendre de bonnes habitudes ; puis, à mesure que la raison se développe, non pas relâcher l'obéissance, mais rendre de plus en plus rares les occasions de l'exercer, initier petit à petit l'enfant à la liberté, et lui

---

(1) Mme Guizot.

laisser de plus en plus l'initiative de ses actes; enfin ne plus commander que dans des circonstances exceptionnelles : telles sont, dit M. A. Martin, les trois phases de l'éducation sur le point qui nous occupe.

On voit que laisser l'enfant se diriger ne signifie pas le laisser s'égarer. Cela signifie le livrer à lui-même dans la mesure où nous jugeons qu'il saura se débrouiller à son honneur. S'il s'égare nous n'abdiquons point notre droit de le ramener. Fuyons les extrêmes. L'un des extrêmes est dans la pratique déplorable de ne laisser aucune initiative à l'enfant. L'autre extrême serait dans cette parole inconsidérée : Ça le regarde; qu'il s'en tire comme il pourra, je ne m'en occupe pas. Avec gradation et avec précaution, voilà comment doit être conduit l'apprentissage de la liberté.

En quoi laisserons-nous l'enfant libre? En tout ce qui ne sera pas mal.

1° Dans ses *mouvements :* ne jamais le faire marcher quand il veut exercer ses mains, ni l'empêcher de marcher pour lui faire faire autre chose. Veut-il marcher seul : le laisser.

2° Dans ses *jeux :* ne le gêner point dans le choix du jeu; s'il se trouve embarrassé, tout au plus faire des ouvertures, mais sans rien imposer : la liberté dans le jeu est le juste dédommagement de la dépendance en tant d'autres choses. Ne nous exposons pas à une plainte comme celle-ci, dite par un élève à Mgr Dupanloup : Si vous saviez comme ça nous ennuie de nous amuser comme ça!

3° Dans *certains actes :* il y en a où l'enfant n'est exposé qu'à faire peu de fautes; et les actes de cette espèce deviennent plus nombreux à mesure qu'il grandit. Il doit être comme retenu par une chaîne, jouissant de sa liberté dans le rayon de cette chaîne ; mais la chaîne s'allonge sans cesse, et le rayon s'étend chaque jour : un moment viendra où le prisonnier devra être entièrement délié, c'est quand on est à peu près assuré qu'il ne cherchera pas à s'échapper.

4° En *certains moments :* lorsque l'enfant éprouve comme un vague besoin de se gouverner, le laisser poursuivre avec quiétude le cours de son idée et de ses expériences. Lui dire, après qu'il aura joui de sa liberté : Mon ami, toutes les fois que tu voudras user sans mal user, à ton gré. Mieux encore : lui laisser l'emploi libre de certaines heures de la journée, par exemple, après la classe, une partie du temps passé à la maison ; qu'il emploie cette heure à « former quelque dessein, à concevoir et mener à bien certaines entreprises ; » qu'il la consacre même au repos et à la récréation, après avoir déclaré qu'il en sent le besoin. La seule chose à ne pas tolérer c'est de ne savoir que faire de son temps ; c'est de laisser écouler l'heure sans avoir rien fait, même sans s'être amusé. C'est là un défaut commun et déplorable.

5° Dans les *grandes circonstances :* notamment dans le choix du métier et dans la question du mariage.

Il ne suffit pas que l'enfant se décide par lui-même, il faut qu'il sache poursuivre malgré les obstacles. La vie est une lutte, lutte contre les forces de la nature, contre la méchanceté des hommes, contre ceux de nos penchants qui nous détourneraient de notre devoir ou de notre intérêt. Pour lutter il faut être capable d'effort : ainsi l'effort est nécessaire à la fois au succès dans la vie et à la vertu. Nous devons donc tout faire pour favoriser l'*effort* chez l'homme futur. — Comment ?

Si l'effort demandé était pour un début trop difficile, la tâche risquerait de rebuter le faible être, et il en resterait comme une répulsion instinctive pour tout nouvel effort.

Voulez-vous obtenir un grand effort ? Ordonnez à une petite fille de porter un collier de perles, dit un éducateur. Cette boutade cache un sens profond. Nous déployons de l'énergie pour les choses que nous aimons : l'amour engendre le désir, et le désir pousse à l'action. Cela ne veut pas dire qu'il ne faille jamais demander les choses désagréables, le but de l'éducation étant justement de nous amener à les faire au besoin : mais tâchons que l'on trouve quelque plaisir dans chaque déploiement de force.

C'est pour cela qu'il est utile de prendre le bon moment : à certains moments nous ne sommes pas disposés à faire un travail ou un effort que nous serions capables néanmoins de faire l'instant d'après.

Il est vrai qu'il est un peu en notre pouvoir de faire naître ces heureuses dispositions : cela par l'exemple, par la sympathie, et surtout par la gaieté. C'est ce que M[s] Edgeworth met en lumière dans la charmante histoire suivante : « Un père disait à son fils, âgé de trois ans : Saute, William. L'enfant le regarda en silence, et ne bougea point. Il ne comprenait pas le mot, ou n'était pas en train de sauter. Son père ne le reprit point ; mais il se mit à sauter lui-même, avec d'autres enfants qu'il y avait dans la chambre. Le petit William les regarda faire, et s'écria tout à coup : Papa saute ! Son frère le prit alors par la main et le fit sauter deux ou trois fois. William eut ensuite beaucoup de plaisir à sauter tout seul. Si l'on s'était impatienté avec lui, on aurait pu le rendre obstiné. »

Un dernier moyen, plus viril que tous les précédents. Disons à l'enfant : Dans un instant tu auras un travail, un effort à faire. Ramasse tes forces. Dès lors il se prépare à l'effort qu'on lui demande, son amour-propre se met de la partie, il se fera fort.

Ainsi : demander des choses *faciles et agréables*, choisir le *bon moment*, procéder avec *gaieté*, annoncer *à l'avance*, voilà quelques moyens pour susciter l'effort.

Ce qui importe le plus cependant, ce n'est pas l'intensité de l'effort, c'est la continuité des mêmes efforts, autrement dit la *persévérance*. Comment favoriser la persévérance ? Elle se nourrit elle-même, c'est-à-dire qu'après un acte qui a demandé de l'effort, plusieurs autres actes de même nature tendent à se suivre, si on ne leur oppose aucun obstacle trop sérieux. L'un des obstacles les plus perfides, c'est notre froideur et nos railleries. Sachons applaudir au moindre de ses efforts, n'eût-il fait que se hisser sur une chaise : il recommencera. Toutefois gare à l'exagération ; nous sommes parfois portés à admirer le moindre mouvement de son petit doigt : trop de louange relâche. — La véritable, l'unique récompense de l'effort, c'est le succès. Aidons le lutteur à réussir, la louange importera peu alors. S'il peut éprouver une fois la joie intime du triomphe, il sera souvent prêt à recommencer afin de se donner de nouveau une jouissance si douce. En un mot, ayons recours à l'*encouragement* jusqu'à ce que la joie de réussir soit connue ; sitôt ce bonheur ressenti, n'ayons plus recours qu'au plaisir même qu'amène le *succès*. Nous ne serons pas toujours là pour louer l'enfant, tandis que le succès sera toujours au bout de ses efforts.

Et s'il ne réussit pas ? L'effort, souvent répété, est à lui seul une jouissance. L'enfant n'ira pas loin sans s'en apercevoir, surtout si vous tenez toujours compte de sa bonne volonté, fût-elle impuissante. Quand le jeune homme sera arrivé à comprendre cette grande loi, à savoir que l'activité est à elle-même son aliment et sa récompense, il sera en état d'acquérir la plus grande somme d'énergie et de persévérance que comporte son tempérament.

Il est entendu que nous devons mettre l'homme à former de moitié dans l'éducation que nous lui donnons, lui montrer la beauté ou la misère qu'il y a à n'avoir pas ou à avoir une volonté ; lui dire qu'il y a de l'honneur à avoir de la force, et que la force c'est la volonté ; que la fortune n'est pas à nos gages, mais que nous pouvons être les maîtres de notre volonté ; que par elle nous le sommes de nos actes, et par conséquent en partie de nos destinées ; qu'il est plus beau de se faire sa destinée que de la subir. Après de pareilles considérations, il comprendra la majesté de ce mot : Je suis homme, et non girouette, — son cœur battra, et les plaisirs lui paraîtront misérables, auprès de la mission de se gouverner (1).

## 6. Comment corriger les défauts de volonté

Chaque homme a son défaut de volonté.

1. L'un agit avant d'avoir réfléchi : il se décide, comme on dit, à l'étourdie, à la légère. Il est *léger,* ou *étourdi,* c'est la même chose.

2. L'autre, au contraire, réfléchit trop, et n'agit point. Il ne peut se décider, il n'a pas la force de prendre son parti. C'est l'*irrésolu.*

3. Un troisième n'a pas la force de faire. Il réfléchit, il prend des résolutions, mais jamais il n'exécute. Il manque de ressort. Il est *faible.*

4. Cette femme veut une chose, puis aussitôt une autre. Ce n'est pas la réflexion qui lui manque, ni la décision, ni même l'énergie, c'est la consistance. Elle aime le changement. Elle est *inconstante.*

---

(1) Autres occasions de fortifier la volonté : dans la lutte contre la peur ; contre la souffrance ; contre la colère ; contre les penchants mauvais ; voir ces chapitres.

5. D'autres enfin, ce ne sont pas les plus nombreux, persistent malgré tout dans leur idée, alors même qu'elle serait mauvaise. Ils sont incapables de changer de résolution. Ce sont les *obstinés*.

1. Le monde est singulièrement indulgent pour l'homme *léger*, parce que souvent il a une intelligence vive et des manières aimables. Il n'y a guère de défaut plus à redouter. Quel est cet individu que je vois là en mauvaise posture devant un autre qui semble l'apostropher et le mettre mal à l'aise ? C'est un homme point méchant, mais à la cervelle légère ; il lui a échappé une parole irréfléchie, une satire mal fondée : c'est de quoi il est repris. Il est léger, il a été sot. Quel est celui-là dont les journaux ont tant parlé ces jours derniers, et qui est tombé dans une erreur si préjudiciable à ses intérêts? Il ne manquait pas d'intelligence, mais de tête. Il n'a pas réfléchi, il n'a pas calculé. Il était léger, il est à plaindre. Que sont cette femme en pleurs et ces enfants en haillons? Le chef de famille était intelligent et il n'avait pas méchant cœur. Mais il n'a pas su bien employer son temps, bien gérer ses affaires. L'embarras lui a fait commettre une légèreté (1). Il est en fuite, les siens sont ruinés et déshonorés. Il était léger, il est odieux. Imbécile, misérable et néfaste, voilà l'homme léger, celui que le monde penche à trouver charmant et pimpant. Dieu et l'éducation nous gardent de faire

(1) Lisez une « indélicatesse, » lisez un « vol. »

cadeau d'un pareil pantin aux familles et à la société.

Le moyen de corriger l'enfant léger ? « La légèreté vient de ce que l'on *préfère l'action à la réflexion :* il faut donc peu à peu habituer à réfléchir, pour fortifier l'activité intérieure de la pensée, condition d'un bon emploi de toutes les forces. » Tout est là. — Si la préférence pour l'action vient du vif besoin d'agir, on doit tâcher de modifier le tempérament, de façon qu'il soit satisfait avec une activité modérée. — Si cette préférence vient, comme c'est le cas le plus fréquent, d'une répugnance marquée pour la réflexion, c'est une infirmité d'esprit qui demande à être traitée comme une infirmité de corps. Toute maladie se guérit par un traitement suivi : il faut ici aussi un traitement, c'est-à-dire un *exercice direct et continu de la faculté d'attention.* L'attention, voilà en effet le remède à la légèreté. L'enfant sera exercé à faire attention, d'abord après l'acte, puis avant. « Il s'est décidé sans savoir pourquoi, a opéré sans savoir comment. Ce pourquoi, ce comment, il peut du moins les connaître après avoir agi. » En effet alors il n'est plus pressé et absorbé par l'action. Il constatera souvent qu'il a mal fait, qu'il aurait pu s'y prendre de façon plus adroite. Si j'avais pensé à cela, se dira-t-il, je n'aurais pas agi ainsi. Après qu'il aura été amené à faire de pareilles réflexions, c'est à nous d'ajouter : Tout acte a ainsi des suites, bonnes ou mauvaises. Et une fois l'acte accompli, il est trop tard. C'est avant qu'il faut calculer, pour éviter les sottises que tu payes si cher. Sache-le, tu n'as pas cette qualité qui consiste à réfléchir avant d'agir. Tu dois en prendre l'habitude, au lieu de tirer de l'étourderie un motif de vanité, comme ceux qui s'écrient gaiement : Oh! que je suis étourdi! — Mettons après ces paroles l'enfant en face d'un problème de conduite très simple. S'il se décide à l'aveuglette, un mot pour lui faire saisir la considération qui lui échappait. — Graduer et répéter ces exercices.

Le jeu lui-même peut venir en aide, quand il captive l'attention, comme le damier, les échecs, etc : le désir de vaincre enchaînera l'esprit mobile, et la nécessité de calculer les suites d'une démarche forcera de réfléchir.

Ce qui vaut encore mieux, c'est une même règle appliquée constamment : « Car c'est la règle qui retient et maintient ; c'est la règle qui fixe ces mobiles natures, qui les accoutume à l'effort, qui les oblige à s'observer, à se vaincre ; qui leur donne de l'ordre, de la suite, de la constance, du sérieux. »

2. L'enfant peut être *irrésolu* par l'effet d'une intelligence lente ou d'un caractère craintif : il faut dans ces cas agir sur son caractère, pour lui communiquer du courage et de la hardiesse, et sur son esprit, pour le rendre plus vif et alerte. — Mais l'irrésolution peut venir aussi du manque de volonté : c'est alors un mal plus profond. On doit dans ce cas exercer la volonté directement. Le moyen ? Il est certaines circonstances où l'irrésolu manifeste une volonté : multiplions ces circonstances favorables. Il en est d'autres où il se

montre indécis : évitons-les, de cette façon la volonté n'aura pas l'occasion de s'affaiblir, et aura le temps de reprendre des forces... Si l'on n'a pu éviter la circonstance qui provoque la crise, par un acte d'autorité on doit briser l'irrésolution : il vaut mieux ôter la liberté que la laisser se compromettre.

Plus tard, combattre directement l'irrésolution : créer des situations où l'indécis sera forcé de se déterminer tout seul ; ne pas lui permettre même de venir vous consulter dans son embarras ; surtout ne pas tolérer qu'il s'abandonne à une longue rêverie dans le vide. Vite à l'action. Décide-toi promptement d'un côté ou de l'autre. Pas de temps à perdre. — Pendant l'exécution, l'indécis songe encore ; il se dit que peut-être il eût mieux fait de prendre un parti autre. Trop tard, lui direz-vous. On ne retourne pas en arrière comme un fuyard.

L'irrésolution peut être accrue par notre faute. Tel enfant est irrésolu parce qu'il est docile, parce qu'il s'est contenté de faire, les yeux fermés, ce que lui commandaient ses parents, parce qu'il n'a jamais songé à suivre sa volonté. Aux enfants d'une telle docilité nous devons commander le moins possible, et donner le plus possible de liberté. Il s'agit d'une liberté réelle, et non de cette liberté apparente et vaine que nous nous imaginons leur accorder en agissant adroitement sur leur esprit, de façon qu'ils se trouvent acculés à un seul parti : étrange liberté que celle d'un homme enfermé dans un cercle, avec une seule issue pour en sortir ! Autre liberté mal comprise : s'il va à gauche, nous lui montrons les raisons d'aller à droite (sans rien ordonner); s'il va à droite, les raisons d'aller à gauche : le malheureux ne sait plus où aller... C'est là paralyser sa volonté sous prétexte de l'éclairer. Laissons-le donc lui-même examiner ses raisons.

Il est clair que notre propre exemple a aussi une grande influence sur le caractère de décision ou d'indécision de l'enfant. « Rien n'en impose autant à l'enfant et à l'homme que l'expression de la force. Cette mimique de la volonté contenue, et d'autant plus maîtresse d'elle-même, la tête droite, l'attitude verticale, l'œil ouvert et clair, le visage calme, le geste sobre et décidé, » tout cela exprime et communique par contagion l'esprit de décision.

Enfin rien ne vaut quelquefois comme de sentir le ridicule de nos défauts. Voici le portrait vivant et achevé de l'irrésolu, peint d'après nature par M. Legouvé. (1) Un employé des finances parle à sa femme. — « Marie, me conseilles-tu de prendre mon parapluie ? — Fais comme tu voudras, mon ami. — Crois-tu qu'il pleuve ? — Je n'en sais rien, mon ami. — Allons ! je l'emporte. — Tu fais bien, mon ami. — Mais s'il ne pleut pas, il me gênera. — Eh bien, ne l'emporte pas. — Mais s'il pleut, je serai mouillé. — Alors emporte-le. — Tu es insupportable. Emporte-le... ne l'emporte pas... Que diable! on a un avis. Crois-tu que je ferai bien de l'emporter ? — Oui. — Eh bien, alors je l'em-

(1) Legouvé. Nos filles et nos fils.

porte. Cependant le baromètre a remonté depuis ce matin... le ciel s'éclaircit... Si le temps devient beau, je ne penserai plus à ce diable de parapluie, et je le perdrai. Ah ! ma foi ! décidément (décidément est le mot favori des irrésolus), je ne l'emporte pas!.. Le voilà parti. Mais, en passant dans l'antichambre, il a vu son parapluie, il le prend, et... et arrivé en bas, il le dépose chez le concierge. » Que nous contions cette histoire à l'irrésolu, et que dans ses crises d'indécision nous lui rappelions l'homme au parapluie, il se rira au nez et se décidera.

Toutefois ne l'oublions pas : le raisonnement seul fera peu ; ce qui importe, c'est l'habitude.

3. La *faiblesse*, le manque de ressort, vient en partie du tempérament : c'est sur le tempérament que l'on devra agir. Le sang, chez les individus faibles, est mou et lent : il faut, par un régime hygiénique approprié, lui donner de la vivacité et de la vigueur. En outre, si le faible agit peu, c'est surtout parce qu'il est peu sensible : tant que cette insensibilité n'aura pas disparu, la faiblesse subsistera. Quand je dis insensibilité ce n'est pas tout à fait exact : il est peu de gens qui n'aient leur endroit vulnérable, par où ils se laissent prendre et mener (v. p. 193). Il nous importe de découvrir cet endroit caché, et de nous en faire un point d'appui pour de là entamer la conquête de tout le terrain. Quand même ce serait la gourmandise, la coquetterie ou l'amour-propre, c'est

malheureux, mais il faudrait y avoir recours, provisoirement, pour rendre l'apathique sensible à quelque chose et capable de quelque effort. Dès qu'il aura par des expériences répétées éprouvé le plaisir d'agir et de réussir, on le prendra directement par ce plaisir, qui est le seul bon, et l'on cessera désormais de s'adresser aux penchants vicieux auxquels d'abord on avait eu recours (il faudra même défaire ce que l'on a fait, réprimer ces penchants vicieux que l'on a favorisés, tout expliquer à l'opéré, lui dire : Je me suis adressé à tel mobile, pour tel motif ; c'était humiliant pour moi et pour toi ; mais désormais tu es plus fort, etc.).

Voici une idée de la manière dont peuvent être conduits ces exercices d'effort et de volonté. On donne à l'enfant des tâches à accomplir. Qu'il sache commencer et qu'il sache continuer. Qu'il ne laisse jamais un travail inachevé. S'il rencontre un obstacle, ne lui permettez pas de reculer, piquez son amour-propre. Tu as voulu commencer, lui sera-t-il dit, tu dois achever. Tu ne voudrais pas que l'on pût dire que la difficulté t'a vaincu. Au besoin allez à son secours, et tous deux travaillez ensemble. Lorsqu'il aura réussi, vous lui direz : Tu vois que rien n'est impossible à la persévérance. — Pour voir si cette expérience et si ces paroles ont produit leur effet, faites-lui entreprendre un travail où il rencontrera des difficultés. S'il faiblit, allez à lui, soutenez-le un instant ; ensuite laissez-lui le plaisir de poursuivre et d'achever seul. Plus tard, instruisez-le d'exemple lorsqu'il sera d'âge à vous comprendre. Ne faiblissez jamais vous-même dans votre conduite ; qu'au moins votre confiance ne paraisse jamais ébranlée, même au sein du malheur. Les difficultés que pourra rencontrer un enfant ne peuvent être que légères, tandis que celles qui assaillent la vie du père de famille sont sérieuses. Exposez à votre élève la situation où vous vous trouvez ; dites-la avec calme et sang-froid ; puis ajoutez que vous ne perdez pas courage ; que vous vous remettez à l'œuvre. Faites connaître au fur et à mesure les moyens que vous employez pour sortir d'embarras. Tâchez de l'associer par la pensée à toutes les phases d'une lourde affaire. Il verra agir, et sa volonté se fortifiera. (Faire en outre ce qui a été dit sur la persévérance).

4. *L'inconstance* vient de l'esprit ou du cœur : de l'esprit quand il est sans cesse à raisonner, alors qu'il faudrait exécuter ; du cœur quand il change d'aspirations par caprice et sans motif réel.

L'inconstant par défaut de l'esprit. Il faut le pousser à bout et ne lui permettre d'abandonner jamais sa pensée ; il voudrait changer d'idée, forcez-le de poursuivre. Tant pis s'il a pris ou croit avoir pris une mauvaise détermination : à l'avenir il réfléchira mieux. Mais que cette fois il aille jusqu'au bout. C'est ici surtout qu'importe la force des convictions.

L'inconstant par défaut du cœur. Même marche que pour l'irrésolu : 1° Eviter les occasions où il serait incité à changer de désir : « Ne souffrez pas, dit Liebrich, que dans un instant il veuille une chose, et qu'un instant après il la refuse. Qu'il sache bien ce qu'il demande avant de demander, et quel usage il veut en faire. Quand vous lui offrez une chose, et qu'il la refuse, ne lui offrez pas une seconde fois. Il doit savoir aussi bien pourquoi il refuse, que pourquoi il demande. »

2° Quand il a pris un peu de constance, l'éprouver et le fortifier graduellement en le soumettant à diverses tentations de changer qu'il écartera.

En d'autres termes, fortifier d'abord en écartant les obstacles, ensuite aguerrir en faisant vaincre des tentations graduées. (Voir p. 194, et aussi ce qui est dit sur l'égalité d'humeur et sur la colère).

5. *L'obstiné,* quelquefois durement qualifié d'entêté, vaut pourtant mieux que les légers ou que les faibles : au moins il veut ce qu'il veut. Il n'y a qu'à l'amener à vouloir ce qu'il doit : c'est dire qu'ici l'effort de l'éducation doit porter non sur l'énergie, puisqu'elle existe à un haut degré, mais sur la conscience, afin qu'elle dirige toujours droit cette force qui a besoin d'agir et d'aller... On aura beaucoup fait en combattant l'égoïsme, qui engage dans la mauvaise voie, et l'orgueil, qui y maintient par la fausse honte. Ensuite, comme toujours, combattre le défaut directement. L'obstination doit sa persistance à l'exercice et au triomphe : d'où la nécessité de ne la laisser ni triompher ni s'exercer.

Comment ne pas la laisser s'*exercer*. Prévenir ou empêcher les accès. Si on n'a pu les prévenir, les rendre courts. Non par des paroles (plus nous déployons de discours, de caresses, de menaces, plus il attache d'importance à demeurer inexpugnable) mais par un acte d'autorité, en le traitant comme un être qui a perdu l'usage de sa liberté.

Comment ne pas la laisser *triompher*. Lorsque l'entêtement ne doit nuire qu'à l'entêté, le laisser, après l'avoir averti, faire l'expérience à ses dépens; si l'expérience ne peut se faire qu'aux dépens d'autrui, imposer le pli par un ordre formel, et mettre dans l'impossibilité de désobéir.

Comment faire triompher la *vraie* volonté. Par des épreuves graduées, habituer l'obstiné à changer de direction quand les circonstances l'exigent, à se retourner à l'appel du devoir et de la raison.

En résumé, gardons-nous de briser chez les forts l'énergie : il faut la conserver pour la tourner au bien. Commandons-leur peu, tâchons de les amener à vouloir eux-mêmes le bien, à apporter quelque ménagement et un peu de politesse dans les relations civiles : ils cesseront d'être farouches et resteront forts.

# IV. — L'ENFANT BON

*« Il s'agit ici non de cette bonasserie vulgaire dont personne ne profite, mais de cette bonté vraie et active qui répand le bien, et qui a sa source dans l'amour. »*

**On fait acquérir toute espèce de qualité en la faisant pratiquer, aimer, comprendre.**

**Pour être réellement bon, l'enfant doit aimer ses parents, ses frères et sœurs, ses camarades, tous les hommes en général, les pauvres et les souffrants en particulier; son amour se manifestera au dehors dans sa politesse; enfin il traitera les animaux avec douceur.**

## 1. Règle unique et universelle pour développer toutes les qualités

Que de qualités à développer! La multitude des moyens m'effraye. — Mais si ces moyens étaient les mêmes pour cultiver n'importe quelle qualité ? Comme ce serait commode de pouvoir se dire : Je n'ai qu'à appliquer une même règle dans tous les cas ; en suivant cette règle, très simple, je ne risque pas de me tromper.

Essayons. Il me semble que, pour développer soit les habitudes, soit l'obéissance, soit la volonté, j'ai eu recours à des procédés qui sont au fond les mêmes. Qu'ai-je vu? Qu'il faut d'abord pratiquer. Il serait étrange, en effet, d'acquérir une qualité quelconque sans la pratiquer. Ensuite? Si une pratique nous déplaît, nous la rejetterons aussitôt qu'on nous laissera libres de la rejeter. Mais si la pratique nous plaît nous avons chance de la continuer. A moins que nous ne découvrions un jour que la pratique est mauvaise, quoique agréable : si notre raison condamne nos habitudes et nos sentiments, elle tendra à nous en faire changer; au contraire c'est un précieux appui pour nous que d'être soutenus par notre raison, de penser que notre devoir est d'agir ainsi que nous agissons. — Ah ! j'ai trouvé !

Faire *pratiquer*, faire *aimer*, faire *comprendre,* tout est là. Voilà la règle infaillible et simple que je cherchais.

Cette règle doit être appliquée en sens inverse selon qu'il s'agit d'une qualité ou d'un défaut.

Pour développer une qualité : faire naître et multiplier les occasions de la pratiquer, en donner l'exemple, rendre heureux quand on la pratique, favoriser le succès, et recommander de continuer en s'adressant à la conscience.

S'il s'agit de combattre un défaut : ne pas en donner l'exemple, lui éviter les occasions de s'exercer, lui ménager la défaite, la lassitude et le désagrément toutes les fois qu'il reparaît, lui faire honte de lui-même en lui faisant comprendre combien il est injuste et odieux.

En d'autres termes, tirer des instincts de l'enfant, qui sont des forces mises à notre disposition, le meilleur parti possible, en écartant celles qui sont hostiles, et en s'appuyant sur celles qui sont favorables.

## 2. L'amour filial

Aimez, et exigez que l'on vous aime. Toute l'éducation de l'amour est là

1. *Aimez.* Est-il besoin de le dire à un père et à une mère ? Oui, car on ne sait pas toujours éviter les souffrances inutiles infligées aux enfants, les dures paroles, les injures, les mauvais traitements (voir pages 146-149, 173-178); on ne sait pas éviter les taquineries déplacées, comme des cheveux tirés, pour rire; on ne sait pas éviter les plaisanteries de mauvais goût, comme celle-ci : Je ne t'aime plus.... Voulez-vous l'emmener ? Nous ne voulons plus le garder.

Aimez avec votre cœur et avec votre raison, et non avec vos nerfs. Tu m'aimes bien, mon petit chéri, dit-on cent fois à son petit. Et on le mange de baisers passionnés. Cet amour de chair n'est pas le bon. L'enfant ne sait comment répondre à cette sensibilité maladive. Il s'accommoderait bien mieux d'un amour gai.

En outre, quand on aime ainsi, c'est le plus souvent avec injustice : je veux dire que l'on chérit ceux qui savent se faire choyer, les aimables, les gentils, et que les autres.... Justice ! Justice !

Autre injustice : on épuise dans les deux premières années toute la tendresse dont on était capable; il n'en reste plus lorsque l'enfant, ayant perdu un peu de son charme, arrive à six ou sept ans. Les grâces diminuent, le babil devenu plus courant est moins amusant et ne tarde pas à fatiguer. Il se fait une espèce de vide auprès du petit dieu d'autrefois. Ce changement, qu'il croit n'avoir point mérité, le rend triste et réservé. Ah! n'adorons pas trop le Roi Bébé, aimons assez la Victime Enfant. Aimons l'être humain au moins autant que la poupée amusante. Aimons-le davantage à mesure qu'il grandit : à l'âge où on le couvre de baisers il y est moins sensible que lorsqu'il en est privé.

Je veux aimer mes enfants d'un amour vrai : si je pousse un frêle être à des études précoces, c'est pour satisfaire ma vanité, aux dépens de sa santé et de son avenir ; si je l'accable de cajoleries dans un salon, c'est pour être regardé ; si je garde au bal une folle d'enfant jusqu'à minuit, c'est toujours pour mon plaisir. Il n'existe qu'une seule manière d'aimer l'enfant, c'est de l'aimer pour lui. Conséquence : tout ce qui sera nécessaire à sa santé, à sa moralité et à son bonheur, je le ferai : ainsi, autant que possible, le nourrir chez nous, au milieu des caresses de la mère et du père ; le garder à la maison aussi longtemps que possible, au lieu de l'enfermer, à l'âge de cinq ou six ans, dans une de ces pensions où je ne le verrais que de loin en loin ; enfin, si je ne veux pas apporter un bonbon chaque fois que je rentre, cela ne doit pas m'empêcher d'être gentil avec mes enfants : c'est une condition pour en être aimé. « A tout âge, qui ne le sait, dit M. Pérez, les petits cadeaux entretiennent l'amitié, et malheur à l'affection qui ne se traduit pas par des bienfaits ! L'enfant ne vend pas son affection, mais il l'échange contre des procédés flatteurs pour ses sens, son biberon donné, un bonbon accordé, un oiseau montré, un chiffon ou une image, une chansonnette, une drôlerie gaie, une cavalcade sur le genou, enfin toute manière de mêler l'agréable à l'utile. »

Trop d'enfants ne se plaisent qu'avec leurs camarades, au lieu d'aimer la compagnie de leurs parents : une fois entrés dans cette voie, c'est au dehors qu'ils cherchent toujours leurs petits plaisirs, et c'est autant de perdu pour l'affection filiale. Comment empêcher les enfants de s'ennuyer avec nous ? En les amusant, et en nous amusant avec eux. Cela est possible sans s'abaisser, sans rien perdre de sa dignité. On peut se faire enfant sans faire l'enfant. Un père ! une mère ! ils peuvent être des compagnons de jeu, ils resteront toujours, s'ils savent s'y prendre, des personnages sacrés. — Un autre moyen de relever les divertissements, c'est de faire partager les nôtres à nos enfants. Ils viendront à nos promenades, à nos parties de plaisir ; ils se sentiront honorés de devenir nos partenaires. Cela est plus dans notre rôle : les enfants prenant part aux plaisirs des parents, plutôt que les parents prenant part aux plaisirs des enfants.

Et puis de la liberté et de la gaieté. Que nos enfants se sentent à l'aise avec nous. Si nous voulons qu'ils restent volontiers dans notre société, nous devons leur rendre agréable cette société. Oh ! qu'il est triste de voir un fils trembler devant son père ! désirer comme une délivrance le moment où il échappera de sa présence ! Je ne veux pas que mon enfant raisonne comme il suit : Tant que je suis avec mes parents, immobilité et silence forcés ; aussitôt que je suis avec les autres, liberté illimitée. Je veux qu'il puise penser : Nulle part et jamais je ne me trouve aussi à l'aise qu'avec mon père et ma mère. Avec eux je puis tout faire, rire, chanter, sauter, parler, pourvu que je ne fasse pas mal. Pour cela soyons avec l'enfant comme avec une personne du monde : souriants, et non grondants sans relâche. Nous prêchons trop nos enfants. Quand nous n'avons rien à commander, rien à reprocher, soyons avec eux comme avec les autres : c'est le point capital, non compris par beaucoup de parents. Causons avec eux comme avec des hôtes, des amis et des égaux. « La conversation libre et enjouée les forme toujours, fait éclore l'esprit qu'ils ont, leur communique le nôtre, » et surtout leur inspire plus de bons sentiments que tous nos sermons et tous nos reproches réunis. Songez donc : ils nous aiment alors et comme parents et comme amis ! on ne saurait trop songer à la profondeur de ces mots : parents et amis. (Ami ne signifie pas complice; et, l'enfant ne cesse pas de nous aimer quand nous le punissons justement : au contraire.)

Plus tard je suivrai les excellents conseils donnés par Locke : « Le père fera bien, lorsque son fils aura grandi et sera en état de le comprendre, de lui demander son avis, de le consulter sur les choses qu'il connaît et dont il a quelque intelligence... S'il rencontre juste, suivez son sentiment comme venant de lui, et, si l'affaire réussit, laissez-lui l'honneur du succès. Par là vous n'affaiblirez pas le moins du monde votre autorité, mais vous accroîtrez son amour, son estime pour vous... Bien des pères ont le tort de cacher l'état de leurs affaires, avec autant de soin qu'on en mettrait à défendre contre un espion ou un ennemi la connaissance d'un secret d'Etat... Il n'y a rien qui cimente, qui consolide l'amitié et la bonne intelligence, comme la confidence réciproque de ses intérêts et de ses affaires. Toute autre marque d'amitié, si celle-là fait défaut, laisse encore des doutes; mais lorsque votre fils verra que vous lui ouvrez votre cœur, que vous l'intéressez à vos affaires, comme à des choses qui, selon votre désir, doivent un jour passer dans ses mains, il y prendra part comme à ses intérêts propres; il attendra patiemment son tour et en attendant il aimera un père assez avisé et assez bon pour ne pas le tenir à distance comme un étranger. »

2. Il ne suffit pas d'aimer les enfants, il faut *s'en faire aimer*. Pour cela prenez-vous y de bonne heure. A six ans le cœur enfantin a pris son pli : s'il n'a pas aimé, difficilement il aimera. — Il débute d'abord par sourire; ensuite il aime les caresses; puis il les rend; enfin il apprend à se priver pour faire plaisir à ceux qu'il aime. Voilà dans quelle gradation doit se développer l'amour filial.

*Caresses*. Habituez l'enfant dès l'âge de six à huit mois à vous donner des baisers, à faire des sourires et des gestes amicaux (v. p. 143); plus tard à vous embrasser matin et soir, à vous souhaiter le bon jour et la bonne nuit; à vous sauter au cou au retour d'une absence, etc. — Je ne veux pas l'y obliger, dira cette mère romanesque ; je veux qu'il le fasse de son propre mouvement. — Et s'il ne le fait pas ? Vous le laisserez libre de ne pas prendre une bonne habitude ? Faites-la lui contracter d'abord : ensuite il continuera avec plaisir et de son gré. Si parfois il oublie, ne dites rien ; mais lorsqu'il demandera une faveur, accueil froid : il sera étonné, vous lui expliquez votre motif, et, selon le cas, vous accordez ou refusez.

*Actes et sacrifices.* C'est ce qui importe surtout. Grande loi, souveraine et universelle : l'amour s'accroît en s'exerçant, comme l'être grandit en mangeant. Il faut donc lui donner l'occasion et lui procurer les moyens de s'exercer : il trouvera dans l'acte accompli un vrai plaisir, et ce plaisir, une fois ressenti, l'excitera à répéter le même acte. Exemples : demander des services pour récompenser l'enfant de sa bonne conduite ; se faire aider dans un travail de ménage, dans une fatigue, dans un transport de fardeaux ; accepter les petits sacrifices qu'il s'imposera volontairement, comme, dans une de nos maladies, la privation de plaisirs, de sortie, de sommeil, etc. Acceptons ! le meilleur moyen d'inspirer le dévouement c'est de l'accepter ; et il faut avoir une grande âme et délicate pour savoir accepter. Ne disons pas : C'est dans ton intérêt, à moi cela m'est égal, ce qui est faux et bête, mais plutôt : C'est dans ton intérêt, et aussi pour mon bonheur. En face d'un obligé on se sent heureux : faisons croire à nos enfants que nous sommes leurs obligés, ils seront infiniment heureux, et ils recommenceront.

Gardons-nous d'ailleurs d'être trop exigeants. Les efforts disproportionnés aux forces ménagent des défaites. Ce point, d'une importance capitale, est souvent oublié. Les efforts du cœur doivent être gradués comme ceux du corps : on ne fait point courir qui ne sait se tenir sur ses pieds.

De même il ne faut pas exiger trop tôt. Nous ne pouvons pas attendre de l'enfant qu'il éprouve des émotions au-dessus de son âge : nous ne devons par conséquent pas lui faire étaler un sentiment qu'il n'a pu ressentir. Une autre faute, encore presque universellement commise : ce que nous éprouvons, il nous semble naïvement que l'enfant doit l'éprouver comme nous. Nous donnons notre sentiment à la place de son sentiment, notre émotion à la place de son émotion, quand tout devrait venir de lui, c'est-à-dire de la nature. Or lorsque nous voulons ainsi obtenir des vertus toutes formées, il arrive de deux choses l'une : ou l'enfant refuse (et alors son cœur s'endurcit), ou il agit sans qu'il ait éprouvé (d'où l'hypocrisie). Cela parce que nous nous faisons illusion sur ses forces, ou parce que, ignorant les lois de la nature, nous nous obstinons à demander plus pour avoir moins. Puis, quand la vérité nous crève les yeux, autre faute : nous blâmons l'enfant de son sang-froid là où nous nous attendions à une émotion; mais « rien ne gêne davantage les enfants que cette surveillance continuelle de leur sensibilité; » nous nous abandonnons à notre douleur; mais « rien ne dessèche le sentiment comme la vue d'un malheur qu'on ne comprend pas. » Laissons donc mûrir le fruit : or ce qui fait mûrir, c'est le temps et le soleil, et non notre griffe. Notre impatience souvent gâte tout.

3. *Comment faire comprendre le devoir*

*filial*. Le père l'expliquera envers la mère, et la mère envers le père. On ne peut pas soi-même rappeler ses bienfaits. La mère ne peut pas dire : C'est moi qui vous ai nourris de mon sang et de mon lait, c'est le père qui l'expliquera. Le père ne peut pas dire : C'est moi qui vous nourris aujourd'hui par mon labeur, c'est la mère qui le rappellera à ceux qui seraient tentés de l'oublier. Dès que l'un d'eux se verra l'objet d'une préférence, au lieu de mal user de ce triomphe, il dira : Il n'est pas juste que vous m'aimiez plus que lui (ou plus qu'elle) ; vous devez nous aimer également, vous avez la même dette envers lui (ou elle) qu'envers moi.

Sachons aussi donner le bon exemple en respectant et en chérissant nos vieux parents. Caressons-les, apprenons à nos enfants à les caresser. Ah ! ce ne sont peut-être pas les petits qui ont le plus besoin de nos caresses. — Si par malheur les aïeuls sont morts, nous vénérerons leur mémoire, nous garderons le culte de leurs tombeaux, nous raconterons leurs vertus.

### 3. L'amour fraternel

La sœur aînée est plus belle, ou passe pour telle. Pour elle les meilleures toilettes, les petites attentions, les caresses et les flatteries. Tout ce qu'elle fait est bien. Tout ce qu'elle dit est parfait. Elle frappe sa sœur plus jeune, c'est une belle action. La cadette n'est pas la chérie. A elle les robes usées de sa sœur. Pour elle tous les mépris ; elle est paresseuse, elle est méchante, elle est dégoûtante. A table, si elle mange autant que l'autre : Tu avales trop, lui dit la mère, tu auras une indigestion... — La sœur aînée s'est mariée. Quand elle vient voir ses parents elle prend à l'égard de la Cendrillon des airs d'impératrice et de justicière : Charlette, apporte-moi ceci ; — Charlette, fais-moi cela. — Oh quel désordre dans la garde-robe ! Quelle saleté dans cette chambre! Et la mère de réprimander et de mépriser celle qui cependant fait aller tout le train du ménage (quand une mère n'aime pas, quand elle a des préférences, elle est plus cruelle et plus injuste que ne serait n'importe quelle étrangère). Il suffit de voir une fois ou de s'imaginer un pareil tableau pour avoir en horreur l'injustice et l'inégalité. Voici quelques règles de conduite pour éviter une si lamentable éducation.

1° *Ne rien faire soi-même qui puisse engendrer la jalousie.* Egalité complète dans les vêtements, dans la nourriture, dans les plaisirs. Quand l'un reçoit une faveur, que les autres la reçoivent également. Egalité surtout dans l'amour et les caresses. Le poupon d'un an est bercé, dorloté, accablé ; on lui dit : Mon petit ami, mon ange, mon trésor... L'enfant de sept ans, qui est là à côté, oublié et délaissé, s'écrie à la fin : Et moi, je ne suis donc plus votre ami ? Il ne fallait pas provoquer un pareil cri. Egalité dans l'estime et l'approbation (sauf l'estime particulière que mérite celui qui fait de grands efforts pour se corriger de quelque violent défaut). Ne jamais dire : J'aime mieux ta sœur, elle est plus sage. Quand il y a à louer, dire simplement : C'est bien, sans ajouter : C'est mieux que tel. Point de comparaisons désobligeantes, surtout à propos de qualités où nous n'avons nulle part. Un garçon vous paraît un prodige à six mois. Quelle différence avec Julie ! Julie ne faisait pas cela ! Julie n'était pas si aimable ! Julie ne riait pas à cet âge, etc. Faites ces remarques pour en tirer parti dans l'éducation, mais ne les dites pas.

N'ayez jamais recours à la jalousie pour faire agir. Un petit ne veut pas manger : Tiens, lui dit-on, ton frère mangera. Et le petit prend pour ne pas laisser à son frère (faute commise par les trois quarts des mères). Il aura des prix, et toi rien : parole au fond méchante de la plupart des pères. Un enfant brigue les faveurs des personnes qui l'entourent ; survient un autre qui accapare l'attention : alors dépit du vaincu, et rires moqueurs de l'assistance. On embrasse le vainqueur avec affectation pour mieux jouir de la confusion du jaloux. C'est ainsi que l'on joue avec une passion à empoisonner la vie.

2° *Ne rien permettre aux enfants qui les irrite les uns contre les autres.* Dans certaines familles on laisse l'aîné exercer une espèce de commandement sur les puînés. Ceux-ci sont blessés dans leurs sentiments d'égalité, c'est-à-dire de justice. Ce n'est pas à lui de nous commander, pensent-ils. Cela produit aussi un mauvais effet sur celui qui ordonne : il s'imagine être le supérieur de ses égaux. Dans d'autres familles c'est l'inverse : les plus âgés sont sacrifiés aux plus jeunes, sous prétexte qu'ils doivent être plus raisonnables ; ils sont considérés comme les jouets des autres, lesquels deviennent ainsi des despotes égoïstes, capricieux et insupportables. La justice pour tous ! Ni le plus grand ni le plus petit ne doit être ni victime ni bourreau. Par suite nul ne doit être non plus dénonciateur ni surveillant. C'est lui qui a gâté ceci, qui a cassé cela, etc. Ne permettons jamais un pareil langage. Que l'aîné devienne le conseiller, le guide et le protecteur des autres, voilà le vrai rôle de chacun.

Point de taquineries entre eux : l'un tire les cheveux, l'autre donne une chiquenaude, le troisième une poussée, etc. Empêchons toute moquerie : Toi tu ne peux pas dire les r. — Toi tu as le nez crochu. — Ah ! ah ! papa t'a grondé. — Bon ! tu t'es trompé, etc.

3° *Quand vient un nouvel enfant, empêcher de naître la jalousie.* D'abord l'annoncer décemment. Au lieu de dire : Bientôt, bientôt, petit gâté, tu ne seras plus seul à recevoir les caresses de ta mère, il faudra bien qu'elle s'occupe du nouveau venu, elle t'oubliera, et autres sottes paroles qui font haïr le pauvre innocent avant qu'il ait paru, parlons ainsi : Tu auras un petit qui sera à toi, que tu caresseras et que tu amuseras. Ce sera une propriété, un bien nouveau dont tu entreras en possession.

Seulement, une fois arrivé, le nouvel être pourra sembler moins un joujou qu'un rival.

L'ancien cessera d'être le seul objet de prédilection. « C'est le nouveau-né qu'on tient sur les genoux et dans les bras... Souvent négligé, tandis que l'activité de sa mère sera entièrement consacrée à celui qui ne peut s'en passer, il la verra lui parler, il la verra lui sourire comme naguère on ne parlait ou ne souriait qu'à lui. En même temps, des défenses et des réprimandes jusqu'alors inconnues l'obligeront à sacrifier quelque chose de sa liberté à celui qui a déjà usurpé son bien. On le grondera de faire du bruit si le petit frère dort. On ne lui permettra pas de reprendre ses joujoux des mains qui commencent à vouloir les saisir. S'il touche l'enfant, on lui dira qu'il le fait crier ; si celui-ci le bat, on ne souffrira pas qu'il le lui rende... Alors il s'irrite ou s'attriste, et se croit rebuté ou délaissé sans comprendre qu'il l'ait mérité. » (1).

Que faire ? L'occuper beaucoup du petit frère, opposer directement l'affection à la haine. Ce n'est que par le bien que le mal peut être vaincu. « Les enfants, dit encore Mme Guizot, sont disposés à accueillir avec joie un événement, quel qu'il puisse être : l'arrivée d'un petit frère en est un très grand, que l'aîné verra certainement avec satisfaction si l'on songe à en faire pour lui une occupation, si la présence de ce nouveau venu ajoute du mouvement à sa vie au lieu de lui en ôter. On lui parlera sans cesse du petit frère ; s'il crie, on le plaindra avec lui ; s'il dort, on

(1) Mme Guizot.

l'appellera pour le voir, et il viendra doucement, afin de ne pas le réveiller. Cette petite créature intéressera sa curiosité, car on lui dira qu'il a été de même ; sa pitié, car en la regardant il se croira fort. » C'est surtout l'idée de protection qui peut faire merveille. On lui dira : Tu es chargé de l'amuser, sans toi il s'ennuierait. Garde-le bien, sans toi il se ferait mal. Comment voulez-vous que de cette façon il soit jaloux, qu'il considère comme un vol les soins prodigués à son protégé ? Lui qui est grand, lui qui parle, lui qui marche, qu'a-t-il besoin des mêmes soins? Il les prend pour les autres. Au lieu de voir son importance diminuée, il la voit accrue par la part qu'il prend à l'œuvre commune. Il n'est plus un enfant, il est presque déjà une grande personne. L'autre n'est point un rival, mais un protégé qui lui procure l'occasion d'exercer sa protection. C'est ainsi que *du mal peut naître le bien.*

Mais la jalousie peut naître ensuite en sens inverse, chez le plus jeune. On ne pourra alors faire appel au sentiment de protection, car ce n'est pas le jaloux qui est le plus fort. C'est encore du plus fort, ici aussi, que doit venir le remède. On lui enseignera à se faire aimer de celui qui le jalouse ; à ne se prévaloir pas de ses avantages, de sa supériorité d'âge, de force ou d'intelligence ; à être modeste et serviable ; à se faire pardonner, en un mot, sa supériorité, cause la plus fréquente de la jalousie dont il est l'objet. En même temps on redoublera de prévenances, d'affection pour celui qui est jaloux. On lui fera sentir qu'il est aimé comme les autres, mais qu'il y aurait injustice à vouloir être aimé uniquement et exclusivement. Enfin, à mesure qu'il grandira, on s'adressera aussi à sa générosité. On lui dira : Ton frère s'est mis au-dessus d'un sentiment si petit ; il faut aussi savoir te mettre au-dessus si tu veux avoir le droit de t'estimer.

4° *Eteindre la jalousie une fois née* (quand ces précautions n'ont pas été prises, ou qu'elles n'ont pas abouti ). Toujours le même remède actif : le jaloux prendra sa part des joies de l'autre, et le jalousé ne triomphera jamais. Si le jaloux l'est parce qu'il se voit inférieur, on le relèvera en lui disant : Tu as telles qualités précieuses, tu n'as rien à envier. Ou encore : Il dépend de toi d'être supérieur à tous : sois le plus juste. Mais gardons-nous d'humilier jamais le jaloux. La jalousie blessée devient féroce et intraitable.

5° *Cultiver directement l'affection fraternelle.* Dès le berceau, en faisant garder le plus petit par le plus fort. Plus tard, en leur faisant partager leurs jeux, leurs occupations, leurs joies et leurs douleurs. Plus tard encore, à l'époque de l'établissement, par une rigoureuse justice, qui donne également à tous. Sauf le cas où l'un deux aurait reçu une éducation privilégiée : il devrait alors de son propre gré renoncer à une partie de son héritage, afin d'établir une espèce de compensation, et le père devrait l'y engager. — Enfin, faire appel à la raison, dire : Vous êtes tous nos enfants, tous également aimés, tous nés des mêmes parents vous : mériteriez d'avoir tous le même sort ; il est donc naturel que ceux d'entre vous qui réussissent viennent en aide aux autres, et que vous vous assistiez tous en frères.

## 4. L'amour des camarades et des amis

1. « Les enfants doivent vivre autant que possible avec les enfants ; ils se forment et se développent ensemble, et c'est là leur véritable société.

« Les enfants élevés seuls sont tristes, et la gaieté est nécessaire à leur bonne santé comme à leur caractère... C'est une circonstance fâcheuse que la solitude où vivent certains enfants du grand monde, que l'on ne veut pas mêler à ceux qu'ils rencontrent dans les promenades publiques, et qui n'ont pas autour d'eux des camarades avec lesquels ils puissent s'ébattre et s'épanouir : les enfants ne jouent et ne s'amusent réellement qu'entre eux. La contrainte dans laquelle on les tient donne à leurs jeux solitaires une monotonie, une tristesse qui les fatigue et les ennuie ; ils deviennent farouches et compassés, et bientôt leur corps se ressent du peu de ressort qu'on laisse à leur goût et à leurs instincts naturels. N'ayant jamais à lutter contre les volontés et les caprices d'enfants de même âge, à exercer leurs facultés et leur adresse en présence de camarades tantôt inférieurs, tantôt supérieurs ; ne partageant ni leurs jeux, ni leurs contrariétés, ni leurs plaisirs ; ne trouvant autour d'eux aucune résistance physique et morale proportionnée à leurs forces et à leur âge, ils deviennent impérieux et pusillanimes, mous de corps et d'esprit, et n'apprennent rien de la vie qui convient à l'enfant. » (1)

2. Pour peu qu'ils aient des camarades, nos enfants se choisiront eux-mêmes des amis, et s'y attacheront. Certains parents contrecarrent les amitiés de leurs enfants, par crainte que ces amis les perdent. Certains autres les laissent libres, ajoutant que c'est un chapitre qui ne les regarde pas : deux extrêmes, tous deux mauvais comme tous les extrêmes. Pourquoi priver sans motif d'une grande chance de bonheur, du bonheur d'avoir un ami ? Mais aussi il ne faut pas exposer notre enfant à y perdre le sentiment du devoir. Ainsi nous devons surveiller les amitiés enfantines, et encourager la bonne, avec des camarades tels qu'ils ne puissent exercer qu'une heureuse influence. Une fois que nos enfants auront fait, guidés par nous et leurs sympathies, de bons choix, nous ne traiterons plus en indifférents ceux qui vivront avec les nôtres et qui auront tant d'influence sur leur bonheur et sur leur moralité. Nous recevrons ces amis de nos enfants comme des amis à nous : amis et enfants s'en trouveront honorés, ce qui les rendra tous meilleurs. Nous pouvons, par une simple complaisance, par une invitation à un petit repas, par une promenade en commun, par une causerie sans prétention, contribuer à rendre la jeunesse plus heureuse et plus morale. Ferions-nous mieux en privant d'amis ?

(1) Donné.

## 5. L'amour des hommes en général ou la bonté proprement dite

*« La chose dont on s'occupe le moins, c'est d'apprendre à aimer. »*

1° *Ne pas exciter à la méchanceté.* D'abord en paroles. Un père s'amusera à faire répéter à sa fille de deux ans, à la vue d'une vieille femme : Carogne, vilaine, méchante. L'enfant ne comprend pas ? Mais voyez ses yeux, son accent, son geste : tout vous dit qu'il entend bien se moquer, blesser, faire mettre en colère. Frappe-moi pour que je te le rende, lui dit-on. Et s'il frappe on éclate de rire, et on feint de lui rendre les coups pour l'exciter davantage comme un chien. Il s'est fait mal en heurtant la chaise : Méchante chaise, lui crie sa mère, frappe-la (elle ne sent même pas la puérilité et le ridicule). La poupée n'a pas été sage, frappe-la. A chaque instant les mêmes sottes et déplorables paroles.

Ensuite en actes. Ne permettons pas au nourrisson de pincer le sein de la nourrice, quand il le fait avec une espèce de jouissance méchante. Le moyen de corriger ? Taper sur la main chaque fois qu'il y revient, et défendre par le geste. Beaucoup de petits, dans un accès de colère, frappent la mère. Elle ne sait que leur dire : Attends ! reviens-y, tu verras. J'aurais honte d'être le mari d'une pareille nulle, qui ne sait pas mieux se faire respecter. J'ai vu une mère tenir son fils aîné par la jambe pour que le petit frère pût le frapper plus à l'aise (elle se croyait bonne, elle triomphait de ménager ce plaisir à son chéri).

Soyons surtout sans pitié pour les plus forts qui battent les faibles : si le raisonnement ne les touche pas, il faut les mater. En dehors des coups, les polissons exercent leur méchanceté par des grimaces et des espiègleries : soyons terribles quand il contrefait un boiteux, un bossu, etc. Un garçon de trois ans, à l'arrivée d'un visiteur qui allait franchir le seuil de la maison, lui lance la porte sur le nez avec un grand fracas. La famille de rire aux éclats : le coup était si beau! quelle intelligence et quelle présence d'esprit!

En vérité, nous chercherions à rendre méchants nos petits que nous n'agirions pas autrement.

2° *Ne pas exciter à la haine.* La haine venant surtout de l'amour-propre froissé, ne pas le froisser par notre faute. Éviter, autant que possible, les querelles et les rivalités entre enfants. Si un enfant croit avoir été blessé par un camarade, lui faire voir que l'autre n'y a pas mis de méchanceté, qu'il l'a fait sans y penser. Toi-même, ajoutera-t-on, combien de fois n'as-tu point blessé les autres sans t'en apercevoir? Où en serais-tu s'ils t'en voulaient? Tu les trouverais injustes, car dans ta pensée tu ne voulais pas leur faire de la peine. Celui que tu accuses de t'avoir manqué n'y pense plus, et toi tu souffrirais toujours?... C'est trop bête. Tu n'as pas l'esprit bien fait. Puis on les fera jouer ensemble : le jeu accorde.

N'enseignons pas la haine contre l'homme en général. Telle mère est à tous les instants de sa vie en perpétuel courroux contre le genre humain. Son mari? Maladroit... Tête vide... Sot... Gourmand... Egoïste... Les voisins? Paul a volé du foin... Jean a battu sa femme... Pierre est un insulteur... Des parents éloignés? Le cousin l'a trahie. La cousine l'a calomniée. Mais elle saura se venger. Des domestiques du village? Celui-ci a volé son patron. Celui-là se met à l'ombre dès que le maître n'y est plus. Les fonctionnaires? L'un ne gagne pas le sel qu'il mange. L'autre est grossier envers le public. Le médecin? Il n'y connaît rien. Encore s'il se dérangeait pour ses malades! — O femme! il vaudrait mieux pour ton enfant qu'il n'eût pas de mère! oui! qu'il n'eût pas de mère! il n'aurait pas un professeur de haine. De haine et de souffrance. Ta jeune fille grandit au sein de cette irritation continuelle. Elle en reçoit un ébranlement nerveux qui l'aigrit et qui l'irrite. Elle se persuade que tous les hommes sont tels que les lui dépeint sa mère. Elle rencontrera des hommes fortement bons, qu'elle ne saura pas apprécier ni même reconnaître, les estimant tous méchants. Ingrate et méchante elle sera, et malheureuse, pour n'avoir pas cru au bonheur et à la bonté.

Point de haines de familles. Que de familles voisines vivent dans la haine l'une de l'autre! Cette haine se transmet de père en fils, se perpétue de génération en génération : les enfants se haïssent avant de se connaître. Le bon père de famille devrait aller trouver son voisin et lui dire : Au nom de nos enfants abjurons nos divisions. Qu'il ne soit pas interdit aux innocents de se fréquenter et de s'aimer.

Point de haines de classes : pauvres et riches, tous nous avons besoin les uns des autres.

Point de haines de races : tous les peuples sont faits de gens qui nous ressemblent, qui travaillent, souffrent, pensent et meurent comme nous. Nous aurions pu naître chez eux, comme eux chez nous. (Ce raisonnement n'empêche point, le cas échéant, de repousser une agression injuste : il est fondé sur le principe de justice, il condamne par conséquent toute injustice et apprend à vouloir l'empêcher.)

Point de haines de religion : tous les hommes ont le même Dieu : il n'y en a qu'un, c'est donc lui et non un autre qui n'existe pas, que tous adorent. D'ailleurs cela ne nous regarde point : cela regarde Dieu et chacun de nous. Dieu saura régler ses comptes. Mais il ne nous demande pas de juger les autres à ce point de vue. Je crois être dans le vrai, les autres aussi. Chacun son droit.

Voilà ce qu'il faut enseigner, en faisant comprendre que toute haine vient d'ignorance et est faite d'injustice. N'enseignons aucune haine, sous aucun prétexte : c'est détruire tout le bien que nous essayons de faire d'autre part.

3° *Combattre l'égoïsme.* L'enfant, livré à lui-même, est dur : il commande impérieusement, refuse avec rudesse, accorde avec brusquerie quand il accorde, dit des paroles dures aux camarades, aux domestiques, aux voisins, aux frères et sœurs, même aux parents. Il est dur parce qu'il n'aime que lui. Et il n'aime que lui parce qu'il se croit seul au monde. C'est ignorance de sa part : il faut donc l'éclairer. A celui qui se croit seul à vivre, nous devons dire : Il y a toi, et il y a les autres. Les autres aussi sont comme toi : ils ont besoin de manger, de dormir, de se reposer, de jouir, de vivre. Si toi tu manges, bois et t'amuses, c'est que les autres t'aident et te laissent. Ils auraient la force de t'empêcher. Tu dois aussi laisser les autres, et plus tard les aider, en retour de ce qu'ils font aujourd'hui pour toi. C'est juste.

L'égoïsme est souvent nourri et accru par nos louanges et nos gâteries. A force de se voir l'objet de soins maladroits, l'enfant, toujours par suite de son ignorance, peut s'imaginer qu'il est fait pour être servi, et les autres pour le servir. La jeune fille belle surtout : elle n'est pas après tout si coupable si elle finit par croire ce qu'on n'a pas discontinué de lui dire et de lui montrer. On parle tellement de sa beauté qu'elle croit n'être tenue à aucune autre qualité. Elle est faite pour être admirée, et les autres pour l'admirer. Elle n'a donc nul devoir envers les autres : en la servant ils ne font que lui rendre ce qui lui est dû, parce qu'elle montre sa beauté au monde. Toutes celles qui ont cette idée dans la tête, on doit les désabuser. Elles croient qu'elles n'ont besoin de personne, et que tout le monde a besoin d'elles : il faut leur montrer que tout le monde peut se passer d'elles, et qu'elles ne peuvent se passer de personne. Laissons-les seules, jusqu'à ce qu'elles éprouvent par expérience que le bien-être n'est possible que par le concours d'autrui ; que ce concours ne leur est point dû, qu'elles doivent l'acheter par le leur. Elles se corrigeront par égoïsme, et trouveront dans le dévouement une douceur qui leur fera regretter de s'en être privées jusque-là.

4° *Faire accomplir des actes de bonté.* L'enfant n'y pense pas d'abord, s'estimant trop faible pour pouvoir aider quelqu'un ; et d'ailleurs il est trop ignorant pour deviner les désirs des autres. Le remède est dans ces deux considérations : lui montrer que, tout faible qu'il est, il peut faire plaisir à autrui, et qu'il fera plaisir par les mêmes choses qui lui en feraient. Dès lors procurons-lui l'occasion de renoncer à un plaisir et de se déranger pour les autres. Que le jeune garçon soit exercé à recevoir les visiteurs avec gentillesse, à rapprocher un siège, à tenir le chapeau, à rendre de petits services. Que la jeune fille soit toujours prête à se lever quand, à table ou ailleurs, il manque quelque chose. Pour tous ces actes il ne faut pas de récompense spéciale : l'enfant croit avoir rendu un grand service, il est heureux par cette conviction, il est fier en face de celui qu'il a obligé. Ce n'est que dans le cas d'un acte de bonté extraordinaire qu'il faudrait récompenser : et alors non pas banalement, par une friandise, mais par une fête de famille, où tous seront heureux de la conduite de l'un.

5° *Enseigner la sympathie.* En enveloppant l'enfant de joie et de sympathie : imprégné d'amour, le cœur devient aimant. L'enfant est par nature l'ami, le compagnon de tous ceux qui l'approchent, pourvu qu'ils lui semblent bons. Il n'y a donc qu'à les lui montrer sous le bon côté. Dès la première année, lui faire embrasser tous ceux qui le voient, en disant : Joli, joli, et en caressant la personne à embrasser (v. p. 143). Si un étranger lui fait peur, il s'éloignera un instant pour le rassurer; en même temps la mère donnera courage au bébé; l'étranger se rapprochera peu à peu, le sourire aux lèvres, les bras tendus, et l'enfant s'enhardira à le regarder, à se laisser toucher et caresser (si on avait agi avec brusquerie, il n'aurait éprouvé que de la crainte et de la répulsion). Même règle à suivre plus tard, avec une personne qui a déplu : obligez l'enfant à vivre avec elle : « tout ce qui est habituel finit par plaire. » C'est pour la même raison qu'il faut le laisser vivre dans le monde, dans la société des camarades, des voisins, des domestiques, assez pour qu'il s'habitue à regarder tout le monde comme ami.

En même temps parlons à son cœur et à sa raison. A son cœur : chaque fois qu'il est l'objet d'une complaisance, d'une bonté, la lui faire remarquer et apprécier : en ces moments son cœur reconnaissant est disposé à la sympathie. A sa raison : montrer que la bonté n'est que le remboursement d'une dette (pages 205-6). — Si le pessimisme l'envahit à un certain âge, s'il répète que tous les hommes sont méchants, lui dire : C'est convenu : autour de moi tout est méchant; et mon père? et ma mère? et mes frères et sœurs? moi seul fais exception à la règle. En d'autres termes lui faire voir que le pessimisme absolu et brutal est un orgueil et une pose : ne pas lui cacher ce que sont les hommes, semblables à lui, c'est-à-dire faibles quoique souvent bien intentionnés, et par conséquent dignes de sympathie ; lui montrer qu'il peut et qu'il doit quelque chose, pour éclairer ceux qui ignorent et soulager ceux qui souffrent.

6° *Ne pas confondre la sympathie vraie avec la fausse*, celle qui consiste dans le désir de plaire et d'être aimé plus que dans la faculté d'aimer soi-même. Le désir de plaire n'est souvent que de l'égoïsme. Egoïsme que l'on paye cher, car jamais on n'arrive à plaire autant que l'on aurait voulu, et alors les souffrances de la vanité sont cruelles, plus cruelles que n'auraient été celles de la tendresse méconnue. La vraie sympathie se préoccupe d'éprouver, non de faire éprouver. Rendons aimant, non exigeant. Il y a des personnes prétendues aimantes qui sont d'une susceptibilité maladive : leurs exigences sont telles qu'il est impossible à la meilleure volonté de les satisfaire, et leurs éternelles plaintes sont un supplice pour les malheureux obligés de vivre avec elles.

## 5. La charité

Comment la faire *pratiquer*. — L'habitude d'envoyer l'enfant donner un sou au mendiant qui attend sur le bord de la route a été souvent critiquée : c'est donner peut-être, dit-on, à un farceur qui n'en a pas besoin et qui trompe le public, tandis que tant d'autres souffrent sans se montrer ; c'est encourager le vice. Sans doute : mais toutes les fois que nous voyons des vieillards tremblants, des enfants nus, une femme pâle en haillons, qui font entendre ce cri douloureux « un sou par charité », dirons-nous que c'est là de la farce? Ne fermons pas, dit Mme Campan, l'oreille de notre enfant à cette déchirante supplique : nous pourrions fermer son cœur au cri du véritable malheur. Donnons, en disant avec le poète (Eug. Manuel):

Pour que le pauvre ait droit à notre charité,
Il suffit de sa honte et de sa pauvreté.

Cette habitude a été critiquée à un autre point de vue : c'est qu'il est trop facile à l'enfant de donner le sou qu'on vient de lui glisser dans la main, qui lui coûte si peu et qui ne vaut rien pour lui. « Un enfant, dit Rousseau, donnerait plutôt cent louis qu'un gâteau. Mais engagez ce prodigue distributeur à donner les choses qui lui sont chères, des jouets, des bonbons, son goûter, et nous saurons bientôt si vous l'avez rendu vraiment libéral. » A cela on peut répondre qu'une habitude n'est pas une petite chose : celui qui donne des sous ne sachant pas ce qu'ils valent les donnera aussi peut-être quand il en saura la valeur, par la force de l'habitude.

Cependant il est absolument nécessaire que l'enfant apprenne à se priver et à se gêner pour pratiquer la charité. Cela est contraire à la loi du plaisir? Erreur : on y trouve une jouissance, la vraie, celle qui satisfait entièrement sans laisser de regrets. Voici quelques-uns des bons moyens. 1° Jouets : l'enfant les partage avec des camarades plus déshérités, et s'amuse avec eux. 2° Aliments : lorsque l'enfant, dans ses promenades, est sûr de trouver un mendiant à la même place, il emporte, pour les donner, des provisions prises non sur le superflu, mais sur son ordinaire. 3° Vêtements : ici encore il renonce au luxe pour donner le nécessaire aux besogneux. 4° Récompenses obtenues : il les partage, et, pour donner plus, il étudie davantage. 5° Sommes mises à sa disposition : on lui dit qu'une part est pour ses menus plaisirs, l'autre pour ses actes de bienfaisance ; les deux parts étant confondues, à lui de répartir ; s'il abuse, s'il emploie tout ou presque tout pour ses plaisirs, on lui retire les sous, en lui disant : J'avais confiance, je vois que je me suis trompé ; c'est encore trop tôt. 6° Loisirs : il les consacre à un travail payé, et le salaire il le distribue. En cas de maladie d'un voisin, d'un serviteur, il se charge des commissions, il fait les travaux du malade, de sorte que celui-ci, quand il sera rétabli, ne trouve aucun retard dans ses affaires. — Ces exemples prouvent que l'enfant pauvre comme le riche peut exercer la charité, c'est-à-dire aimer efficacement.

Comment faire *aimer* la charité.—L'acte seul peut être machinal, le cœur doit l'inspirer. Comment intéresser le cœur à de bonnes œuvres ? Ce n'est, ni en les payant d'un morceau de sucre, ni en exigeant dès le début de trop grands sacrifices. Si l'enfant tient dans ses mains un gâteau qu'il est prêt à dévorer, qui lui fait venir l'eau à la bouche, nous ne lui dirons pas : Laisse ce gâteau et le donne à ce pauvre. La privation serait trop dure pour engendrer le désir de la renouveler une autre fois. Au lieu de : Laisse et donne, disons : Partage. L'enfant partage assez facilement : voilà qu'il sent le bonheur de faire des heureux, et désormais la charité se suffit à elle-même : elle renonce à un petit plaisir pour se procurer un bonheur plus grand, celui de rendre heureux les autres.

Un autre moyen de faire aimer la charité, c'est de faire aimer les pauvres, c'est-à-dire d'inspirer de la compassion pour la souffrance. Qu'on lui fasse connaître les catastrophes dont la vie est semée ; qu'on le rende témoin de la misère qui frappe tant de familles ; qu'on l'amène discrètement dans un pauvre taudis où il verra de pauvres malheureux sans lit, sans vêtements, sans pain ; à un hôpital où il entendra les gémissements des malades : son cœur ému s'ouvrira à la pitié. Ce qu'il aura vu lui permettra de concevoir ce qu'il ne voit pas ; la vision et la comparaison auront rempli son imagination, et c'est par l'imagination qu'on arrive le mieux au sentiment.

Comment faire *comprendre* la charité. — Gardons le petit orgueilleux de s'imaginer que parce qu'il donne un sou il est supérieur à celui qui reçoit. Montrons-lui les choses comme elles sont : c'est-à-dire l'aisance des uns ayant pour rançon les souffrances des autres. « Notre bien-être doit quelque chose à ces misères, et en les soulageant nous ne faisons que payer une dette. Ces souffrants et ces pauvres ne sont pas des êtres inférieurs et dégradés, mais des égaux. » Il n'y a que notre orgueil et notre égoïsme qui parlent autrement. — Comme application de ces idées, l'enfant, en donnant l'aumône, saluera le mendiant, pour honorer dans tout être humain un frère de douleur ; quand nous visiterons avec lui les pauvres, nous lui enseignerons par l'exemple comme on soulage, comme on console, comme on répand « un de ces mots, un de ces regards, une de ces étreintes qui n'ont rien coûté, et qui sont pourtant d'un prix infini. » Exemple : un vieillard aveugle à qui l'on dit, en lui serrant la main : Courage, ami. Quelle surprise heureuse pour lui, et quel rayonnement de bonheur sur sont front !

Surtout nous expliquerons qu'il ne suffit pas de soulager les maux présents, qu'il faudrait surtout prévenir les misères futures ; que chacun doit y contribuer en enseignant le travail la prévoyance ; que tout homme devrait pouvoir vivre par son travail et son intelligence, sans avoir recours à autrui ; en un mot, que le plus bel acte de charité que l'on puisse faire à un homme est de le mettre en état de se passer de notre charité.

La *fausse* charité. — Il y a celle qui jette l'aumône à tort et à travers, par ostentation, au risque d'encourager les vicieux et les flatteurs. Il y a aussi la sensibilité que l'on fait naître avant le temps. « Histoires larmoyantes, discours attendrissants, on met tout en œuvre pour arracher une larme à la jeune fille, et puis on loue son bon cœur, son exquise sensibilité. » Conséquence : l'affectation. Il y a enfin celle qui, en face de la souffrance d'autrui, ne sait que fondre en larmes et que jeter des cris, c'est-à-dire accroître la souffrance. Le vrai amour sait rester calme afin d'agir.

## 6. La Politesse

Comment la faire *pratiquer*. — « De très bonne heure, dit M. Pérez, l'enfant est capable de ces attentions faciles dont l'exemple est le seul maître... A trois ans, l'enfant doit savoir qu'il ne faut point jeter de toutes ses forces une porte, un tabouret, une chaise, mais doucement les conduire ou les poser. S'il survient une personne étrangère, et qu'on l'appelle auprès d'elle, on ne lui demande pas encore de faire la révérence ; mais il pourra la saluer du nom de « madame » ou de « monsieur » et même lui demander comment elle va. A six ou sept ans, ces attentions sont de rigueur, comme aussi la précaution de ne dire à personne « oui » et « non » tout court, de ne point passer devant quelqu'un sans dire pardon ou faire une révérence ( si c'est une personne étrangère ), de ne rien donner ou recevoir sans faire un geste de politesse. Un enfant de cet âge doit aussi commencer à n'incommoder qui que ce soit par ses mouvements, savoir prendre lui-même une petite chaise et s'asseoir à une distance convenable des personnes en visite, ne pas s'appuyer sur elles, ni les pousser, et surtout ne pas les interrompre dans leur conversation. » Il est superflu d'ajouter qu'il faut réprimer sévèrement toute grossièreté, comme une réponse insolente, une taquinerie déplacée à l'égard d'une personne qui n'est pas de son âge, le fait d'occuper le siège d'un autre momentanément laissé vacant, de s'asseoir à table le premier et à la première place, etc, etc ; en un mot, d'accaparer tout, sans se demander si c'est à lui.

Plus que toute autre vertu, la politesse s'apprend par l'exemple. Si dans la famille nous sommes tous polis entre nous et envers les autres, l'enfant compris, si jamais il n'entend une parole aigre ou ne voit un mouvement brusque, il se modèlera sur nous, et il lui sera presque impossible de faire autrement. Mais quand le marmot crie à un camarade. : Tais-toi donc, laisse-moi achever ma phrase, soyez sûr qu'il l'a entendu à son père ou à sa mère.

Après l'avoir instruit en famille, il faut l'exercer au dehors aussi, l'emmener avec soi, à partir d'un certain âge, dans ses visites et tournées : il verra ainsi que la politesse ne consiste pas en certains actes isolés, mais qu'elle doit former le tissu même de notre allure ; du même coup il acquerra la fleur de la politesse, qui est la grâce naturelle.

Comment la faire *aimer*. — Ça m'ennuie, dit l'enfant parfois quand on lui demande un acte de politesse. Réponse : « L'éducation n'est souvent autre chose qu l'art d'apprendre à faire ce qui vous ennuie comme si cela vous amusait. » Ajoutons que cet art ne s'apprend pas en semant le chemin de ronces, mais de fleurs. « Il ne faut pas épouvanter l'enfant par la crainte d'être ridicule, ni lui inspirer des prétentions qu'il ne se sent pas en état de soutenir. » Il ne faut pas surtout le gronder avant de l'avoir instruit sur ce qu'il a à faire et à éviter : Allons, tu seras toujours grossier ; tu ne sais donc pas que cela est vilain , lui dites-vous. Et vous ne le lui aviez pas dit, il ne le savait pas. En ce moment, en présence d'un étranger, vous humiliez l'enfant, vous rejetez le tort sur lui pour le détourner de vous, pour dissimuler votre incurie, pour couvrir votre propre honte. Un troisième moyen de rendre désagréable aux enfants l'exercice de la politesse, c'est de les contraindre avant l'âge, c'est-à-dire de leur demander plus que leurs forces ne peuvent fournir. Dis bonjour. — Non. — Tu seras fouetté. — Je ne le dirai pas. — Alors quatre ou cinq coups de fouet. — Je le dirai. — Mais aussitôt que les coups ont cessé, il se ranime, il refuse encore. Nouveaux coups, nouvelles souffrances, nouvelles larmes. On lui prouve de cette façon non qu'il a tort, mais qu'on est brutal. En attendant l'âge, apprenons aux enfants à aimer et à vouloir faire plaisir. Ils sont naturellement caressants : s'ils ressentent une affection, ils voudront l'exprimer. C'est sur l'âme qu'il faut agir. Et puis commandons avec gaieté pour que l'on s'exécute avec entrain.

Comment la faire *comprendre*. — Dire à l'enfant qu'en retour de tout ce qu'on fait pour lui, il est juste qu'il fasse au moins le plus léger des sacrifices, celui de ses aises ; qu'il y acquerra cependant un grand mérite s'il met le cœur de la partie, s'il manifeste son amour par la grâce et le sourire, et s'il oublie ce que coûtent parfois les moindres sacrifices.

La *fausse* politesse. — Eviter de faire contracter l'habitude de l'affectation, qui met mieux au jour le défaut que nous voulions cacher, et qui nous fait « passer pour des gens ou sans jugement ou sans mérite. » Or l'affectation « n'est pas le défaut familier de la première enfance, ni l'effet de la nature livrée à elle-même ; c'est une laideur acquise, le résultat d'une éducation mal entendue. » L'affectation peut avoir plusieurs sources : 1° La vanité : on la remarque chez « ceux qui se piquent d'être bien élevés, et qui ne veulent point passer pour ignorer ce qui est conforme à la mode et aux bonnes manières. » Voyez cette jeune fille qui veut « attirer l'attention, qui rit sans motif, se fait tour à tour vive, ingénue, sensible, et jette en dessous un petit coup d'œil pour s'assurer qu'elle est remarquée. » Il faut lui faire comprendre que tous ses efforts portent à faux. 2° L'hypocrisie : « dans certains cas, on s'efforce de faire paraître des sentiments qu'on n'a pas ; on essaye d'en faire montre par des actions forcées ; mais la contrainte se trahit toujours ; ou encore on s'essaye à donner aux sentiments qu'on éprouve une expression qui ne leur convient pas. » Le remède est donc dans la droiture, droiture dans le fond, droiture dans la forme. 3° L'imitation : « ces défauts dérivent en grande partie de ce qu'on se travaille à imiter les autres, sans prendre la peine de distinguer ce qu'il y a de réellement gracieux dans leurs manières de ce qui est propre à leur caractère »; par conséquent, on doit apprendre à l'enfant à rester soi, au lieu de se faire singe.

Ne confondons pas non plus la vraie politesse avec l'étiquette. Il semble à telle personne que l'Etat est perdu, l'univers détruit, si telle pratique extérieure, qui a été la préoccupation de toute sa vie, n'est pas observée. Ah ! Que de temps et que de soins perdus pour une vétille ! N'oublions pas que la politesse des manières n'est pas tout à elle seule, et qu'elle importe beaucoup moins que la politesse des sentiments. Il est des mères qui s'imaginent avoir fait toute l'éducation de leur fille quand elles lui ont dit vingt fois par jour : Tiens-toi droite.

Ne soyons pas enfin dupes de la gentillesse intéressée. Quand tu es si gentille, dira telle mère à sa fille, je n'ai rien à te refuser : mais ne recommence pas ces câlineries... Bon conseil : mais la rusée constate qu'elle a réussi par une finesse aimable, elle recommencera. Il ne fallait pas lui donner un triomphe si pernicieux. Qui l'empêchera dorénavant d'aller jusqu'à la comédie, et de s'écrier en ricanant : Je l'ai attrapé ?

## 7. Douceur envers les animaux

Comment la faire *pratiquer*. — Ne pas lui permettre de jouer cruellement avec les animaux domestiques, de leur tirer la queue, de les frapper, etc. L'empêcher de battre, même par représailles, « un animal qui l'a mordu ou fait tomber, qui lui a dérobé un aliment ou abîmé un jouet : c'est à nous d'apprécier et de châtier les délits de l'animal : l'enfant ne saurait être ni bon juge ni bon exécuteur en cette manière. » Au contraire, caresser devant lui, sans exagération, bien entendu, un chat, un chien, une poule. Lui faire donner la nourriture aux animaux de la basse-cour, aux oiseaux libres ou en cage. Le charger de nourrir un agneau, un chien, un animal quelconque de la maison, en lui disant qu'il en est responsable, qu'on le lui enlèvera s'il le maltraite ou s'il le laisse manquer de quelque chose. Ne tuer aucune bête non nuisible, alors même qu'elle serait désagréable, mais la lâcher en disant : Le monde est assez vaste pour nous deux, et en insinuant qu'il n'y aurait pas héroïsme à écraser un si petit être. Ne pas lui laisser détruire les nids : l'intéresser, au contraire, à la nichée, en lui « apprenant à veiller à sa conservation, à éloigner d'elle les dangers qui la menacent. »

Comment faire *aimer* les animaux. — En les servant on apprend déjà à les aimer : on s'attache en effet à ceux à qui l'on fait du bien. Un autre moyen sûr de les aimer, c'est de les observer : regarder attentivement comment ils mangent, boivent et agissent, comment ils manifestent leur joie, comme ils sont heureux de s'amuser, d'être caressés, de s'entendre appeler de leurs noms ; surtout comment naissent et grandissent les petits ;

leurs jeux, leurs gestes, leurs grimaces et leur langage. Enfin ne donnons point de fausses idées. Nous avons la manie sotte et féroce de dire : O le vilain animal ! Horreur ! devant certains animaux qui, s'ils ne sont pas beaux, du moins ne sont pas méchants : pourquoi cette haine de ce qui est, ou plutôt de ce qui nous semble vilain ? (car chaque animal a son genre de beauté, c'est notre ignorance qui les trouve laids.)

Comment faire *comprendre.* — L'enfant n'est pas méchant envers les animaux, il est cruel parce qu'il ne songe pas qu'ils souffrent. Il faut donc le lui apprendre, et alors enseigner, non seulement la pitié, comme il est dit par la plupart des moralistes, mais la justice : nous n'avons pas le droit, sans une nécessité supérieure, de faire souffrir un être qui souffre tout comme nous.

L'amour *mal entendu.* — Telle fanatique ne permettra pas au savant de scalper un animal dans le but de faire une découverte utile à l'humanité. Telle dame au « cœur sensible » tient son chien constamment dans ses bras et le nourrit de sucre, tandis qu'elle n'ira jamais soigner un malade et qu'elle refusera un sou à un vieillard estropié. Oh ! gardons, gardons pour nos frères les humains les trésors de notre bourse et les tendresses de notre cœur !

# V. — L'ENFANT JUSTE

**Pour être juste on doit respecter tous les droits des autres, éviter le vol, la calomnie, la médisance, la moquerie et la partialité.**

## 1. Le respect du droit d'autrui.

« *J'ai souffert, je ne ferai pas souffrir.* »

C'était à l'Exposition de Paris, en 1889. Au milieu des machines agricoles, une couveuse artificielle. Toutes les deux ou trois minutes, on pouvait voir une coquille d'œuf s'ouvrir, percée par un petit bec qui était dedans, et le petit poussin se remuer et se mettre peu à peu sur ses deux pieds. Tiens! maintenant! regarde bien, approche-toi, disait une mère à sa fille, de neuf ans environ. La fille suivait amplement le conseil. Penchée sur la couveuse, son large chapeau cachant toute l'étendue de la vitre à travers laquelle on devait regarder si l'on voulait voir, il semblait que le spectacle fût pour elle seule : nous étions là, cinq à six visiteurs, qui attendions patiemment que Mademoiselle eût vu. A présent, regarde bien, criait encore la mère. — Mais, foutre, on ne peut rien voir, dit enfin un homme d'une cinquantaine d'années. — Elle est si petite, répondit la mère. Nous patientons encore. Une minute après, un autre poussin sort sans doute, car on entend de nouveau le « regarde bien. » — Mais c'est intolérable, voyons, Madame, dit encore le même homme. — Elle est si petite, elle ne comprend pas. Le lendemain je repasse au même endroit pour voir la couveuse, car nous étions partis, impatientés d'attendre et agacés de l'attitude de cette dame. Une enfant regardait encore. Ne cache pas, laisse voir, dit une femme qui se tenait à côté. Je regardai la mère, puis l'enfant : ce n'étaient pas les deux personnages de la veille. Si j'étais enfant et que l'on pût choisir sa mère, je sais bien laquelle de ces deux je choisirais pour mère. Puissent ces lignes tomber sous leurs yeux à toutes deux !

Le plus grand défaut de notre éducation, c'est de ne pas assez apprendre à l'enfant qu'il y en a d'autres que lui dans le monde, que les autres ont les mêmes besoins et les mêmes droits que lui, et qu'il doit ne jamais prendre ce qui est à autrui et qui n'est pas à lui.

Comment faire *pratiquer* la justice. — Dès l'âge le plus tendre, habituons l'enfant à une absolue droiture quant au respect des choses (voir le chapitre sur le vol) ; — dans ses jeux (point de tricheries) ; — dans ses divertissements (n'approuvons pas ces méchants tours joués aux camarades, et où nous sommes parfois tentés de voir une marque d'esprit) ; — dans ses paroles et ses promesses (voir mensonge, calomnie) ; — dans ses procédés quand viendront les affaires ; — en un mot dans tous ses actes.

Comment inspirer *l'amour* de la justice. — Quand l'enfant est victime d'une injustice, d'une violence, au lieu de la nier, il faut lui dire : Oui. Tu vois ce que tu souffres ? Cela parce qu'un homme n'a pas su être juste. Voudrais-tu faire à un autre, à un innocent, ce qu'il t'a fait, lui ? Voudrais-tu que quelqu'un eût le droit de penser de toi ce que tu penses de lui en ce moment ? Si vous pouvez arracher de l'âme de l'enfant ce cri à la fois d'amertume et d'héroïsme : J'ai souffert, je ne ferai pas souffrir, vous aurez fait faire à l'éducation un gigantesque pas. L'amour le plus vivace de la justice naît de la haine de l'injustice.

Comment faire *comprendre*. — Comme il est dit au chap. de la conscience (pages 202-7).

## 2. Le vol

*« Mon premier vol fut celui d'une pomme... Plus tard, pour tâcher de me soustraire à la main de la justice (car c'est cette crainte qui d'un voleur fait un assassin), j'arrivai jusqu'à faire couler le sang humain. Pères, mères, qui m'entendez, n'oubliez pas que mon premier vol fut celui d'un fruit. Vous frémiriez, si je vous détaillais tous les crimes qui ont suivi ce premier pas vers le mal. »*

*(Paroles de Cartouche sur l'échafaud, d'après Mme Campan).*

1° Comment inculquer l'*idée de la propriété*. — L'enfant est encore dans l'état moral d'un sauvage. Or, dit spirituellement M. Legouvé, « chez les sauvages, l'idée de propriété est chose fort confuse : la distinction du tien et du mien y consiste généralement à prendre le tien pour en faire le mien. » Voilà donc ce qu'il faut enseigner à l'enfant : qu'il est des choses à lui et d'autres qui ne sont pas à lui. D'abord en actes : lui donner certains objets, mais aussi ne pas lui permettre de tout prendre et de tout bouleverser, de disputer et d'arracher des jouets aux camarades, etc. Ensuite en paroles. Dès qu'il est capable de comprendre, lui dire : Cela est à papa; — ceci à maman; — cela à ton frère; et enfin ceci à toi (p. 139). Il faut surtout lui répéter souvent cette parole, afin qu'elle entre bien dans sa petite tête : Est à toi ce qui t'a été donné, rien autre.

2° Comment *éviter les tentations de vol.* — Tentation vient de privation. On ne doit donc pas priver l'enfant de ce qui lui est nécessaire ni même de bien des choses qui lui sont agréables; on doit même lui accorder immédiatement et avec bonne grâce ce qu'il demande et qu'on peut lui accorder sans inconvénient. Mais après cela on ne laisse aucun objet tentant à la portée de ses mains, ou même de ses yeux. Lorsqu'il voit un objet qui lui fait envie, il déploie une grande finesse pour se l'approprier : d'abord il vous épie pour saisir le moment favorable; rapidement il fait son coup, puis il revient vite vous caresser pour détourner tout soupçon; une fois rassuré il se cache dans un coin pour jouir de son larcin. Si plusieurs petits vols lui réussissent, il éprouvera de violents désirs, il deviendra d'une adresse effrayante; il mentira, et, s'il trompe une fois, le voilà bien loin. Le remède? Ayez de l'ordre en tout : que rien ne disparaisse sans que vous vous en aperceviez. Un objet manque-t-il ? Sans rien dire, cherchez-en la trace ; n'interrogez pas, peut-être on vous tromperait. Vous ne tarderez pas à découvrir le larron ; si vous ne le pouvez, surveillez bien celui que vous soupçonnez, tâchez de le surprendre en flagrant délit.

Quand l'enfant, par une longue pratique, aura pris l'habitude de se contenter de ce qui lui appartient, on pourra le soumettre à des épreuves plus fortes, c'est-à-dire laisser à sa portée des objets auxquels il ne devra pas toucher, les confier à sa garde, l'aguerrir, en un mot, en lui donnant l'occasion de vaincre les tentations (voir les règles pour combattre les mauvais penchants).

3° Comment *corriger* la tendance au vol. — Tant que l'enfant n'a pas compris, il faut l'éclairer, et non le punir. Mais si malgré nos instructions il garde la tendance au vol, c'est grave, soyons sévères.

Un jeune enfant a pris un objet. Je ne l'appellerai pas « voleur » (il pourrait en prendre son parti, et ce serait peu rassurant). Je ne dirai pas non plus : Il ne savait ce qu'il faisait (l'enfant est assez porté à s'excuser). Mais aussitôt tout est suspendu, jeux, repas, travail, et nous allons avant tout restituer l'objet, sans dire un mot. Il y a eu une forte impression.

En général il ne faut point obliger le voleur à comparaître et à demander pardon : c'est une trop grande humiliation. L'enfant sent mieux son tort quand on le tient secret dans l'intérêt de son honneur. On lui dit : Tu as fait si mal que je ne veux le dire à personne. Tu serais déshonoré pour toujours. Ce n'est que dans le cas de récidive ou de mauvaise volonté qu'il faudrait avoir recours à ces fortes secousses, comme dans l'anecdote suivante : « Mon petit Jacques avait six ans environ. Il revient de l'école avec un petit collier de verroteries ; il me le montre : Qui t'a donné cela ? — On ne me l'a pas donné. — Tu l'as donc acheté ? Comment as-tu fait ? Tu n'avais pas d'argent ? — Il y a sur la place de l'église une marchande ; je l'ai pris à l'étalage. — Est-ce que la marchande t'a vu ? Oh ! non ! je me suis caché. — Pourquoi t'es-tu caché ? (Point de réponse)... Tu savais donc que tu faisais mal ? (Point de réponse encore)... Enfin, tu avais une idée en te cachant ; quelle était cette idée ? — C'est que la marchande ne me l'aurait pas laissé prendre... Je pris Jacques par la main : Suis-moi, lui dis-je, nous allons aller chez la marchande. Il devint tout pâle et fondit en larmes : Non, non, je ne veux pas y aller. Il fallut obéir. Voilà, madame, dis-je gravement à la marchande, un petit garçon qui vous a volé un collier pendant que vous aviez le dos tourné. Je viens vous le rendre en son nom et vous faire des excuses. La femme leva deux grands bras au ciel. Elle ne pouvait croire à tant de perversité chez un enfant qui avait l'air si gentil. La figure de Jacques était à peindre. Je ne veux pas, reprit-elle, qu'il soit dit que vous ayez jamais rien volé de votre vie. Je vous donne le collier. Le bambin leva sur moi un regard d'interrogation en même temps que de convoitise. Garde-le, puisqu'on te le donne. Mais je compte que l'avanie que tu viens de subir t'apprendra qu'il n'y a rien au monde de plus laid que le vol. » (1)

Supposons un enfant plus âgé, déjà raisonnable ou qui devrait l'être, et qui pourtant s'est rendu coupable d'un vol dans des circonstances qui nous saisissent d'effroi et d'étonnement. L'éducation réserve de ces moments douloureux.

« Que faire alors ? La confiance a été trahie, on ne croit plus à la sincérité, plus à la tendresse ; on ne sait à quel sentiment s'adresser, et le père ne reconnaît plus l'enfant avec lequel il passe sa vie.

Que faire ? d'abord rien du tout, prendre du temps, retenir la première explosion d'un juste courroux. La surprise, la douleur muette du père, l'idée d'un arrêt qu'il tient suspendu, feront plus d'effet sur l'enfant coupable que l'éclat de la plus vive indignation. C'est pour lui l'inconnu, c'est le mystère, puissance ténébreuse et redoutable qui pénètre d'effroi l'imagination... C'est une révolution qu'il s'agit d'opérer, et rien n'est à épargner pour la rendre profonde et durable. Quelque arrêt que vous prononciez, n'infligez aucune punition triviale ou puérile : il faut sortir de toutes parts des voies ordinaires de l'éducation. Que tout soit changé autour de vous : s'il est des divertissements projetés, qu'on y renonce, que vous et tous vos enfants portiez la marque du deuil général, et que les innocents soient en-

(1) Francisque Sarcey, cité par B. Pérez.

veloppés dans la calamité commune : qui pourrait se réjouir dans la famille quand un membre a fait le mal ? Remplacez par un travail sérieux les leçons d'agrément que vous donniez au coupable, laissez là les menus détails de l'éducation, cessez de relever les défauts de prononciation, de contenance ; qu'un morne silence règne autour de vous.

Toutefois il serait dangereux de trop prolonger un tel état. Il y a pour la réconciliation un moment à saisir, passé lequel le plus malheureux se console... Accordez donc le pardon franchement, tendrement, s'il est possible : rien ne produit le repentir comme la bonté. Mais tout en évitant d'accabler le coupable, gardez-vous de lui dissimuler la gravité de la situation où il est plongé, et montrez la résolution inébranlable de ne laisser subsister aucune occasion de chute pour lui. » Ensuite, veillons : la faute nous a averti : « Un tel jour jeté sur le caractère ne doit pas nous avoir éclairé en vain. Dix ans, vingt ans plus tard, il arrive parfois que certains aperçus se confirment. Il faut pardonner et non oublier. » (1)

4° Moyen de faire *abhorrer* le vol. — Comme pour l'injustice : que l'enfant se mette à la place du volé, qu'il s'imagine sa déception, sa souffrance, les peines qu'il s'était données pour se procurer l'objet perdu, les privations qu'il devra maintenant subir, etc. Faire souffrir ainsi, et faire souffrir par notre paresse, parce que nous n'avons pas le cœur

---

(1) Mme de Saussure.

de travailler pour gagner ce dont nous avons besoin, cela est abominable. L'enfant comprendra mieux ces sentiments s'il a été volé lui-même ; tant mieux pour lui si on le vole, une fois au moins : ce sera une précieuse occasion de lui donner une explication qu'il n'oubliera pas. C'est même pour cette raison qu'il faut lui apprendre à s'attacher aux objets siens, au cas où par indifférence il les laisserait égarer ou prendre : quand on ne sait pas faire respecter son bien on n'est pas porté à respecter celui d'autrui.

5° Comment *cultiver la délicatesse* dans les questions de probité. — Nous l'étouffons par nos mauvais exemples. Nous ne volerions pas, mais rendons-nous toujours les objets trouvés ? habituons-nous l'enfant à les porter à l'instituteur quand il va à l'école, à la mairie plus tard ? à faire les démarches nécessaires pour découvrir le propriétaire d'une chose perdue? Nous ne volerions pas l'argent, mais ne prenons-nous jamais des fruits, du bois? quand l'enfant porte des objets dérobés, le reprend-on avec assez de sévérité ? Nous ne volerions pas un particulier, mais ne nous glorifions-nous pas de voler l'octroi, la douane? Nous ne dirions pas un mensonge, mais dans la vente d'un animal, d'une marchandise, ne trompons-nous pas indignement l'acheteur sur les qualités ou les défauts de l'article à écouler ? Enfin que de vols domestiques! La mère, pour se ménager quelques ressources secrètes, cache des œufs, de la farine, des sous ; sa fille est témoin et complice : Surtout ne le dis pas à ton père, lui dit-elle. La fille commence à dérober pour sa mère, puis elle dérobe pour elle-même, c'est naturel. Et c'est ainsi que nous fabriquons à nos enfants, par nos exemples, une conscience élastique.

### 3. La calomnie

« Une méchante vient nous dire : Notre voisin et sa femme vivent bien mal ensemble; le vilain mari est déjà gris, je viens de le voir battre sa femme d'une manière affreuse, et l'aînée de ses filles, cette pauvre Jeannette, a reçu des coups terribles. La femme pleure et fait des sanglots qui déchirent le cœur ; Jeannette a au front une bosse grosse comme mon poing. Je me transporte chez la voisine, je trouve le mari travaillant paisiblement dans sa boutique comme un homme qui n'a point la raison troublée, sa femme occupée de préparer le dîner de la famille, et Jeannette assise sur sa petite chaise, tricotant et chantant à tue-tête. » (1)

Si une seule fois nous pouvons rendre l'enfant témoin d'une scène analogue, il sera édifié. Il comprendra combien la calomnie est abominable, et que c'est là plus violente monstruosité dont se rendent coupables ces bêtes féroces qui s'appellent les hommes. Les cas de calomnie ne sont pas rares, et on aura, un jour ou l'autre, l'occasion de la faire toucher du doigt et de la faire détester à jamais.

(1) Mme Campan.

### 4. La médisance

Ne pas la laisser *pratiquer.* — Entre les jeunes filles oisives surtout, quel est l'éternel sujet de conversation ? Les petits cancans et les petites méchancetés contre tel ou telle. Il faut occuper leur esprit d'autres choses, afin qu'elles ne soient pas tentées par le désœuvrement et par le vide d'idées.

Comment *dégoûter* de la médisance. — Si l'on continue, il faut punir de façon à ne plus laisser envie de recommencer. Ce qui pousse souvent à médire, en dehors du besoin de dire quelque chose, c'est le désir des applaudissements, c'est la rage de faire rire, de passer pour personne d'esprit. Il suffit donc, pour refroidir le zèle, de ménager une déception d'amour-propre. Léontine me glisse une médisance : Je ne te demande pas cela, dis-je sévèrement. Une autre fois elle me répète avec complaisance les méchancetés qu'elle a recueillies : elle ne s'est pas corrigée, la leçon doit être plus forte. D'abord je l'ai écoutée froidement, sans m'associer à son plaisir méchant : elle s'est senti du froid dans les veines. Mais voici bien autre chose. Le lendemain ou un jour suivant, je l'apostrophe ainsi : Je viens d'en entendre de belles sur ton compte ; on disait telle chose... L'enfant bondira de colère : Et qui a dit cela? — Doucement, mon amie : voudrais-tu que je dise à tel qu'hier tu as médit de lui ? Toute la colère de l'enfant tombera à ces mots, il aura compris : l'art suprême, en éducation, consiste à provoquer certains mouvements du cœur pour les tourner au service du bien.

Comment *flétrir* la médisance. — Après avoir montré sur le vif, autant que possible, les brouilleries, les haines et les calamités que peut engendrer une seule médisance, il faut pénétrer l'enfant de cette idée que la médisance est parmi le monde un genre reçu, et le plus odieux ; que sur ce point les gens se rendent extrêmement coupables, sans s'en rendre compte, faute d'y songer ; mais qu'une fois prévenu, chacun doit là-dessus être supérieur aux autres s'il ne veut pas se mépriser lui-même.

### 6. L'impartialité

Il importe aussi d'enseigner la justice dans nos jugements sur les hommes, c'est-à-dire l'impartialité.

Ce qui le plus souvent nous rend partiaux, c'est-à-dire injustes, c'est la haine et l'affection. Les jeunes filles surtout, dit Fénelon, se passionnent pour ou contre tel ou tel. « Elles ne sauraient voir deux personnes qui sont mal ensemble, sans prendre parti dans leur cœur pour l'une contre l'autre ; elles sont toutes pleines d'affections ou d'aversions sans fondement ; elles n'aperçoivent aucun défaut dans ce qu'elles estiment, ni aucune bonne qualité dans ce qu'elles méprisent. Il ne faut pas d'abord s'y opposer, car la contradiction fortifierait ces fantaisies ; mais il faut peu à peu faire remarquer à une jeune personne qu'on connaît mieux qu'elle tout ce qu'il y a de bon dans ce qu'elle aime, et tout ce qu'il y a de mauvais dans ce qui la choque; prenez soin en même temps de lui faire sentir dans les occasions l'incommodité des défauts qui se trouvent dans ce qui la charme, et la commodité des qualités avantageuses qui se rencontrent dans ce qui lui déplaît : ne la pressez pas, vous verrez qu'elle reviendra d'elle-même; après cela, faites-lui remarquer ses entêtements passés, avec leurs circonstances les plus déraisonnables; dites-lui doucement qu'elle verra de même ceux dont elle n'est pas encore guérie, quand ils seront finis. Racontez-lui les erreurs semblables où vous avez été à son âge. Surtout, montrez-lui, le plus sensiblement que vous pourrez, le grand mélange de bien et de mal qu'on trouve dans tout ce qu'on peut aimer et haïr, pour ralentir l'ardeur de ses amitiés et de ses aversions. »

Une autre cause de partialité, c'est l'ignorance. Nous sommes injustes envers ceux qui n'ont pas les mêmes opinions ou les mêmes sentiments que nous, parce que nous ne les comprenons pas. Nous blâmons chez d'autres peuples certains usages qui nous choquent, parce que nous n'en savons pas la raison d'être. Il faut mettre cette idée dans la tête de l'enfant, lui inspirer le désir de comprendre les raisons des choses, lui faire voir que bien des hommes blâment parce qu'ils ne savent ce qu'ils font, et lui donner l'envie de n'être pas de ceux-là. On n'a le droit de juger qu'après avoir compris.

# VI. — L'ENFANT LABORIEUX

*« O amour du travail, tu es si grande qualité qu'on a tout dit quand on a dit d'un homme et d'une femme : Il est travailleur et bon, elle est bonne et laborieuse. Homme occupé, homme heureux et honnête. Homme inoccupé, sujet ennuyé, malheureux et vicieux. Femme oisive, malheur à elle, silence sur elle... — Qu'il est beau un gros homme, aux joues bouffies, au ventre rebondi, qui s'imagine qu'il a été mis au monde seulement pour humer l'air ! Et qu'il est magnifique l'homme adulte et plein de santé qui vit sur autrui, qui se fait nourrir par ses parents, qui se fait héberger par sa femme, qui se fait donner la becquée par ses enfants ! Les parents ne songent pas assez à tout cela, car on rencontre de par le monde un nombre de paresseux formidable. Je ne veux pas que mes enfants soient de cette race abâtardie : car les vrais bâtards, ce sont les paresseux : leur père leur a fait défaut pour leur apprendre la grande loi du travail. »*

**Pour être laborieux l'enfant doit aimer à la fois le travail de la main et celui de l'esprit, avoir de l'ordre et être économe, et enfin choisir le métier qui lui convient.**

## 1. Le travail de la main

*Quels travaux* faire exécuter. — Il est un genre de travaux qui doivent se faire dans toutes les familles, et que tous les enfants peuvent pratiquer, ce sont les travaux du ménage. D'abord les courses : petites commissions aux voisins, transports de denrées et d'objets légers. Ensuite les menus travaux d'intérieur : balayer la cuisine, souffler le feu, porter de l'eau, cirer les souliers. Viendront après les travaux proprement dits du ménage :

le nettoyage de la vaisselle et des meubles ; la préparation des aliments ; le raccomodage des habits, l'entretien du linge et la lessive. Enfin, toutes les fois que les parents exercent un métier manuel, les enfants devront les aider dans leur travail spécial : ainsi chez les laboureurs surtout, chez les artisans divers, chez les marchands.

*Qui* devra exécuter ces travaux de ménage. — Tous. Les garçons comme les filles. Soldats, marins, gendarmes, douaniers, ou privés momentanément de leur ménagère, il ne faut pas qu'ils soient embarrassés de leur personne et de leur estomac.

Les étudiants comme les autres. Je n'aime pas les travaux du ménage, j'aime mieux étudier, disait, croyant se distinguer, une jeune fille se destinant à être professeur de lycée. Il n'y a pas de complète distinction en dehors du ménage, Mademoiselle. La femme la plus distinguée par l'esprit, fût-elle artiste, écrivain, n'est pas complètement une femme si elle ne sait pas elle-même tenir une maison, préparer ce qu'il nous faut trois fois par jour pour vivre, entretenir ce dont nous avons besoin pour nous habiller.

Les riches comme les pauvres. Une maîtresse de maison doit en savoir au moins presque autant que ses domestiques si elle veut les contrôler et en être estimée (je dis estimée, car on n'estime pas une ignorante). D'ailleurs qui est sûr de rester toujours riche? Sachons au moins nous servir de nos dix doigts pour pourvoir à nos plus pressants besoins. Dans tous les cas, alors même que le travail ne leur serait pas utile, il faudrait encore que les enfants travaillent, quelle que soit leur situation, simplement afin de prendre l'habitude du travail.

Comment faire *aimer* le travail. — Qui donc a dit que les enfants sont paresseux ? Il ne fut jamais avancé pareille fausseté. Voyez ce bambin de deux ans, sur ses jambes toute la journée, allant d'un coin à l'autre de la cuisine et du jardin, poursuivant à la course le chien, soulevant et renversant les chaises : voudrions-nous travailler autant que lui ? Ce besoin d'activité, il n'y a qu'à le tourner vers le travail. Remarquons que c'est de lui-même et parce qu'il le veut bien qu'il se donne toute cette fatigue. Il faut donc au début lui demander surtout des choses qui lui plaisent.

Une fillette de six ans voulait repasser avec sa mère. C'est trop difficile pour toi, lui dit la mère. Alors l'enfant voulut se rabattre sur le feu, le souffler, arranger les bûches. Tu te brûlerais, lui dit encore la mère. Alors quoi je fais, si je ne puis rien faire, dit la vaillante fillette. Par « quoi je fais » elle voulait dire : A quoi suis-je bon ? Eh bien, oui ! l'enfant veut être bon à quelque chose ! Il veut être remarqué et estimé. Voyez ses yeux, qui demandent un applaudissement pour un travail qu'il vient de faire : applaudissez. Le travail est insignifiant, n'importe : encouragez, à cause de l'intention et en vue de l'avenir. Ceci fait voir quelle erreur c'est d'infliger le travail comme un châtiment : c'est plutôt comme une récompense qu'il faudrait le présenter. Nous aimons tout ce qui nous procure de l'honneur.

Un garçon de sept ans était chargé d'une mission de confiance et d'honneur (il tenait un écheveau de laine que dévidait sa mère). Le grand frère de douze ans, occupé à une autre besogne, aurait voulu se rapprocher d'une compagnie si douce. Le père lui dit : Ton frère est encore trop petit pour pouvoir travailler seul, c'est pourquoi il est avec sa mère; mais toi tu es grand, tu dois mettre ton honneur à n'avoir que le travail pour compagnon : le travail et toi, vous êtes deux. Amusez-vous, disputez-vous, dompte-le. C'est ainsi que le père essaya de faire sentir à son fils le bonheur que procure le travail lui-même : qui a une fois senti ce bonheur sera laborieux pour la vie. Pour sentir ce bonheur il faut avoir fait effort, et il est bon que l'effort soit heureux. Exigeons donc un peu d'effort. Au lieu de dire du travail : C'est un jeu, disons : C'est une tâche, mais rendons la tâche agréable comme une partie de plaisir. Peu à peu les efforts seront gradués comme les difficultés, et l'on arrivera à demander ce qui d'abord eût paru difficile, mais toujours sans dépasser ses forces, afin de lui assurer le succès et la joie du triomphe.

C'est pour cela que l'on doit apprécier ses essais ingénieux quand il fait de petites inventions ; former son adresse en lui apprenant à porter un meuble, à ranger des effets, à simplifier la besogne, à trouver un expédient dans un embarras. Chaque pas dans le progrès est un pas dans l'amour du travail.

En un mot : libre, honoré et couronné de succès, tel doit être le travail si l'on veut qu'il soit aimé. Ajoutons qu'il doit être varié, et coupé avant la lassitude par une récréation ou un repos.

## 2. Comment doit-on corriger les paresseux

Quand un enfant répugne à toute activité, il est comme un malade, c'est son corps qu'il faut atteindre d'abord. Non par des coups et la privation de nourriture (puisque le physique manque de ressort, ce n'est pas en l'affaiblissant davantage qu'on le guérira) mais par des aliments stimulants, des frictions faites avec une brosse chaque jour sur toute la peau pour secouer le sang, des exercices réguliers renforcés progressivement. On lui fera aussi aimer tout ce qui rend à l'action et à la vie : l'air frais du matin, une promenade vive, un déjeuner gagné à la course, partagé avec gaieté avec les compagnons. En même temps on l'entourera de camarades ou d'hommes vifs et actifs : tout cela entraîne, et « rien ne donne plus de dégoût de l'oisiveté à un enfant que de voir d'autres occupés et heureux. »

Quand l'enfant est indolent, non par paresse de corps, mais par manque de goût pour toute jouissance, il faut tâcher de saisir (comme il est dit page 229) son endroit sensible : ici c'est son occupation préférée dont il faut faire, au besoin, une perspective et une récompense : ce plaisir amorcera.

Quand enfin l'éloignement pour le travail vient d'un attachement passionné pour un jeu, il y a deux moyens : ou inspirer une passion plus forte pour un travail quelconque (un clou chasse l'autre) ; ou, comme le recommande Locke, faire continuer le jeu favori, sans interruption et sans répit, jusqu'à la lassitude et au dégoût.

Un grand point dans tous les cas, d'où que vienne la paresse, c'est de ne lui laisser emporter aucune victoire. Je ne peux pas, dit d'un air dolent un garçon auquel vient d'être ordonnée une tâche. Là-dessus des pleurs, des yeux rouges. Si vous vous laissez fléchir, ridicule et malheur. Que faire ? Aidez-le, de façon qu'il puisse, mais qu'il fasse presque seul, puis dites simplement : Tu vois que tu peux.

Regarde comme c'est joli, vous dit votre mignonne vous montrant une scène quelconque, à seule fin de vous faire oublier un ordre que vous venez de lui intimer; ne soyez pas dupe de ces petites ruses, ce serait trop grossier. Un malin a disparu pendant le temps qu'un travail était à faire : attendez son retour, et que le travail l'attende aussi. — Il arrive que si plusieurs ont été chargés d'un même travail, ils s'en déchargent l'un sur l'autre, et personne ne le fait : forcez-les de travailler tous ensemble, et au besoin travaillez avec eux allègrement : à la fin ils auront honte. — Entraînement par l'exemple et par la gaieté, tout est là.

## 3. Le travail de l'esprit

Quoique la plupart des parents ne puissent se charger de l'instruction de leurs enfants, tous, même les plus ignorants, peuvent cependant beaucoup pour développer leur intelligence.

En premier lieu vient l'étude de la langue : si le père et la mère, par leur exemple et leurs exigences, donnent à l'enfant une bonne prononciation, ils lui auront rendu un grand service ; en outre ils peuvent lui apprendre à parler correctement et à exprimer nettement ses idées dans sa langue maternelle.

Pour exprimer des idées il faut les avoir : et c'est ici que les parents peuvent encore jouer un grand rôle. Le monde est plein de choses : faisons-les observer aux enfants, ils s'y instruiront merveilleusement. D'abord les animaux : les enfants les aiment tant ! Au lieu de les gronder lorsqu'ils touchent ce que nous appelons « une vilaine bête », au lieu de les blâmer d'employer leur temps à des « saletés », encourageons leur penchant naturel : qu'ils observent tout : les animaux de la ferme et de la basse-cour, les insectes, les oiseaux, leurs formes, leurs couleurs, leurs mœurs, et qu'ils nous disent tout ce qu'ils ont observé ; si leurs remarques sont justes, laissons-leur en l'honneur ; s'ils ont commis des erreurs, rectifions sans moquerie, obligeons au besoin de recommencer afin d'éviter cette fois l'erreur ; enfin sur ces animaux disons ce que nous savons et qui pourra intéresser les jeunes naturalistes. — C'est de la même façon que nous ferons observer tout ce qui entoure l'enfant : les plantes, les arbres et les fleurs, qu'aiment surtout les jeunes filles ; les montagnes, les fleuves, les rochers, les pierres, la neige, la glace, le soleil, la lune, les étoiles. Regarde, dirons-nous à l'enfant. Et s'il apprend, guidé par nous, à bien regarder, il en apprendra plus que dans un livre. Que de promenades instructives et attrayantes seront faites ainsi ! — Enfin, les choses du métier des parents, leurs travaux, les procédés, les raisons de telle opération, voilà encore une infinité de sujets.

Secoué par la vue de toutes ces belles choses, l'enfant désire comprendre, il fait des questions : répondons sérieusement à ses questions. L'on tombe là-dessus dans deux fautes bien graves : ou on lui impose silence, décourageant ainsi et étouffant toute curiosité ; ou on lui tend des pièges, on lui propose des énigmes, on lui dit des sottises pour voir ce qu'il dira. Soyons donc de bonne foi avec cet être qui est tout de bonne foi.

Il n'y a que deux cas où il ne faille pas répondre. C'est d'abord quand il demande une chose au-dessus de son esprit : Tu le comprendras plus tard, dirons-nous au petit questionneur. Cette réponse lui fait juger qu'il ne sait pas et qu'il ne peut pas savoir tout, et lui inspire le désir d'en apprendre davantage. C'est ensuite quand il interroge sans vrai désir de s'instruire, pour se donner une contenance, pour se faire remarquer, ou pour une chose qu'on lui a déjà expliquée : Regarde mieux et vois toi-même, ou : Je te l'ai déjà dit, pourrons-nous répondre au petit importun. Alors il fait un retour sur lui-même, regarde mieux l'objet, ou cherche dans ses souvenirs : il voit ainsi l'utilité de l'observation et de la réflexion. N'oublions pas que ce qu'il aura observé et trouvé lui-même, il en sera frappé infiniment plus que par ce que nous lui aurions dit.

On voit le moyen de faire aimer ces exercices. C'est, comme toujours, la façon de les présenter qui importe. Attrait et affection, voilà ce que l'enfant doit y rencontrer. Il y trouvera de l'attrait parce que ce sont des choses qu'il voit, et que tout ce qu'il voit l'enchante, comme la lumière nous enchante au milieu de l'obscurité. Dis les sous-préfectures du département de X..., disait un père à son petit de cinq ans. C'était le moyen de l'ennuyer et de ne lui apprendre rien. Qu'est-ce que ça lui faisait, les sous-préfectures ? Il ne les avait jamais vues. Il ne savait même pas ce que c'est qu'une sous-préfecture. Pénétrons-nous bien de cette idée : *ce qu'il voit, et rien que ce qu'il voit*. Les maîtres lui apprendront le reste plus tard : ce n'est pas notre rôle.

C'est pour la même raison qu'il ne faut pas se presser de lui apprendre à lire. On peut attendre tranquillement qu'il ait six à sept ans. Apprendre à lire est difficile et ennuyeux : la forme des lettres ne dit rien à l'esprit de l'enfant ; comme il préfère les animaux et les fleurs! Or s'il apprend à voir et à connaître tout ce qui l'entoure, il en aura bien plus appris qu'en apprenant à lire. C'est la vanité et l'ignorance des parents qui aujourd'hui les poussent à faire lire leurs enfants à quatre ans. Ils devraient songer qu'en fatiguant le cerveau trop tôt on risque de l'affaiblir à jamais.

Maman, je sais une histoire ; je te la conte, veux-tu ? — Tais-toi, tu m'ennuies. C'est là encore un sûr moyen de dégoûter l'enfant de toute curiosité. Prenons donc part à ses joies intellectuelles et à ses admirations. Nous sommes en promenade, il nous dit à chaque instant : Regarde ceci. Jetons un coup d'œil complaisant sur tout ce qu'il nous montre, lors même que nous n'y aurions rien à apprendre et rien à admirer. L'enfant en aimera mieux ses parents et en aimera mieux le travail de l'esprit. Double profit.

Une fois que les enfants vont à l'école, les parents peuvent et doivent *venir en aide aux maîtres* : en veillant à ce que les devoirs soient faits avec soin et les leçons étudiées ; en les envoyant en classe tous les jours et aux heures exactes ; et surtout, surtout, — oh ! qui ne commet cette faute déplorable, — en ne critiquant jamais les maîtres devant leurs élèves (si on a quelque chose à dire, qu'on le leur dise à eux-mêmes en particulier) ; au contraire, en faisant l'éloge de leurs qualités et de leur dévouement ; en maintenant et faisant exécuter leurs punitions : Ils t'ont puni, tu ne devais pas le mériter, disent les parents qui aiment comme il faut. Au lieu d'agir ainsi, comment se comportent la plupart des parents ? Ton maître t'a puni, dit-on à l'enfant, mais ne crains rien, je lui ferai savoir qu'il ne faut pas punir injustement... Oh ! le professeur a des préférences : il s'occupe plus de tel qui lui est recommandé que du nôtre ; si nous étions riches... C'est par de telles sottes et déplorables paroles que nous tuons chez l'enfant le respect et l'amour pour les maîtres, et par suite l'amour de l'étude elle-même.

Il y a bien des pères qui peuvent suivre et voir de près les études de leur fils et de leur fille, leur expliquer des choses qu'ils ne comprennent pas bien, s'assurer qu'ils ont étudié, se faire, en un mot, leurs répétiteurs, mieux que cela, des directeurs de leur esprit. Qu'ils mettent leur expérience et leur instruction au service de leurs enfants : rien n'égale le bonheur d'un enfant qui voit son père s'intéresser à ses études ; et quel moyen d'influence morale dans ces entretiens où un conseil d'occasion est d'autant mieux reçu qu'il était moins prémédité ! De même beaucoup de mères sont en état de faire presque à elles seules l'instruction de leurs filles : plusieurs d'entre elles le font, et, outre ce qu'y gagnent l'affection et la moralité, elles y trouvent le moyen de s'instruire elles-mêmes davantage et de rester supérieures à leurs enfants.

## 4. La ponctualité et l'esprit d'ordre

Il est deux richesses précieuses dont nous devons apprendre à faire un bon emploi : ce sont le temps et les choses.

1. *Bon emploi du temps.* — L'enfant a été chargé d'une commission à faire chez le voisin : qu'il la fasse sans perdre de temps, sans s'arrêter sur la rue ou avec des camarades. Vous lui avez recommandé un travail : exigez qu'il le fasse immédiatement, et sans aucunes lenteurs.

C'est après qu'il s'amusera. Chaque chose en son temps.

De même pour le travail de l'esprit. Je ne puis pas faire tout cela, dit en se lamentant une douillette. — Eh bien ! fais-en ce que tu voudras, lui répond-on. — Cette heure ne me convient pas aujourd'hui : veux-tu un autre moment ? — Quand tu voudras, mon amie. C'est ainsi que nous habituons l'enfant à ne suivre que son caprice. Dès l'âge de cinq à six ans, consacrons au travail et à l'étude certaines heures fixes, et ne sortons pas sans motif de ce règlement : l'ordre horaire est le meilleur moyen d'arriver à l'ordre général. Dans ce temps déterminé donnons à faire une tâche déterminée : peu si l'on veut, mais vite et bien ; l'attention doit être courte, mais forte. Au travail, et sérieusement, quand on est au travail. Ne cessons de faire pratiquer ce conseil excellent : Sois tout entier à ce que tu fais. C'est ainsi que nous empêcherons cette activité désordonnée, capricieuse et papillonne, presque aussi désastreuse que l'oisiveté.

Comme sanction de ces habitudes, l'enfant ferait bien d'inscrire dans un carnet : avant le travail, ce qu'il se propose de faire, sous forme d'emploi du temps de la journée, de la semaine, du mois ; après le travail, le tableau bref de ce qu'il a fait. Quel plaisir, en relisant ce carnet, à la pensée qu'on a fait quelque chose, qu'on n'a pas perdu son temps ! L'existence prend un but, une couleur, un charme aussi. Cette pratique, très peu mise en vigueur jusqu'à présent, sera féconde à qui voudra l'essayer : on fait bien des choses, rien que pour pouvoir les inscrire au tableau des œuvres faites.

Le manque d'exactitude doit être corrigé non par des paroles, mais par des actes. Votre fils a l'habitude d'arriver en retard : arrivez à l'heure exacte, et partez sans lui. Ça lui apprendra. Toute autre leçon serait vaine. Que ce soit pour un repas, pour une partie de plaisir, pour un voyage, soyez ponctuel et soyez inexorable comme un train qui part sans attendre. On aura à souffrir, mais c'est à ce prix seulement que se corrige le nonchalant.

2. *Bon emploi des choses*. — Dès l'âge de un à deux ans ne pas permettre la négligence : si le bébé perd ses objets et ses jouets, lui demander d'un air sévère ce qu'il en a fait ; l'empêcher de les briser par étourderie ou par instinct de destruction. De même à table : il ne doit ni gaspiller ni jeter ce qu'il ne mange pas; en mangeant il fera attention à ne pas salir ses vêtements, comme à ne pas les déchirer dans ses jeux. Plus tard on lui montrera à prendre lui-même soin de ses effets : aussitôt rentré, changer d'habits et serrer ceux de sortie après les avoir brossés et pliés avec amour ; mettre chaque chose à sa place : gare si l'on trouve un soulier par ci, une robe par là, le chapeau dans un autre coin, tout à la volée ; le moindre désordre devra être effacé à l'instant, et effacé, c'est là le point capital, par celui-là même qui l'a produit. La jeune fille comptera son linge, mettra de côté celui qui doit être mis à la lessive. Il est malheureux qu'il y ait des domestiques si les domestiques doivent empêcher les enfants de prendre ces soins. Les enfants les

plus riches devraient faire tout cela comme les autres, afin de prendre l'habitude. Plus tard encore, on confiera à la jeune fille une mission spéciale : le soin, non plus seulement de ses effets, mais d'une partie de la maison, d'une chambre, d'une armoire dont elle aura la clef. Si elle s'en acquitte mal, on lui retire la charge, en lui disant : J'avais cru, je me suis trompé; c'est encore trop tôt... Ces paroles ayant produit de l'impression, quelque temps après on pourra recommencer l'essai. Il faut que l'enfant arrive à mettre chaque chose à sa place, de façon à l'y retrouver à la minute et du premier coup quand il en a besoin, et à l'y remettre aussitôt qu'il a fini de s'en servir. Il est facile de lui faire aimer cet ordre : le plaisir des yeux et la commodité qu'on y trouve sont un stimulant suffisant.

Comme en toutes choses gardons-nous du faux et de l'excès. Les Hollandaises frottent les vitres jusqu'à s'enrhumer. Certaines femmes tiennent tant à la propreté qu'elles en deviennent féroces pour tous les salisseurs : un peu d'indulgence doit tempérer cette ardeur. L'armoire qui ne sert pas est pleine de linge bien rangé, celle qui sert est dans un désordre complet ; le salon de montre est rayonnant d'éclat, les pièces où l'on habite sont infectes : ce n'est pas là de l'ordre, ce n'en est que l'apparence et que la vanité. Apprenons par notre exemple le vrai ordre, qui s'applique à tout.

### 5. L'esprit d'économie et de prévoyance

Comment faire *pratiquer* l'économie. — Ne donnez pas à votre enfant de l'argent au hasard et sans compter : il serait tenté de le dépenser sans compter et au hasard. Ne lui achetez en jouets, en habits, en livres, que les choses nécessaires. Plus tard ne laissez pas grandir les vices qui portent à la dépense : la coquetterie chez la jeune fille, l'amour des plaisirs chez le jeune homme.

Faites connaître au jour le jour le prix de toutes les choses nécessaires à la vie : loyer, habits, bois, gaz, pain, viande, vin, denrées. Que les enfants tiennent un compte exact par écrit des dépenses faites pour eux en vêtements, livres, leçons ; puis un semblable compte des dépenses de toute la maison : ainsi ils comprendront combien il faut de ressources pour entretenir une famille. Les jeunes gens tenus dans le secret ne connaissent que les dépenses qu'ils font eux-mêmes, et ils s'imaginent que ces dépenses ne sont rien auprès de la fortune de leur père ; ainsi les parents qui tiennent secrets les frais du ménage engagent à faire des dépenses inconsidérées. — Si dans la tenue des comptes il est fait des erreurs involontaires il ne faut pas se fâcher, mais faire soi-même le difficile, et enseigner graduellement. Plus tard, au lieu simplement d'inscrire les comptes, le jeune homme fera des calculs sur le budget et sur les moyens de l'alléger. Voilà le tableau des dépenses : sur quoi peuvent-elles être réduites ? Voici un article cher : ne peut-il être remplacé par un autre moins cher rendant le même service ? Voilà du superflu peut-être : ne pourrait-on le retrancher ? Les jeunes filles raccommodent le linge : combien aurait coûté ce raccommodage s'il avait fallu le faire faire à une couturière, et combien gagnent-elles par leur travail ? Elles apprennent à faire les vêtements : on n'est une complète ménagère qu'à la condition d'être doublée d'une couturière. Voici une affaire à entreprendre : mon fils, ma fille, dressons ensemble l'état de prévision.

N'offrons pas à nos enfants le spectacle démoralisant du gaspillage dans les choses. Voilà une robe neuve : elle a servi trois fois, elle ne servira plus, le caprice a changé. Voici une emplette faite sans nécessité aucune : elle ira encombrer le fond d'une armoire pour y moisir pendant dix ans. C'est ainsi que les coins se remplissent de choses inutiles, tandis que la bourse se vide, et que l'esprit de l'enfant s'accoutume au désordre.

Enseignons enfin par notre exemple la *prévoyance*, en nous mettant à l'abri de la maladie par la participation à une société de secours mutuels, et à l'abri des grands accidents par l'assurance sur la vie.

Comment faire *aimer* l'économie. — Ce n'est pas par de vagues recommandations d'épargner, par d'éternelles plaintes sur la dureté des temps et l'excès des dépenses : cela agace sans former. Les choses et les preuves frappent beaucoup, les paroles peu. Si le petit prodigue fait un mauvais usage de la menue monnaie que vous lui avez remise, vous la lui retirez, en disant : Je vois qu'il est encore trop tôt pour toi ; quand tu voudras te gouverner... Au contraire, vous lui permettrez, lorsqu'il ne gaspille pas son argent, d'en consacrer une partie à une œuvre utile ou bonne : cadeau à une jeune sœur, vêtement à un malheureux, souscription à une œuvre philanthropique, etc. Double profit : l'enfant prend goût à garder afin de pouvoir donner.

Cela ne veut pas dire qu'il faille le dépouiller de tout, comme font, par exemple, ces parents qui, après avoir envoyé leur enfant domestique, lui grugent tous ses pauvres salaires : quel goût peut-il avoir à gagner quand il ne lui reste rien de son labeur ? Il ne faut pas non plus se montrer d'une sévérité excessive pour quelque folie d'argent qu'aura faite un jeune homme, ni lui dire que pour cela il est perdu dans l'estime de ses parents. Les leçons se payent cher : ce que nous devons exiger, c'est qu'il profite de celles que donne la vie. — Enfin quand on est dans une certaine aisance, c'est une injustice et un mauvais calcul de tenir les jeunes gens dans la gêne : c'est le plus sûr moyen de leur faire prendre en aversion l'économie, de leur faire contracter des dettes secrètes, et de les pousser dans le gaspillage, en haine de la sagesse excessive à laquelle ils voient qu'on les veut réduire. Le mieux serait de dire au jeune homme de vingt ans : Voilà actuellement notre situation ; les chances probables sont telles et telles, mais nul ne sait l'avenir. Je te confie une somme : tu la gèreras à ton gré, tu en es possesseur. Tu me feras plaisir si tu me tiens au courant de ta gestion, mais je ne t'y oblige pas. Il est entendu que tu n'auras pas autre chose jusqu'à quelque changement dans notre existence. Si tous les pères nous agissions ainsi, nul doute qu'il y aurait moins de ces « fils de famille » qui ruinent leurs parents et font blanchir leurs cheveux.

Comment *expliquer* la nécessité de l'économie. — Montrer qu'un sou représente une somme de travail et de privations ; que faute d'un morceau de pain bien des désespérés se donnent la mort ou périssent de faim, ainsi que l'enregistrent chaque jour les journaux ; qu'avec une pièce de monnaie on peut épargner une souffrance aux siens, à soi-même, à tant de malheureux qui souffrent : c'est donc une imprudence envers soi-même, une injustice envers autrui, que de l'employer mal à propos, sans lui faire produire tout le bien qu'il pouvait. On peut aussi, quand l'occasion se présente, faire toucher du doigt les grandes ruines dont l'enfant sera témoin, et lui en signaler les causes : cela non comme leçon mais comme constatation.

Eviter l'*excès*. — Ne pas élever les enfants dans le culte de l'or, ni dans l'adoration des richesses. Tendance à redouter chez les jeunes filles surtout : Je voudrais être riche, leur entend-on souvent dire ; on est heureux quand on est riche... de belles robes, vivre en un palais, aller en voiture... Puis voilà les têtes qui tournent, et les âmes qui tombent... Ah ! c'est notre faute, pères et mères. Que de fois n'avons nous pas dit la plainte éternelle : Quand on est pauvre... etc. Pourquoi fausser les idées de nos enfants ? Non, être pauvre n'est pas un malheur, pourvu qu'on trouve du travail assez pour vivre. — Quant à l'avarice proprement dite, elle n'est pas à redouter lorsqu'on inculque cette idée que l'argent est pour faire du bien à soi ou aux autres, non pour être entassé.

Il y aurait à craindre parfois une épargne poussée jusqu'à la lésinerie. Il faut alors montrer, comme dit Fénelon, que « c'est le bon ordre, et non certaines épargnes sordides, qui fait les grands profits. » Qui n'a vu des grandes personnes s'imposer une vraie privation ou une réelle fatigue pour économiser deux sous, au moment même où, faute de tête et de calcul, elles font une dépense inutile de cinq francs ? Ah ! l'ordre ! l'ordre ! comme il est supérieur à l'épargne !

## 6. Le choix d'un métier

S'il n'y a pas de raison sérieuse contre, les enfants ont tout intérêt à suivre le métier de leurs parents : ils pourront s'y former jeunes et profiter d'une situation créée : surtout ils ne quitteront pas la famille, et ne seront pas exposés sans défense, à l'âge le plus dangereux de la vie, aux influences souvent pernicieuses du dehors.

On ne doit pousser aux études que ceux qui ont, en même temps qu'une grande intelligence, un goût très prononcé pour le travail de l'esprit. Que de gens qui se sont ennuyés pendant quinze ans sur les bancs du collège, et qui ensuite tuent leur temps aujeu, aux cartes, à la chasse et ailleurs, sans profiter autrement de l'instruction qu'on a voulu leur faire acquérir malgré eux. Mieux leur eût valu de se faire maçons, comme dit le poète. Que de vies manquées !

De même, il ne faut songer aux carrières administratives que pour les natures moyennes mais solides, les tempéraments calmes, aux goûts modestes, aimant l'ordre et la discipline. Les natures brillantes, indépendantes et fantaisistes y réussissent mal et y ont à souffrir énormément. Que d'esprits fourvoyés !

Pour les métiers manuels, il faut dans la main beaucoup de dextérité. Une main maladroite, ne la condamnez pas à des travaux difficiles et délicats. Qui n'a vu des gens faire un métier pour lequel ils ne sont pas nés ? Ils peinent deux fois plus qu'un autre, et ils gagnent moins, parce qu'ils ne sont pas adroits. Il en résulte le découragement, ou tout au moins des efforts presque stériles, et qui eussent produit davantage s'ils avaient été appliqués dans la direction voulue.

« Il a manqué sa vocation » : c'est là une des situations douloureuses de la vie, et l'une des plus communes, parce que les parents se décident sans réflexion dans la plus grave affaire de la vie après celle du mariage, parce que les intéressés eux-mêmes enchaînent leur existence à une carrière avec une légèreté qui n'a d'égale que les souffrances qu'ils se préparent par leur faute pour plus tard. On se laisse guider par la vanité, par le caprice du moment, par l'exemple d'un camarade ; et l'on ne songe pas que l'on s'engage pour la vie.

C'est nous, parents, qui avons le devoir de veiller et de guider. Observons chez nos enfants l'aptitude ou le défaut d'aptitude, le goût ou la répugnance qu'ils montrent pour tels ou tels genres de travaux : certains indices nous permettront de deviner. — Nous pouvons aussi examiner si un défaut moral à peine visible trouvera dans telle profession un aliment funeste qu'il faut lui refuser ; ou au contraire si une qualité naissante aura dans telle autre une occasion de s'exercer et de se fortifier. Après cela nous pouvons conseiller l'enfant, l'éclairer, le préparer même de loin. Alors c'est tout : la décision définitive, c'est lui-même qui doit la prendre librement. Que s'il ne sait pas se décider, nous ne le laisserons pas jusqu'à un âge avancé dans l'indécision, il risquerait d'y perdre le goût de tout travail : nous choisirons alors pour lui, selon ses aptitudes, ses goûts, son caractère et notre situation. Une idée nous suffira pour nous bien guider : il faut qu'il soit habile dans son métier, et heureux par son métier. Voilà tout.

# VII. — L'ENFANT MAITRE DE SES PASSIONS

**Ce que signifie être maître de ses passions : non tuer la vie en se refusant même les jouissances honnêtes, mais contenir les penchants nuisibles aux autres ou à soi-même, particulièrement tout ce qui touche à l'orgueil mal entendu et à la mollesse.**

**Pour empêcher un mauvais penchant de triompher : l'empêcher de naître, ou l'attaquer dans son principe, ou lui substituer une passion noble.**

**Moyen d'amener l'enfant à vouloir s'amender : le carnet de ses fautes et de ses progrès dans le perfectionnement.**

**Principaux penchants nuisibles à combattre : gourmandise et sensualité, peur et timidité, tendance au mensonge, orgueil, vanité et coquetterie, colère et inégalité d'humeur.**

## 1. Rendons les enfants heureux

### OUVREZ AUX ENFANTS

*Les enfants sont venus vous demander des roses,*
*Il faut leur en donner.*
*— Mais les petits ingrats détruisent toutes choses...*
*Il faut leur pardonner.*

*Tout printemps est leur fête et tout jardin leur table;*
*Qu'ils prennent à loisir;*
*Ils nous devront du moins, souvenir délectable,*
*D'avoir eu du plaisir!*

*Demain nous glanerons les roses répandues,*
*Trésor du jardin vert;*
*Ces haleines d'été ne seront pas perdues*
*Pour embaumer l'hiver.*

*Ouvrez donc aux enfants qui demandent des roses;*
*Il faut leur en donner;*
*Et si l'instinct les pousse à briser toutes choses,*
*Il faut leur pardonner.*

(Mme DESBORDES-VALMORE.)

Qui ne se souvient de ses premières années d'enfance et de bonheur? Qui ne voudrait y revenir? Eh bien! nos enfants y sont, à cet âge du bonheur : laissons-les en jouir. Ne les en arrachons pas avant le terme : c'est comme si nous retranchions dix années de leur existence. Toucher au bonheur de l'enfance c'est abréger la vie en réalité. Pour avoir fait cadeau de la vie à nos enfants, c'est-à-dire pour les avoir faits sujets de la misère, de la maladie et de la douleur, nous n'avons pas le droit d'ajouter à ces souffrances naturelles d'autres souffrances venant de notre faute. D'ailleurs, qui sait? Notre ange n'a peut-être que quelques jours à passer sur cette terre : puisse-t-il du moins les couler dans la paix! Et s'il doit grandir et devenir homme, assez tôt viendront les mauvais jours : qu'il emporte de ses jours d'enfance de beaux souvenirs, il n'est qu'une saison pour en faire la récolte. Laissons cueillir les fleurs : elles parfumeront le chemin de la vie. Donc, comme il a été dit (p. 146-149, 173-178, 236) *point de souffrance inutile* d'aucune sorte. — Mais l'enfant aura à souffrir dans sa vie, et il faut par conséquent lui apprendre à souffrir? — Oui, certes. Mais les souffrances lui doivent venir, ou des événements, ou de ses fautes : de ses parents il ne doit recevoir que les bons exemples, les bonnes leçons, et le bonheur.

Reste sans bouger, disait-on à un enfant. — Et vous sans manger, répondit une voix. Le *mouvement*, en effet, est aussi nécessaire à l'enfant que la nourriture à l'homme. Ne dites donc pas : Il est méchant, il est insupportable, d'un enfant qui se remue et qui crie. — Il vit, ce n'est pas un crime de vivre. Arrière la « sagesse » mal comprise. — Il ne faut pas qu'il se salisse... qu'il se déchire les habits... Il va se faire mal... Il va s'acoquiner avec ces mauvais sujets... Il va perdre la tenue distinguée d'un petit Monsieur... Voilà ce qu'on entend dire : toutes paroles inspirées par une peur non fondée, quand ce n'est pas par la vanité (voir, sur le besoin des camarades et des amis, pages 250-251).

L'enfant a un égal besoin de jouer. Le *jeu* c'est sa joie et sa vie même. C'est aussi sa bonté : car la joie rend bon et aimant. Encourageons de préférence les jeux sains au corps et sains à l'âme, comme le saut, la corde, le cerceau, la balle ; le cache-cache, le colin-maillard, dont les surprises épanouissent. Nous laisserons aussi danser : la danse, ô quelle fête pour l'enfance et la jeunesse ! Je ne parle pas des *bals* d'enfants, où ils ne se sentent pas à l'aise, parce qu'ils se savent inspectés et jugés, et où la vanité et la coquetterie naissantes se substituent à la joie : ces bals sont à tous les points de vue mauvais. Je parle de *danses* d'enfants, de sauts sans prétention, exécutés dans une salle de la maison et sur la pelouse, entre frères et sœurs, avec les enfants voisins, et aussi, pourquoi pas, avec nous, pères et mères. Dansons avec les enfants ! Ils sont si heureux de nous voir gais ! Rajeunissons au contact des jeunes !

Si une cause quelconque nous interdit de danser, rien ne nous empêche au moins de *chanter* avec eux. Quelles sont les familles où les parents ont l'habitude, ne serait-ce qu'un instant, après le repas du soir, de chanter avec les enfants? Nous courons après le bonheur, et nous ne savons pas le prendre sous la main. L'exécution en famille, tous ensemble, de quelques mélodies populaires, c'est une provision de bien-être et de gaieté.

« Favorisez la *gaieté* de vos filles, Madame, dit Liebrich, permettez-leur le rire bruyant, le rire fou, sans mesure, qui fait tant de bien quand on est enfant, et qu'il est si cruel de réprimer par une parole sévère. Sous la gaieté bruyante grandit et se fortifie la force silencieuse du cœur, comme la plante sous un soleil doux et bienfaisant. La gaieté est comme une lumière qui ne laisse rien d'obscur dans le cœur. En portant le jour dans les recoins ténébreux, elle en écarte les sentiments qui se cachent et n'osent pas s'avouer. La jeune fille qui rit ne pense pas à mal. Je n'oserais pas en dire autant de la sentimentale et de la mélancolique. Quand, épouse et mère, la femme peut conserver quelque chose de sa gaieté de jeune fille, elle possède un trésor précieux qui, plus que l'or et l'argent, assure le bonheur de son mari et de ses enfants. »

Une vie passée ainsi dans la gaieté, par moments coupée de chants et de jeux, est un bonheur perpétuel. Comme elle est pourtant un peu monotone, surtout pour les jeunes personnes, on peut la relever par quelques fêtes, par *quelques parties de plaisir*, quelques promenades. Des promenades surtout! Des promenades faites avec les parents, pendant les belles soirées, et le dimanche après-midi, des courses en plein air, des danses et des chants, un repas sur l'herbe, quelle fête plus saine pour le corps et pour l'âme, quel souvenir plus enchanteur pour la vie! Laissons aussi les enfants jouir de l'espoir de ces fêtes : qu'ils s'y attendent et qu'ils s'en réjouissent à l'avance. Ne leur faisons pas payer le plaisir par une plus grande contrainte imposée systématiquement la veille. Pourvu, il va sans dire, que le travail et la bonne conduite n'en souffrent pas, donnons une double joie : celle de la fête, celle de l'espérance. Tout le bonheur possible, une fois sauvegardées la moralité et la santé, telle doit être notre maxime.

Une pareille existence n'a pas besoin de ce qu'on appelle les plaisirs du monde, spectacles et bals. Mais s'ils restaient inconnus et fermés, ils irriteraient la curiosité, comme fait tout ce qui est défendu et tout ce qui est caché. Laissons regarder par la portière, afin que l'on sache combien peu valent les plaisirs mondains, quand on a ceux qui viennent d'être décrits : ainsi on n'éprouvera ni envie avant le mariage, ni regrets après.

## 2. Heureux mais non gâté

### PAUVRE PETIT!

« *Pauvre petit, de l'école chassé!*
*Viens, mon fils, ces maîtres sévères*
*N'ont point des entrailles de mères.*

*Viens donc, et, dans mes bras pressé,*
*Disait la mère, oublions leurs colères. »*

*— Dix ans après : « Va-t'en, maudit !*
*Pour le prix de mes sacrifices,*
*Dans le plus amer des calices*
*Tu ne m'as fait boire, ô bandit,*
*Que des larmes et des supplices »,*
*Disait-elle au pauvre petit.*

(Tremblay.)

L'enfant gâté ! Remarquez la force de l'expression : un fruit gâté, vous ne pouvez ni le toucher ni le mettre à la poche, cela exhale la puanteur, cela vous donne la nausée. Tel est l'enfant gâté : on ne peut le mettre nulle part.

Il a *eu* tout ce qu'il désirait : jouets et caprices, gâteaux et plaisirs, à peine avait-il manifesté une envie quelconque, l'univers s'est plié pour le satisfaire. Il n'est pas bon pour la vie, car la vie comporte des privations. Gâté, pourri.

Il a *fait* tout ce qu'il voulait : on lui a permis de désobéir quand cela lui plaisait, de nourrir sa paresse quand il en avait envie, de n'exister que pour ses fantaisies. Pourri, gâté : il n'est pas bon pour le devoir, car le devoir comporte la règle.

Pour mieux se satisfaire, il a *commandé* autour de lui, et on lui a obéi. Serviteurs, voisins, vieux parents, mère et père, — hélas ! — tous se sont courbés, tous se sont faits ses serviteurs humbles et petits. Eloignez-vous de lui, il est persuadé que le monde est fait pour le servir, et qu'il est d'une autre nature que les autres. Gâté, pourri : il n'est pas bon pour vivre avec les hommes, car les hommes sont égaux, et ils ne souffrent pas le fat et l'impertinent qui a des prétentions à la supériorité.

Qui voudrait à ses visiteurs, à ses hôtes, à ses amis, offrir un œuf pourri? Nous faisons pis quand nous offrons aux hommes, nos voisins et nos frères, quand nous leur offrons pour voisin, pour compagnon, pour ami, pour mari ou pour femme, pour fille ou pour fils, cette chose infecte qui fut un enfant gâté. — Le châtiment n'est pas suffisant qui consiste à nous offrir à nous-même le plat, à être les premiers à avaler l'œuf pourri.

Puisque la gâterie vient de faire et d'avoir tout ce qu'on veut, de commander aux autres et de se croire plus grand, le remède est tout trouvé : il faut *ne pas laisser faire* et *ne pas donner tout ce qu'il veut :* en d'autres termes, ne pas l'élever avec mollesse (v. p. 132-140); il faut en outre *ne pas laisser commander et ne pas laisser croire qu'il est plus que les autres,* c'est-à-dire ne pas nourrir l'orgueil. Orgueil et mollesse, voilà les deux moyens de gâter un enfant.

## 3. Règles pour combattre les mauvais penchants

« *Je veux racheter mon enfant des mille servitudes des vices et des défauts : c'est le plus grand bienfait qu'il puisse recevoir de moi.* »

1° « Le plus commode moyen de tuer une passion est de *ne pas la laisser naître.* » Cette plaisanterie cache un sens profond. Je dois donc observer mes enfants, derrière une faute visible deviner le défaut caché qui en est la source, lire au fond de l'âme pour y découvrir un mauvais penchant qui ne fait que de germer, et aussitôt l'étouffer, en écartant toute occasion qui pourrait l'exciter ; si malgré tout il s'éveille, lui retirer tout aliment qui pourrait le nourrir, puis éviter de nouveau toutes causes d'excitation et de tentation. De même qu'il n'existe qu'un secret pour fortifier les vertus (lequel est de les faire pratiquer), de même il n'existe qu'un secret pour affaiblir les vices, c'est de les laisser dans l'inanition : ils dépérissent d'eux-mêmes faute de nourriture et de vie. Cela vaut mieux que toutes les punitions et que toutes les recommandations.

2° Supposons que le défaut ait *grandi.* Tout défaut vient d'une passion pour ou contre quelque chose, pour ou contre quelqu'un, c'est-à-dire d'un amour ou d'une haine, d'une inclination ou d'une répugnance : attaquons cette passion *dans son principe.* C'est la source qu'il faut tarir.

Tarir, est-ce possible? On ne peut supprimer un cours d'eau : ce qui est en notre pouvoir, c'est de lui donner une autre direction. De même pour les penchants : au lieu de s'acharner à les effacer, ce qui est impossible, et ce qui serait désastreux (l'enfant ayant besoin d'aimer et de haïr quelque chose), travaillons à fortifier dans le penchant ce qu'il a de bon, à affaiblir ce qu'il a de mauvais, puis étouffons le mauvais sous le bon, en les mettant aux prises dans des conditions telles que le bon sortira vainqueur.

Tout défaut tient à une qualité, et toute qualité à son tour tient en germe un défaut. Un enfant est dissimulé (défaut), c'est excès de prudence (qualité). Il lui manque la franchise (qualité). Qu'il pousse la franchise à l'excès, il devient insolent (défaut). — Un autre est folâtre (défaut), c'est excès de gaieté (qualité). Il lui manque le sérieux (qualité). Poussez le sérieux à l'excès, il devient un défaut. — En un mot tout défaut vient à la fois de manque et d'excès : il faut donc stimuler du côté où il y a manque, et modérer de l'autre.

Il y a les tempéraments à plaisir, et les tempéraments à orgueil. Les premiers doivent être tournés vers l'honneur; les seconds, il faut rompre leur orgueil en les amorçant au plaisir.

Pour bien connaître un tempérament, on doit d'abord l'observer avec attention et persévérance dans toutes ses manifestations (jeux, paroles à la poupée ou aux jouets, entretiens avec les camarades, réponses faites à nous-même, etc.). On peut ensuite considérer l'hérédité. Que suis-je moi-même, son père? Quels sont mes défauts et mes qualités? Quel est le caractère de sa mère? Que sont ses grands parents, paternels et maternels? Quel est le trait caractéristique de toute notre famille? De nous tous qu'a-t-il pu hériter?

Tel enfant est brusque et colère : cela vient de son sang. Si l'on veut l'amender on doit tâcher de lui modifier, par un régime prolongé et approprié, la composition de son sang. Tel autre est tantôt triste, tantôt expansif : il souffre par moments, vous avez à le rendre à la santé complète si vous voulez le ramener à l'humeur égale. Ainsi certains défauts doivent être traités comme une maladie, c'est-à-dire qu'ils demandent des soins physiques aussi bien qu'un régime moral. De ce nombre sont la gourmandise et la sensualité, la peur, le caprice et la violence, l'indolence et la turbulence, le manque et l'excès de sensibilité.

Un enfant est à la fois égoïste, maussade et menteur. Ne songez pas à le corriger en bloc de ces trois défauts, ce serait trop de besogne à la fois : il y a plus de chance à aborder les difficultés une à une. Dans le cas actuel ne voyez-vous pas que si l'enfant est maussade et menteur, il l'est surtout parce qu'il est égoïste? Commencez donc par l'égoïsme, c'est-à-dire par le défaut qui est la racine des autres. L'arbre déraciné, les branches sèchent.

3° Supposons enfin que le penchant vicieux soit arrivé à l'*état aigu*, qu'il soit devenu *passion*. On ne peut combattre directement une passion : comme un torrent elle briserait les obstacles et n'en deviendrait que plus furieuse. Mieux vaut la détourner doucement en l'appliquant à d'autres objets, en lui substituant d'autres passions plus nobles ou plus innocentes. On peut essayer de passer d'un extrême à l'autre, afin que la distance franchie ne permette pas de retourner en arrière. Mais on s'expose ainsi à un grand danger : l'intensité de l'effort peut épuiser nos forces, par conséquent nous livrer exténués aux griffes de la passion, qui nous reprend et nous étreint plus fort que jamais. Il est prudent de procéder par degrés, de faire chaque jour un petit effort, et à chaque effort un petit pas en avant. « On choisira pour une vertu nouvelle deux sortes d'occasions : la première, quand on est le mieux disposé, pour faire beaucoup de chemin ; la seconde, quand on l'est le moins, pour exercer l'énergie de la volonté. »

## 4. Comment amener l'enfant à vouloir se corriger

C'est un moyen merveilleux, et point employé. Quand votre enfant sait lire et a un commencement d'âge raisonnable, vous prenez un carnet et vous lui dites : Voici où dorénavant sera écrite l'histoire de ta vie, c'est-à-dire de tes fautes, de tes défauts, et des efforts que tu feras pour t'en affranchir.

Quand les pages resteront blanches, c'est que tu auras bien employé ton temps. Ce n'est pas un piège que nous te tendons. Tu es éclairé sur tes défauts, nous t'avons fait connaître tes faiblesses et tes ressources. Nous voulons t'aider à te débarrasser de tes épines; mais il faut que tu nous y aides : sans toi nous ne pouvons rien. Et vous inscrivez sur le carnet, à mesure qu'ils se produisent, les manquements ou les efforts, vous les racontez ainsi qu'ils se sont passés, sans exagération et sans adoucissement, sans blâme et sans éloge. Le fait tel quel, comme dans les exemples suivants :

« 10 juin 1890. — Georges, voyant un travail à faire, est allé se cacher dans un coin. »

« 14 juin 1890. — Parce qu'on ne voulait pas assez tôt lui livrer son livre d'images, Georges a donné un coup de pied à son frère, plus jeune de trois ans. »

Ce cahier est déposé dans un lieu désigné, où l'intéressé peut aller le consulter à chaque instant. Peu à peu une grande idée pénètre son cerveau : c'est que tout reste, tout compte, rien n'est indifférent dans nos actes, tout a une action sur l'avenir... Il se met alors à faire attention, à se surveiller. Dites-lui : Si tu veux toi-même nous indiquer ce que nous devons faire pour que tu ne tombes pas dans telle faute qui t'est habituelle, nous ferons ce que tu diras. Dis-nous les moyens à employer pour te corriger. S'il indique les moyens, il voudra prouver qu'ils sont bons, et il se surveillera.

Et voici le dernier progrès, progrès capital :

il écrira lui-même l'histoire de ses fautes; entré en possession du magique carnet, il y inscrira jour par jour ses oublis, ses écarts, ses accès de colère ou de bouderie, ses défaillances, les bonnes actions qu'il eût pu faire et qu'il a négligées, etc. Il dépose le cahier à la même place : cette fois c'est vous qui allez le lire. A la moindre inexactitude, vous inscrivez en marge : « Ce n'est pas ainsi que le fait s'est passé. Voici le vrai... » Soyez assurés, pères et mères, que votre enfant fera de rapides progrès dans son perfectionnement moral. Et vous n'avez à recourir à aucun blâme sur le carnet ni à aucune récompense : le tourment d'avoir à écrire sa faute, le bonheur de n'avoir rien à écrire, de parvenir à laisser des pages blanches, immaculées, savez-vous rien d'aussi fort sur quelqu'un qui a un peu de cœur?

## 5. La gourmandise

*« Jusqu'à l'âge de sept ans j'ai été gâté par mes parents. J'étais gourmand : ce vice est celui qui fait les jeunes voleurs, et, quand ils ne sont pas corrigés à temps, ils deviennent de grands criminels. Pères, mères, tuteurs, instituteurs qui m'entendez, remplissez vos devoirs en surveillant les premières tentatives du vice honteux qui m'a conduit où vous me voyez. »*

*(Paroles de Cartouche sur l'échafaud, d'après Mme Campan.)*

1. *Comment nous faisons naître la gourmandise.* — Prends cela, c'est bon... Comment trouves-tu ce gâteau ?.. Du rôti ou de la volaille, choisis ce que tu trouves le meilleur...

Que mangerons-nous ce soir, pour fêter cette journée?.. Réjouissez-vous, mes enfants, nous avons un bon morceau pour le repas de midi... Voilà ce qu'entend l'enfant. Il se persuade aisément que la grande affaire de la vie, c'est de manger, et de jouir en mangeant. Dans ses deux premières années il n'a fait que satisfaire son appétit : désormais il est gourmand, et il l'est devenu artificiellement, par suite de nos excitations maladroites.

2. *Comment nous entretenons la gourmandise.* — Tu n'as pas été sage, tu n'auras pas à souper... Fais ce travail, je te donnerai des bonbons... Ne touche pas à ce mets qui est sur la table, il n'est pas pour toi, tu n'es pas encore assez grand... Toutes ces pratiques aiguisent le désir. Il en est de même de l'habitude de porter, au retour de chaque petite absence, des gâteaux, des bonbons; — de donner à manger entre les repas; — de permettre que l'on mange les meilleurs mets sans pain, ce qui prouve qu'on n'a pas d'appétit; — de faire prendre, dans un même repas, différents mets de haut goût « dont l'un chasse l'autre » et qui font manger après que l'appétit est passé.

3. *Comment nous devrions agir.* — J'ai faim, dit l'enfant. Il faut lui donner. Je veux du rôti, ajoute-t-il. Il ne faut pas lui donner. La première demande vient du besoin, la seconde du caprice. Tout pour la santé, rien pour la gourmandise, telle doit être notre règle de conduite. Pour savoir donc si nous devons accorder ou refuser, nous n'avons

qu'à nous poser la question suivante : D'où vient cette demande? et quel effet aura, sur sa santé et sur son moral, le don ou le refus? Il est d'ailleurs un moyen bien simple d'éviter toute demande : c'est de dresser les enfants à manger à l'heure réglée ce qu'on leur offre, et de leur offrir assez et assez bon. Ne craignons pas de les mettre à notre table, à côté de nous : relégués dans un coin, ils s'imagineraient que nous réservons pour nous des choses bonnes que nous ne voulons pas partager avec eux. C'est à notre table qu'ils apprendront, par notre exemple, à être sobres ; par la joie de se trouver avec nous, à s'y mettre avec plaisir et à en sortir avec entrain, l'estomac léger encore.

4° *Comment corriger de la gourmandise.* — Non par des sermons, mais par l'expérience. Tout doit prouver au gourmand que ce qu'on lui a dit être mal ne peut produire que du mal. Il doit donc être puni, s'il y met de la mauvaise volonté après avoir été averti, par les inconvénients mêmes de la gourmandise, c'est-à-dire par une indigestion, puis par un purgatif. Il lui viendra de cette façon l'envie d'être sobre : c'est le moment de lui en donner la force en l'exerçant à triompher d'abord des désirs légers, puis des désirs plus violents. Par exemple, dans les familles nombreuses, dressez chaque enfant à attendre chaque jour son tour à table, l'attente devient un passe-temps ; — faites-le assister à la préparation de son repas, et qu'il y prenne part, cette occupation lui fera oublier son désir, et surtout lui apprendra que le manger ne s'improvise pas, qu'il faut par conséquent savoir attendre ; — donnez-lui à garder une boîte de bonbons, en graduant les difficultés : ce sera d'abord pendant un jour, après lequel il aura liberté de la manger ; ce sera ensuite pendant deux jours, après quoi, au lieu de la manger tout seul, il aura à la partager avec ses frères et sœurs, etc. ; et chaque fois montrez à l'avance une parfaite confiance dans le résultat.

L'*habitude de fumer*, chez les jeunes gens, commence par la vanité : on s'imagine être plus homme parce qu'on met entre ses lèvres un rouleau de papier. Il faut donc railler cette fausse gloire, demander ce qu'il y a d'héroïque à renvoyer dans l'air un peu de fumée, et montrer qu'il y a, au contraire, quelque discernement et quelque courage à réagir contre une habitude qui est aussi commune qu'elle est nuisible et qu'elle est sotte.

Comme l'*ivrognerie* ne se développe que plus tard, nous n'avons pas encore à en corriger nos chers enfants. Mais pour la prévenir il faut : 1° Éviter les excitations à boire trop de vin. 2° Inspirer de bonne heure une espèce de frayeur instinctive de ce vice, en faisant voir par les yeux ce qu'est un ivrogne, ce qu'il fait souffrir à sa femme et à ses enfants. 3° Et enfin donner le goût de plaisirs plus relevés.

5° *Comment amener à manger de tout.* — Un enfant bien élevé doit manger de tout. Mais « le goût a ses répugnances naturelles, qu'il faut se garder de confondre avec ses caprices. » La preuve, c'est que tel mets, que nous goûtons fort aujourd'hui, nous donnait la nausée dans notre enfance ; un jour de maladie ou de simple indisposition nous ne pouvons plus souffrir un aliment qui nous plaisait fort la veille ; « un même plat de viande change de goût selon que l'estomac est vide ou surchargé. » Il s'ensuit que nous ne pouvons pas commander à l'estomac comme à notre âme. Forcer à prendre une chose qui répugne, c'est augmenter l'aversion, et au dégoût matériel ajouter l'horreur de la contrainte morale. Si à la manie de faire manger ce qu'il n'aime pas on joint celle de refuser ce qu'il aime, l'enfant deviendra gourmand, car il aura été irrité dans ses désirs, et voleur, car il ne verra pas d'autre moyen de les satisfaire. — Gardons-nous d'autre part d'user de ruse, de faire avaler l'aliment qui répugne en disant que c'est un autre, ou qu'on lui a donné un bon goût, etc : ces tristes habiletés sont punies de la perte de la confiance et de la docilité.

Que faire donc? Donner du pain, en disant : Nous ne te forçons pas ; si tu ne veux pas de ce plat, dont nous mangeons, tu le laisseras. Mais tu n'auras pas autre chose. Le pain est pour les enfants une nourriture suffisante : si l'on préfère le manger sec, c'est preuve que nous n'avons pas affaire à la gourmandise. Plus tard nous demanderons des efforts gradués mais virils : l'enfant prendra de l'objet détesté d'abord en petite quantité, d'abord mélangé à une substance agréable, ensuite pur, ensuite en plus grande quantité. Nous ferons en même temps appel à la volonté de l'enfant en lui faisant observer qu'on ne peut pas pour lui faire table à part ; que le mets en question n'est pas inventé pour le contrarier, qu'il sert d'aliment usuel, dans sa famille, chez les voisins ; qu'invité quelque part il sera bien confus et que c'est bien impoli de refuser ce que l'on nous offre croyant nous faire plaisir, etc. Les efforts et le temps viendront à bout.

## 6. La Sensualité.

*« A bon entendeur salut. Rien ne sert de fermer les yeux. Le mal est là, ce n'est pas en le niant qu'on le supprimera. Mieux vaut le regarder en face pour mieux le connaître et mieux le combattre. Ayons pitié de nos enfants : un enfant vicieux, après avoir perdu l'honneur, perdra la santé, le cœur, l'intelligence même ; c'est par ce point qu'une vie est manquée chez la femme, et mal employée chez l'homme. Si ce n'est par amour pour eux, du moins veillons par intérêt pour nous-mêmes : personne n'est égoïste et ingrat comme l'enfant sensuel, et personne à ses parents ne réserve autant d'amertumes. »*

1° *Ne pas éveiller la sensualité.* — « En tout, il est d'une souveraine importance d'accoutumer les enfants à la décence, au respect d'eux-mêmes ; de leur inspirer une grande pudeur. « C'est pour cela qu'il faut bien veiller à leur coucher, à leur sommeil, à leur lever ; avoir soin de les bien couvrir » ; si l'on est obligé de les faire coucher plusieurs ensemble, ne pas leur permettre de mauvais divertissements ; « veiller sur leurs jeux, leur faire éviter toute inconvenance entre eux ; ne leur permettre jamais de libertés, de grossièretés, d'indécence d'aucune sorte, comme on leur permet quelquefois sous prétexte de gentillesse. Il faut, sur toutes ces choses, donner de bonne heure aux enfants des préjugés élevés et purs.

« Surtout il est rigoureusement nécessaire de ne rien se permettre à soi-même de tant soit peu libre devant eux... Que l'on n'oublie donc pas, au foyer domestique, de veiller avec une attention sévère sur toutes les paroles qu'on prononce : les enfants écoutent toujours, et comprennent plus qu'on ne croit : et un seul mot peut quelquefois leur faire une blessure mortelle.

« Ecarter soigneusement de leurs yeux tout objet dangereux, les mauvais livres, les mauvaises brochures, les mauvais journaux illustrés ou non, les mauvais tableaux, c'est du plus grave, du plus rigoureux devoir. Que dire de la négligence de certains parents à cet endroit, et de tout ce qui se voit exposé sur les tables de certains salons ? » (1)

Ainsi c'est nous-mêmes, pères et mères, qui enseignons le vice à nos enfants.

Veillons encore :

Sur les enfants vivant ensemble, quels qu'ils soient, voisins qu'on croit bien élevés, même cousins et cousines, même frères et sœurs (ils s'apprennent les uns aux autres) ; — sur leurs caresses trop passionnées, leurs étreintes en jouant, leurs mouvements et leurs gestes ; sur leur façon de faire leurs « besoins » (ils doivent s'en acquitter, le plus tôt possible,

(1) Dupanloup, l'Enfant.

tout seuls, pour que se développe le sentiment de la pudeur) ; sur la propreté du corps et la bonne tenue du vêtement (tout cela réagit sur l'âme) ; — enfin sur notre propre conduite (nous devons nous comporter et nous habiller devant eux comme devant de grandes personnes).

Gardons-nous enfin, dans toute notre éducation, de trop flatter le corps : satisfaire à tous les caprices de la gourmandise et de la coquetterie, pardonner tout à l'estomac, parer la petite personne, louer la beauté, idolâtrer les membres et le visage, c'est à l'avance préparer et créer un corps mou et exigeant pour le plaisir. Y pense-t-on ? On ne veut pas s'avouer le mal. « On excuse tout dans les enfants, on colore tout, on trouve des raisons à tout. Un enfant montre un vif penchant au plaisir. — Oh ! il n'y a pas lieu de s'inquiéter, ce n'est pas ce que l'on croit : c'est tout simplement une nature ouverte et sans fard, vous dit la mère. — Mais il s'est trahi par une parole obscène, — pure saillie d'humeur enjouée, il n'y a pas vu de mal. Et on a ainsi réponse à tout, excuse à tout. Je le déclare, j'ai souvent trouvé les enfants moins insupportables par leurs vices que les parents par leurs travers... Je n'ai qu'une question à poser ici à ces malheureux parents : Voulez-vous, oui ou non, l'innocence de vos enfant? » (1).

2° *Comment corriger des mauvaises habitudes.* — Va te laver les mains, sale, faut-il lui dire quand il se touche même sans s'en rendre compte. On lui inspire ainsi bien

(1) Dupanloup, l'Enfant.

vite un dégoût matériel qui l'éloigne de recommencer.

Si plus tard vous découvrez quelque chose d'étrange dans les allures de votre cher être, de la tristesse, des accès de honte et d'inquiétude, le désir d'être seul, la figure abattue, les yeux cernés, surveillez sans rien dire, et ayez recours à l'assistance d'un médecin moraliste : peut-être êtes-vous en présence d'habitudes plus redoutables que toutes les maladies.

3° *Comment répondre aux questions indiscrètes.* — Tu vois, ton petit frère mignon, comme il est arrivé de Paris... Voilà ce que disent les parents qui se croient habiles. C'est idiot. Y a-t-il rien de plus écœurant que cette persistance à tromper un enfant qui bien souvent ne vous demande rien ? Seriez-vous content qu'il le crût longtemps, et qu'un beau jour, à l'âge de onze ou douze ans, il demandât, à haute voix, devant des étrangers, de « lui faire venir de Paris un petit frère ou une petite sœur » ? Et s'il doit bientôt savoir la vérité, pourquoi abuser de sa crédulité, pourquoi lui donner une idée fausse ? S'il ne demande rien, il suffit de ne rien lui dire : il apprendra tout seul par le lent progrès de l'esprit. Si au contraire il questionne, et c'est le cas le plus rare, de deux choses l'une : ou il faut lui dire qu'il ne peut pas le comprendre encore, qu'il le saura plus tard ; ou il faut lui dire la vérité. On est ici autant que qui que ce soit sévère et même farouche à l'endroit des mœurs, mais je ne puis pas comprendre que ce soit corrompre un enfant que de lui dire qu'il a été porté neuf mois dans le sein de sa mère, qu'elle en a bien souffert, qu'elle y a risqué sa vie : l'imagination de l'enfant ne brode et ne rêvasse pas sur ces réponses nettes et simples : tout ce qu'il a appris, c'est à aimer un peu plus sa mère, et cela sans qu'on le lui ait conseillé (ce qui est la meilleure manière). Si l'enfant posait d'autres questions et semblait vouloir revenir souvent sur le même chapitre, ce serait l'indice d'un esprit mal tourné, et alors on lui dirait carrément : Mais tais-toi donc, tu parles toujours des mêmes vilaines choses. Ce ton et ce mot de « vilain » arrêtent l'enfant. Ainsi, le refus quand ce n'est pas la vérité : mais jamais un mensonge ou une sottise. — On peut d'ailleurs se contenter de moitiés de vérités : l'on dit la partie qui se peut dire, sans mentir sur celle que l'on tait.

Quant à la différence des sexes, il ne faut ni en parler ni en faire mystère; si l'enfant, ce qui est encore rare, touche à cette question, il n'y a qu'à lui faire entendre que c'est la chose du monde la plus naturelle.

## 7. La peur et le courage

*« Le courage est le gardien des autres vertus. »*

1° *Comment nous rendons les enfants peureux.* — Attends, tu ne veux pas obéir : Croquemitaine, viens... Loup-garou, où es-tu ?.. Les parents prisent beaucoup ce moyen parce qu'il rend docile. Mais c'est payer trop cher la docilité : c'est rendre un enfant peureux, c'est-à-dire stupide ; c'est donc commettre une trahison, car on trompe un être qui se serre autour de nous pour trouver un abri, et une lâcheté, car cet être est faible : bien des hommes ont souffert toute leur vie d'avoir été ainsi élevés. — Il y avait une fois une bande de quarante brigands et assassins... Assez de ces histoires terrifiantes : pour frapper l'imagination des enfants nous avons les spectacles de l'histoire et les spectacles de la nature. — Prends garde, mon ami : tu n'as pas peur?.. Peur : ne prononçons pas ce vilain mot devant les enfants : le mot fait venir la chose. L'enfant n'aura pas peur si nous ne lui parlons pas de la peur. Mais lui dire « n'aie pas peur » c'est le plus sûr moyen de lui en donner. — Une araignée, oh !.. Il y a pas mal de coquetterie dans ce cri de jeune fille, cri imité de la mère. Allons, madame, un peu de naturel et de bon sens vaudrait mieux que ces peurs ridicules ou affectées. La femme aussi a besoin de courage : elle aura à supporter les maux du corps et les épreuves de la vie.

2° *Comment guérir de la peur.* — Naturellement et livré à lui-même l'enfant n'a pas peur la nuit.

Allez à une chambre sans lumière, sortez dehors, il vous suivra sans la moindre hésitation. Il n'y a donc qu'à laisser faire la nature, c'est-à-dire laisser l'enfant aller dans les ténèbres partout, sans rien dire. Si plus tard il vous demande d'où vient l'obscurité, répondez simplement : C'est que le soleil est en ce moment sous la terre, pour revenir au lieu où nous le voyons le matin ; rien autre n'est changé. Si vous sentez qu'il a peur, donnez-lui à faire dans l'obscurité des courses faciles, mais où son amour-propre soit en jeu, sans toutefois lui dire que vous agissez ainsi pour le corriger, auquel cas il aurait plus peur encore. — Surtout jamais, sous prétexte d'aguerrir, de ces atroces plaisanteries qu'on appelle « surprises » : bien des gens en sont restés idiots toute leur vie, tant avait été subit et profond l'ébranlement des nerfs.

Quant aux revenants, loups-garous, spectres et autres sottises, le mieux est de n'en point parler, même pour dire qu'ils n'existent pas. Les nier, c'est encore leur faire trop d'honneur, et c'est éveiller le doute dans l'âme enfantine si impressionnable. On lui en parlera seulement lorsqu'il en aura entendu causer par d'autres (pour dissiper la crédulité possible), et quand il aura un certain âge et une certaine raison.

A-t-il peur de la foudre ? Cela vient de nous. Soyons calmes, ne montrons point de frayeur, laissons gronder le tonnerre ainsi que nous laissons la pluie tomber, comme si elle n'était rien. — A-t-il peur d'un animal ? Touchez vous-même la bête, faites-la bien regarder, car rien n'est effrayant comme ce qu'on ne regarde pas, approchez-en peu à peu l'enfant, enhardissez-le à toucher à son tour, en riant. Le tout consiste à ménager la transition. — De même pour l'aguerrir contre la crainte du feu, d'une arme, d'une détonation, d'une eau courante : allez du petit danger au grand.

3° *Comment apprendre à supporter la douleur physique.* — La peur venant aussi de la crainte de la douleur, il faut aguerrir à la douleur, afin qu'elle devienne familière et moins effrayante. — L'enfant tombe et crie : au lieu de pousser des cris effrayants qui redoublent ses pleurs, vous le relevez en riant, et vous lui dites, s'il n'est pas trop blessé : Oh! quel joli saut! Recommence (v. p. 84). — S'est-il blessé, vous gardez votre sang-froid. Allons, dites-vous au petit patient, ce n'est pas aussi grave que tu crois... (On a le tort de nier une souffrance; au lieu de la nier quand elle existe réellement, il faut dire : Tu es capable de souffrir). — Est-il malade? Point de pleurs devant lui, point de ces sanglots et de ces désespoirs qui lui donnent une idée fausse de sa situation. Du calme et toujours du calme, au moins dans l'intérêt de sa guérison si vous ne tenez pas à son éducation. — Le docteur a ordonné un médicament désagréable : Allons, mon ami, un mouvement de courage ne te fera pas souffrir autant que cinq minutes d'hésitation. Il ne sera pas dit que tu n'es pas capable d'être maître de toi pendant une seconde. — Il s'agit d'arracher une dent, la grande affaire : Tu n'es plus un enfant. Tout ce qui crie est enfant, serait-il grande personne, et ce n'est pas fier. Je souffre de te voir souffrir, mais je souffrirais bien plus de te voir sans âme et sans ressort (1).

4° *Comment apprendre à supporter la*

(1) Le courage n'empêchera point d'ailleurs la prudence (voir ce mot).

*douleur morale.* — Apprendre à souffrir le chagrin est plus nécessaire encore que d'être courageux, car les occasions de déployer le courage sont rares, et les occasions de souffrir communes et journalières. — Un château de cartes a été édifié à grands frais; en un clin d'œil le vent le renverse : Recommence, mon fils, et cette fois fais-le à l'abri. Nous ne pouvons empêcher le vent de souffler, il est fait pour cela... — Nous avions projeté une promenade; nous voilà prêts à partir, l'allégresse est dans nos cœurs; le tonnerre gronde, la pluie commence de tomber : Je le regrette, dis-je. Avec calme je dépose le chapeau, ôte le manteau, les souliers, et me remets au travail, ajoutant : Il faut se soumettre à ce qu'on ne peut empêcher. — Une catastrophe est venue s'abattre sur la famille : point de lamentations, point de gémissements comme un faible : vous voulez paraître petit devant vos enfants? Ils comprendront bien mieux votre muette douleur et y puiseront une grande leçon. Ils parviendront peu à peu à saisir la vérité de cette parole : « L'adversité est une farceuse qui s'acharne surtout à ceux qui la boudent. Elle se fait plus douce à ceux qui ont l'espritde l'accueillir comme une bonne amie, le sourire aux lèvres, la sérénitéau front. »

D'ailleurs rien de factice, rien d'inventé. Il y a des parents qui s'imaginent que les enfants ont besoin d'être contrariés dans leurs désirs, déçus dans leurs espérances, pour avoir l'occasion d'exercer leur patience. « Laissons faire la vie, les occasions de se résigner ne manqueront pas. »

## 8. La timidité

Voici le récit d'une jeune fille qui a été timide :

« Quand j'étais petite j'étais timide. Chaque fois qu'un étranger entrait chez nous je sentais mon sang se glacer dans mes veines, une espèce de hoquet m'oppressait ma poitrine, à peine pouvais-je articuler quelques paroles. Tu seras donc toujours la même, me disait alors ma mère à haute voix. Ma confusion redoublait. Cette enfant est timide, ajoutait-elle s'adressant à l'étranger, jusqu'à en devenir impatientante. Jamais nous ne pouvons lui faire dire un mot. Mais parle donc, buse, fais comme moi. Tu vois comme je parle. Tu n'as donc pas de langue ? J'aurais mieux aimé être broyée. Je tâchais de répondre, pour obéir. Mais je ne pouvais pas, les reproches m'avaient anéantie. Et si le même étranger revenait quelques jours après, sa présence était pour moi un cauchemar : je pensais en moi-même : Il sait que tu es timide et que tu es une buse...

A partir d'un certain jour ma mère changea totalement de conduite envers moi. Jamais plus de reproche ni de raillerie sur ma timidité. Au lieu de me souffler, au moment d'une visite : Voyons si tu seras gentille, elle se contentait de dire : Tu es polie, cela suffit; nul n'a rien à redire. Elle me laissait assez souvent seule en compagnie d'une voisine assez âgée, mais avec laquelle je me sentais plus à l'aise. Avec elle je m'habituai à causer et à me tenir sur mes jambes sans embarras. Parfois ma mère me faisait remarquer de quoi j'étais capable : Tu as vu cette scène, tu peux la conter sans crainte de te tromper. Une fois aguerrie avec cette voisine, je m'enhardis aussi un peu avec les autres. Bref, au bout de six mois ma timidité ne paraissait plus aux étrangers, j'étais capable de la dissimuler ; trois à quatre ans plus tard elle avait disparu. Un jour je parlai à ma mère de son changement de procédé, pour la remercier et lui dire que c'était ce qui m'avait guérie. — Quand je vis que je faisais fausse route, me dit-elle, je consultai un livre d'éducation, et j'y lus la parole suivante. « Si vous voulez corriger la timidité ne la reprochez pas. En évitant cette faute vous aurez évité de toutes les fautes la plus commune et la plus irréparable. »

## 9. Le mensonge

1. Le premier point est d'imprimer le *respect de la parole.* — D'abord en ne trompant jamais l'enfant. Je rentre à l'instant, n'aie pas peur, dites-vous pour calmer votre enfant qui pleure en vous voyant partir. Et vous n'êtes pas rentré. Il ne veut pas prendre un médicament ? Vous lui dites : C'est excellent, tu vas voir. Et c'était détestable. Ainsi les paroles servent donc pour me tromper ? Telle est la pensée qui peu à peu travaille son cerveau. A mon tour je tromperai, se dit-il.

Est-ce vrai, au moins, ce que tu dis? disait souvent une mère à son enfant. C'est ainsi qu'on lui apprit que l'on peut dire autre chose que le vrai. Il faut croire ou laisser, et ne pas exprimer de ces doutes démoralisants. — Ça ce n'est pas vrai, tu es un menteur, dit une autre. Or l'enfant avait dit vrai. J'aurais pu la tromper, pensa-t-il en lui-même. Montrons donc de la confiance, jusqu'à preuve du contraire. Il est incapable de mentir, s'écriait un père quand son fils était accusé de quelque menterie; s'il était menteur, il ne serait pas mon fils. Il est possible qu'il se trompe, allons voir. Et il l'interrogeait de façon à lui faire dire la vérité. « Après avoir pendant longtemps eu l'air, rapporte ce père, de croire mes enfants incapables de mensonge, j'ai acquis la certitude qu'ils l'étaient devenus. » Il n'en pouvait guère arriver autrement : quand on nous témoigne de la confiance nous désirons prouver que nous la méritons.

Une manie de beaucoup de parents, c'est d'arracher des promesses : Tu n'y reviendras plus? Promets-le moi. Le faible être promet, afin d'échapper plus vite à la contrainte. Aussitôt libre, il a oublié sa promesse, ou plutôt il n'y songeait pas en la faisant : c'est ainsi qu'on lui enseigne à parler légèrement, et par suite à ne tenir nul compte de sa parole. Si l'on tient absolument à une promesse, on doit procéder ainsi qu'il suit: Veux-tu faire telle chose? dira-t-on avec calme. Je te laisse libre de promettre ou de ne promettre pas. Mais quand on promet, on doit tenir. T'en sens-tu la force et la volonté? Je t'y aiderai. Mais autrement ne promets pas. Réfléchis avant de répondre.

2. Malgré tout le respect de la parole que nous aurons pu inspirer, il arrivera encore à l'enfant de dire des mensonges. D'où cela vient-il ? On avait une tâche à faire, elle n'est pas faite, il faut inventer une excuse : la peur, voilà donc la première source du mensonge. La convoitise est la seconde : on ment pour recevoir une faveur, un compliment, une friandise. Puisque le *désir* et la *peur* sont la principale source du mensonge, il faut amener l'enfant à renoncer aux mauvais désirs et à se mettre au-dessus des mauvaises peurs.

Comment faire *renoncer aux mauvais désirs* : en ne les satisfaisant jamais (une fois qu'on a donné satisfaction aux besoins légitimes). Un enfant vous a fait une caresse intéressée, accueillez-la par un froid mépris. Il a eu recours à une ruse pour se faire adjuger un bon lot : n'en soyez pas dupe. « Rien ne vous placera si haut dans son esprit que l'épreuve qu'il fera de votre pénétration. » Il a inventé un mensonge utile à la famille, et il s'attend à être félicité : détrompez-le. Une petite espiègle a trouvé un stratagème ingénieux, et elle compte que sa mère se pâmera d'admiration devant tant d'esprit : gardez-vous de tomber dans une faute si grossière. En un mot, que jamais, jamais, un enfant ne puisse se réjouir d'un seul succès ou d'un seul plaisir conquis par la finesse. Au contraire, faites-lui éprouver par expérience qu'il suffit d'avoir recours à la finesse pour échouer piteusement ; qu'une finesse a besoin d'être couverte par une autre finesse, et qu'il n'y a pas de « couverture, si épaisse ou si fine, qui se couvre elle-même ». Adressez-vous aussi à son amour-propre : montrez-lui que la finesse vient, ou de ce que l'on désire ce qu'on ne devrait pas désirer, ou de ce qu'on n'est pas assez intelligent pour l'obtenir par des voies droites : ainsi cœur bas ou petit esprit, voilà ce qu'est celui qui se croit fin. Qu'il est beau, au contraire, de ne rien désirer que d'honnête et de le demander droitement ! La droiture ! si je puis l'apprendre à ma fille, j'en aurai fait un merle blanc.

Comment mettre *au-dessus des mauvaises craintes* : en faisant éprouver qu'elles ne sont pas fondées. — Le petit coupable tremblait, il a fait un grand effort pour avouer sa faute : ne le punissez pas, ce serait le punir de s'être dénoncé ; montrez-lui qu'il n'a rien à craindre pourvu qu'il ne mente pas. Faute avouée est moitié pardonnée : cette maxime est bonne, à condition toutefois que l'enfant ne fera pas un calcul et ne se dira pas : Je puis bien faire cette faute, je n'aurai qu'à l'avouer pour être félicité. En ce cas, il faut montrer qu'il est bien d'avouer, mais qu'il serait encore mieux de n'avoir pas besoin d'avouer. — C'est toi qui as fait cela ? disons-nous sur un ton et avec des yeux de colère au pauvre être que nous soupçonnons. — Il n'y a pas danger que c'est moi, répond le faible être épouvanté. Que voulez-vous qu'il répondît ? Nous lui mettions le couteau sur la gorge. Comme il eût mieux valu dire : Quelqu'un a fait cela. Je ne sais pas qui c'est. Si c'est toi, tu me le diras dans un instant. Réfléchis bien avant de répondre. Ou encore, selon le cas : Je sais que c'est toi. Dis-moi simplement pourquoi tu l'as fait, et comment, afin que je puisse t'aider à te corriger.

3. *Comment corriger le menteur.* — Le petit menteur en est encore à son début. Il ment une première fois : je marque une surprise extrême et une vive douleur, comme en présence d'une monstruosité, disant : Comment ! tu me trompes ! Il ment une seconde fois : pendant quelques jours je le traite très froidement et le tiens en disgrâce, ne lui parlant que pour nécessité, et lui défendant de m'adresser la parole. Cette privation de la parole lui en fera sentir le prix. Je n'aime pas la méthode qui consiste à ne pas croire même quand l'enfant dit la vérité : c'est vouloir corriger le mensonge par le mensonge ; l'enfant ne tarderait pas à s'apercevoir de la supercherie, c'est-à-dire à la mépriser. Cela est bon une fois ou deux seulement, comme un coup de tonnerre. Il m'a encore menti : je lance un regard terrible, mais sans rien dire. Puis je feins de ne plus m'en souvenir, tout en gardant un certain froid. Quelques jours après, le trompeur vient me dire une chose qu'il m'annonce comme un événement, le sourire aux lèvres, le triomphe aux yeux, tant il est fier de me mettre au courant de cette grande nouvelle : c'est le moment de le prendre, car il tient à être cru. Est-ce vrai ? demanderai-je à sa sœur ou à son frère qui sont là, devant lui, et en qui j'ai confiance. — Oui, me disent-ils.

Et alors je les crois, disant au porteur de nouvelles : C'est que je n'ai nulle envie d'être trompé, Monsieur, comme l'autre jour. Puis je garde encore le silence, et peu à peu, chaque fois qu'il me dira la vérité, je montrerai plus de confiance : il sera heureux de rentrer en grâce, ayant expérimenté combien il est dur de n'être pas cru.

Le menteur a une habitude invétérée. Il est à la fois dangereux et de le croire (c'est l'encourager à continuer) et de ne le croire pas (c'est le décourager de se corriger). Le mieux est d'abord de lui éviter soigneusement toutes occasions de faillir : il y a certaines choses qu'il a l'habitude de nier, que ces choses soient pour le moment comme si elles n'étaient pas ; n'en parlons plus, et ne permettons pas d'en parler. Cela n'est bon que pour le présent, il faut préparer l'avenir. Si le menteur est d'un caractère gai, hardi, farceur, il est probable que c'est le plaisir de faire des dupes qui le porte aux menteries ; il faut lui faire comprendre que ce plaisir ne durera guère, que le mauvais farceur se fait à la fin mépriser et détester de ceux qu'il a attrapés, que ce que nous pardonnons le moins aux gens, c'est de se moquer de nous et de vouloir nous rendre ridicules, qu'enfin il est possible de s'amuser, de rire, d'être gai, et par dessus le marché d'être estimé et aimé, sans tromper personne et sans tromper jamais. — Si, au contraire, le menteur est d'un caractère timide, c'est sans doute la peur qui est la principale cause de sa tendance à la fausseté. Ici toute punition et toute humiliation seraient déplacées, car elles tendent à abattre l'âme, et le penchant à la fausseté tient essentiellement à la faiblesse : fortifions donc l'âme et le corps. Tout en développant la force, le courage et le sentiment de l'honneur, disons quelquefois : Mensonge vient de lâcheté. Tu n'as donc pas le courage de supporter les conséquences de tes actes ? Pour mieux lui montrer la vérité de ces paroles, arrêtons-le un jour qu'il a été repris encore par son défaut : faisons-lui faire un retour sur lui-même, examinons avec lui pourquoi il a menti ; il verra que c'est pour un motif bien futile et bien idiot. Cela fait non comme reproche, mais comme constatation : une rougeur lui viendra au front, et vous profiterez de cette émotion pour lui dire : Désormais, quoi qu'il puisse m'en coûter, je serai courageux et droit. Je ne veux pas que personne, ami ou ennemi, puisse lire, quand je serai grand et devenu un homme, ces mots écrits sur mon front : Menteur.

En un mot, avec les enfants, il s'agit surtout de rompre des habitudes ; avec les jeunes gens, il faut travailler sur les principes.

## 10. L'orgueil

*De tous les vices, le premier à troubler le nouveau-né et le dernier à faire souffrir le moribond, le plus acharné à tourmenter l'homme, c'est l'orgueil. D'où viennent ces trépignements de ce nourrisson de trois mois ? D'un accès de jalousie, c'est-à-dire d'orgueil. Pourquoi cet enfant de six ans refuse-t-il d'obéir ? Son orgueil lui interdit de céder. Celui-la boude, c'est qu'on ne l'a pas assez honoré. Cette autre est semblable à la sensitive qui ne permet pas qu'on la touche : comme la sensitive elle se crispe au moindre reproche. En voici un qui ne reconnaît pas ses torts : son orgueil a pris la forme de la fausse honte. Qui empêche ce bonhomme de profiter d'une bonne idée qu'on lui suggère ? Son orgueil veut paraître ne rien devoir à personne. L'ambition, qui dévore tant d'existences et qui sème tant de catastrophes, d'où vient-elle ? Et d'où vient l'hypocrisie, qui nous fait nous couvrir d'un masque pour essayer de paraître autre chose que ce que nous sommes ? Cet homme est dur envers les petits, envers les malheureux, dur envers sa femme et ses enfants : soyez sûr qu'il se croit d'une nature supérieure. Cette femme est acariâtre envers son mari ? Orgueil de femme blessée. Enfin d'où viennent les haines farouches et les vengeances féroces ? Orgueil ! Orgueil ! source de toutes nos méchancetés et de toutes nos souffrances, exécrable fléau qui nous fais commettre tant de fautes et verser tant de larmes, de toi je veux préserver mes chers enfants. Toi écarté, le reste de l'éducation me sera facile.*

1° *Comment nous excitons l'orgueil.* — L'enfant a dit une niaiserie, oh ! qu'il a d'esprit ! Son mot est répété avec force exclamations. On parle à voix basse et comme en cachette, ce sont les exploits du petit dieu que l'on raconte assez fort pour qu'il entende. Vient un visiteur : on lui parle de la petite savante et de tout ce qu'elle sait. Quelle est la capitale de l'Autriche ? dit-il. La réponse est magnifique ! Voilà la mère en extase, la petite fille gonflée de vanité, et l'étranger qui flatte l'enfant, histoire de faire la cour aux parents. Qu'elle est jolie ! Qu'elle est mignonne ! Qu'elle est intelligente ! Ainsi on la flatte précisément pour des qualités qu'elle n'a aucun mérite à avoir. Ne te mêle pas à ces voyoux aux chemises noires et aux habits déchirés, dit-on : voilà l'orgueil du riche. Ne va pas avec ces enfants mal élevés : voilà l'orgueil de certaines familles qui se croient plus respectables que les autres. Puis nous nous étonnerons que nos enfants soient un jour orgueilleux ! Donnions-nous donc des leçons pour qu'ils n'en profitent pas ?

2° *Comment il faut prévenir l'orgueil.* — Une seule règle : faire le contraire de ce que l'on fait communément. On les flatte sans raison, et c'est tant pis pour les enfants flattés, je ne les flatterai pas. Pour obtenir un effort, un travail, une bonne action, on pique leur orgueil mal réglé, je n'aurai pas recours à l'orgueil mal entendu. Tu seras le premier... Que dira-t-on de toi ?.. On se moquera... Mauvais sentiments que tous ceux que l'on éveille par de telles paroles. Mais comment réussir sans l'orgueil ? L'enfant a besoin de bonheur et de vertu : comment le bonheur si on ne le loue ? et comment la vertu ? Grande question. — Oui, mais facile à résoudre : le bonheur, par notre amour (v. p. 236-240, 304-308); la vertu, par l'idée de justice (ce qui n'exclut point la légitime fierté, v. p. suivante).

3° *Comment corriger de l'orgueil.* — Mon fils commande à ses camarades et prétend à leur obéissance : je le remets à sa place en lui disant : Tu n'es pas plus qu'eux, ils sont tes égaux ; tu n'as rien à leur commander, ils n'ont point à t'obéir. Ma fille affecte un air de supériorité avec la domestique. Je la remets à sa place en lui disant : La domestique par ses talents et son travail gagne plus que sa vie ; gagnes-tu la tienne ? Elle a eu l'air de me commander une fois : je lui ai opposé un silence glacial, et d'elle-même elle s'est remise à sa place en changeant son ordre en prière. Ainsi la méthode est la même dans tous les cas : ne pas donner satisfaction à l'orgueil.

Il faut aussi l'attaquer en face, en s'adressant droit à la raison de l'enfant ; il est capable de comprendre les considérations suivantes : *L'orgueil* est injuste, car il prétend s'élever au détriment des autres ; il est haïssable — et haï — car il porte atteinte au légitime amour-propre de chacun de nous. Il est trompeur, car il nous donne de faux espoirs et nous cause plus d'un désappointement. Il est monstrueux chez un enfant, car tout ce dont il pourrait se glorifier, il le tient ou de la nature ou de ses parents.

Gardons-nous toutefois, sous prétexte de corriger l'orgueil, de le froisser systématiquement. Certains parents sont sans cesse à *mépriser* leur enfant : s'il fait bien on ne lui en tient aucun compte ; on lui fait entendre qu'il n'a rien fait, qu'il doit s'amender, qu'autrement il sera un misérable. Aussitôt que le « misérable » est parti, on avoue aux étrangers avoir eu recours à la finesse. Vous voyez comme je le reprends, nous dit-on en clignant de l'œil. Le fait est qu'il marche fort bien et que j'en suis fort content. Mais je ne veux pas qu'il le sache. — Toujours le même manque de droiture ! Respectons donc nos enfants si nous voulons qu'ils se respectent.

4° *Remplacer l'orgueil par la fierté bien comprise.* — Alors même que nous le pourrions, il ne faudrait pas détruire l'amour-propre : à quoi serait bon un homme sans amour-propre ? C'est là une force immense qu'il faut savoir détourner du mal, puis tourner vers le bien ; après l'avoir réglée, on la lancera. Il est une chose dont tout homme doit être fier, c'est ses efforts pour se perfectionner. Que l'enfant mette tout son orgueil dans cette pensée : Je suis juste ; nul ne pourra me reprocher d'avoir par moi pleuré. Pour cela je veux être maître de moi, et non semblable à tant d'êtres qui, tête baissée, comme tirés par le nez, suivent de petites bêtes qui sont leurs passions... C'est peu fier.

## 11. La Coquetterie

*« La coquetterie, servitude et égoïsme. »*

*1° La coquetterie est engendrée par notre exemple.* — Pour engager l'enfant à aller en promenade : Bébé va mettre sa belle robe, son joli chapeau, ses jolis pépés... Pour qu'il se regarde dans la glace : Vois le joli bébé ! vois combien il est joli... Pour qu'il soit sage : On te donnera une jolie coiffure si tu es sage... Pour le punir : Tu n'auras pas le joli petit ruban rose... Ainsi le mot joli revient à propos de tout et à propos de rien : l'enfant doit s'imaginer qu'il n'y a qu'une chose au monde, le joli. Un garçon a une chaîne de montre, il en est fier, il l'étale, on feint d'admirer, non la chaîne, mais celui qui la porte. On dit à la jeune fille : Tiens-toi bien, et ne te mêle pas avec la première venue, tu as aujourd'hui ta robe du dimanche... Et la petite dame jette sur les camarades moins richement mises un regard de dédain qui semble vouloir écraser : déjà, hélas ! la plus mauvaise passion d'une femme méchante ! Ce ruban est mal mis : que dira le monde ? Le monde ! toujours la sempiternelle et stupide excitation ! Regarde cette dame, comme elle est mise, comme elle a bel air sous ses riches toilettes. Elle doit être gentille. Oui, madame, vous donnez là une leçon de vérité : il est avéré qu'il n'y a de vertu que sous la soie.

2° *Ce qu'il faut faire.* — Même méthode que pour la gourmandise : ne pas donner d'importance à la beauté et à la toilette, ne pas appeler là-dessus l'attention. L'enfant se regarde à la glace pour voir si elle est propre et décemment coiffée, et c'est tout : elle ne s'amuse pas à se contempler. La petite habille sa poupée : elle lui met ses robes et ne s'en occupe plus, elle ne cherche pas des raffinements. On fait une robe, la jeune fille y travaille comme à une autre chose, sans en avoir l'esprit absorbé, car elle nous voit garder notre calme habituel. Elle aura à paraître dans une soirée, elle n'a pas la fièvre toute la journée et toute la veille, elle attend cela comme une chose naturelle, elle ne rêve pas de se produire et d'être admirée, car elle ne nous a pas vus inquiétés ou préoccupés de cette soirée. La mode ? Ma fille la suit de loin quand elle n'est ni inconvenante ni extravagante. « Plus elle se sentira mise comme tout le monde, plus elle oubliera son habillement, car elle n'aura ni la crainte du ridicule ni la préoccupation du succès. »

3° *Comment corriger de la coquetterie.* — En la raillant. Mademoiselle, bien attifée, se présente avec un air de triomphe : Oh ! que vous êtes belle, dites-vous sur un ton d'ironie qui lui fait apercevoir sa sottise. — Regarde mon joli chapeau ? — Oui, mes compliments à la modiste. — A la raillerie il faut joindre la note sérieuse et tendre. — N'est-ce pas que je suis bien ? — Va, va, mon enfant, ce n'est pas pour cela que je t'aime. — Deux jeunes filles parlent presque constamment de toilette entre elles. Allons, mes amies, toujours occupées de chiffons ? Vous ne savez donc pas parler d'autre chose ? Vous ne savez rien, vous n'avez pas une idée ? Quelle déperdition d'intelligence et de cœur !

Voilà donc : il faut élever les esprits et les cœurs ; à l'amour du frivole substituer l'amour du beau et du grand. « L'ordre et la propreté, leur dira-t-on, voilà la vraie parure. Mettez votre orgueil à les avoir, car ils dépendent de vous, ils sont une qualité; les riches étoffes ne le sont pas. » Dans l'amour de l'ordre et de la propreté il entre d'ailleurs une certaine recherche du beau qui, tout en donnant satisfaction à l'instinct féminin, fait du bien à l'âme : ce n'est pas la femme frivole qui est en l'air parce qu'elle a un ruban, c'est l'artiste qui jouit d'avoir fait une œuvre belle. — De même pour la beauté physique : On me trouve jolie, maman. — Oui, mon enfant, (comme avec indifférence). Mais quel mérite y as-tu ? Les traits du visage, ce n'est pas toi, c'est la peau. Toi, pour être digne de cette figure, tu dois être aussi bonne que tu es belle. Car cette beauté t'a été donnée pour répandre le bonheur autour de toi, et la beauté sans la bonté ne produit que souffrances. — Ainsi il ne faut ni mépriser ni nier la beauté et les grâces, mais, comme toujours, les mettre au service du bien.

## 12. La Colère

*Comment la prévenir.* — Le penchant à la colère n'est pas un défaut proprement moral : c'est une espèce d'infirmité physique venant du sang. La prédisposition à la colère doit donc être traitée comme un état maladif. Or il y a deux choses à faire pour guérir d'un état maladif : la première est d'éviter les occasions de chute ; la seconde, de fortifier par le régime.

Pour *éviter les occasions.* Ne pas faire souffrir sans nécessité l'enfant, mais lui donner ce dont il a besoin. Ne le taquiner jamais sous prétexte de tremper son moral, ni jamais permettre à ses camarades de l'agacer : quand d'autres rient, son sang s'aigrit. Ne rien accorder à ses cris dès le début : s'il réussit une fois il voudra recommencer de nouveau : or la passion excite les nerfs, et les nerfs irrités excitent à leur tour la passion. L'enfant est-il inquiet, nerveux, cela vient souvent de ce qu'il ne se sent pas bien (digestion mal faite, besoin de mouvement, nerfs agacés, etc.), ou de ce que l'air est lourd : une promenade en plein air, après lui avoir arrosé la figure d'eau fraîche, voilà le meilleur calmant.

Pour *fortifier par le régime.* La colère venant surtout de la faiblesse, faiblesse du corps qui ne sait pas attendre, faiblesse de l'esprit qui ne sait pas supporter, il s'agit de fortifier l'esprit par la réflexion et le corps par l'hygiène. A quel moment commencera cette hygiène ? Dès le berceau, et même avant la naissance. La femme enceinte et la nourrice, plus tard la gardienne de l'enfant de quinze à vingt mois, se garderont de tout emportement (v. p. 12 et 18). Le régime calmant sera employé pour les sangs vifs : nourriture végétale et lactée, pas de boissons fortes, bains froids fréquents, sommeil de deux à trois heures pendant le jour au moins jusqu'à sept ans, travail et exercices fatigants en plein air pour qu'ils donnent besoin de dormir. — On peut enfin exercer régulièrement et progressivement à des travaux et à des jeux qui exigent beaucoup de patience et de tranquillité.

*Comment guérir de la colère.* — Malgré toutes les mesures préventives, il y aura des accès de colère : ces accès apprendront à l'enfant à se défier de lui-même et à se surveiller, et ainsi ses fautes mêmes le corrigeront si nous savons nous y prendre. Et d'abord du calme lorsque l'enfant se met en colère : ce n'est pas par le feu qu'on éteint le feu, c'est par l'eau. Ici l'eau c'est le sang-froid : d'abord un regard sévère, pour avertir ; un peu après, un ordre ferme et bref : la soumission achève de faire tomber la colère. Si le petit furieux est sujet à de vrais accès de rage, on peut suivre la méthode de Fénelon, qui ordonnait autour de son élève le silence le plus complet : tous ceux qui s'approchaient du prince devaient le servir sans prononcer un mot : le silence est calmant. On peut aussi enfermer le rageur dans un endroit où il ne se fera pas mal, et lui dire qu'il « sera libre dès qu'il aura cessé de déranger les autres par ses cris. Aussitôt calmé, rendez-lui sa liberté, et, avec un petit mot d'avertissement, laissez-le courir et jouer de nouveau. Ne prolongez pas la punition au delà du temps où il est violent. Au bout de cinq minutes (je parle des premières années) il ne se souvient plus pourquoi il est en pénitence, et l'irascibilité peut facilement renaître par l'ennui que lui cause sa solitude ; alors nouvel accès, pleurs, violence, et il n'y a pas de raison pour que cela finisse. S'il est au contraire rendu à son état normal, il tâchera d'éviter l'ennui qu'il sait avoir été causé par sa déraison. En tout cas, vous aurez évité par cet éloignement momentané la durée de son accès et c'est là un point capital. » (1)

*La part de la volonté.* — Il ne suffit pas de laisser s'éteindre la colère, il faut apprendre à l'enfant à s'en rendre peu à peu le maître. Pendant ses accès, on lui mettra sous ses yeux un miroir, on le contraindra au besoin de s'y regarder, sans rien lui dire. Le calme revenu, il aura présente à son cerveau la vision de ses traits hideux. Ce sera le moment de lui dire sans ton de reproche, avec tendresse et fermeté à la fois : Songe à ce que tu étais tout à l'heure. Et pour quel futile motif ! Et pour arriver à quel résultat ! Après qu'il aura un instant réfléchi : Tu le

---

(1) Mme Ouroussow.

vois, tu étais momentanément comme un homme qui a perdu la raison, tu ne savais pas ce que tu faisais. Fais une supposition : voudrais-tu en ce moment, par manière de jeu, revenir à l'état où tu étais, de façon à faire des sottises sans le savoir? Il comprendra que c'est grave. Eh bien ! direz-vous alors, veux-tu te corriger? Je vais t'aider. Il faut que tu le veuilles. Chaque fois que je verrai la colère te monter au front, je te dirai : C'est maintenant, prends garde, sois maître de toi. Alors tu te serreras les poings, et tu te diras dans un énergique effort : Je veux être maître de moi. Je resterai un instant sans rien dire et sans rien faire. Plus tard je verrai.

## 13. L'égalité d'humeur

Si l'on a soin de ne pas allumer les passions de l'enfant en le gâtant, en satisfaisant à toutes ses fantaisies, en lui communiquant une sensibilité nerveuse; d'autre part si on ne lui inflige aucune souffrance inutile ; si on lui apprend à accepter de bonne grâce les désagréments qu'il n'a pu empêcher ; si on l'a élevé en un milieu sympathique et gai; si enfin on n'a point développé son inconstance de goûts et de sentiments par des paroles comme les suivantes : « je fais ainsi parce que cela me plaît » ou : « il est permis à une jolie fille d'avoir des caprices »; alors il y a chance pour que l'enfant n'ait pas souvent de ces accès d'humeur si désagréables, surtout dans la vie de famille. Supposons pourtant le contraire. Que faire?

La disposition à la mauvaise humeur vient du tempérament ou de l'orgueil, du tempérament porté à des accès de mélancolie, de l'orgueil qui se croit blessé.

Cas du *tempérament*. Agir sur le tempérament et sur la volonté. Sur le tempérament pour le rendre plus gai et plus actif (faire chanter, jouer au piano, sauter ou courir dans une promenade, travailler plus vite pour chasser les noires idées, etc.). Sur la volonté, en faisant comprendre que l'on se rend malheureux sans motif et sans profit.

Cas de *l'orgueil*, ou plutôt de la vanité. Souvent l'enfant boude parce que sa petite vanité lui fait imaginer qu'il n'a pas été traité avec tous les égards dus à son importance. Essayer de le distraire, lui faire des avances, c'est donner une satisfaction à sa vanité. Oui, oui, vous allez voir, je suis fâché, semblera-t-il dire, et il fera davantage la moue. Bouder soi-même sous prétexte de le punir, c'est aggraver le mal, rien n'étant plus contagieux que la bouderie. Il ne reste donc qu'à ne pas s'en occuper, à faire comme si on ne voyait rien : l'enfant oublie sa mauvaise humeur quand elle passe inaperçue, et, comme il est mobile et avide de plaisirs, il se remet à jouer ou à chanter. — Cette méthode n'est bonne qu'avec les petits. Chez les grands on doit substituer à la vanité mal placée la fierté éclairée (v. p. 341). On pourra relever d'un grain de douce raillerie. Chaque fois que la bouderie revient, on dit à la boudeuse, sur un ton semi riant, semi affectueux : Eh bien! elle est revenue, la petite bête?..

## 14. La prudence

Il y a la prudence devant le danger, et la prudence dans les paroles et les actes.

*Prudence devant le danger.* — Deux choses renferment tout : faire connaître le danger, et enseigner l'art de le tourner. Ce nest pas cela qui rend poltron (voir p. 330).

*Prudence dans les paroles et dans les actes.* — L'imprudence vient ou de ce qu'on n'y a pas pensé, ou de ce qu'on n'a pas vu, ou de ce qu'on n'a pas voulu.

On n'y a pas *pensé :* faire prendre l'habitude de réfléchir avant de parler et avant d'agir (v. p. 224-226).

On n'a pas *vu* ce qui arriverait. Ici c'est ignorance : ignorance des choses, dont on ne connaît pas le cours ordinaire; ignorance des hommes, on ne sait pas comment ils se comportent; ignorance de soi-même enfin, on ne connaît pas sa faiblesse et ses forces propres. La question revient donc à éclairer l'esprit, à faire voir les choses comme elles sont, les hommes tels qu'ils sont, et à se connaître soi-même. Régler l'imagination, qui tend à faire voir faux, et la sensibilité, qui tend à faire aimer ou haïr au delà de la mesure.

On n'a pas *voulu*, parce qu'une passion s'est mise en travers : régler les passions (v. p. 304-352), et particulièrement tout ce qui touche à l'orgueil, à la vanité et à la faiblesse pour les sens.

*Comment faire rechercher la prudence.* — En faisant éprouver les inconvénients de l'imprudence. Les paroles seraient souverainement déplacées ici : c'est des faits qu'il faut. Une parole, on n'y croit pas, ou on l'oublie : un fait persuade à jamais. D'où vient la sagesse des vieillards? De leur expérience. Laissons, quand c'est possible et quand le danger n'est pas trop grand, laissons nos enfants faire des expériences : et puis apprenons-leur à en tirer la leçon. Une bonne éducation de la prudence devrait être une série d'expériences bien conduites et bien interprétées.

## 15. La trempe du jeune homme

*« Les nombreux étudiants qui se trouvaient ce matin, vers une heure, au quartier Latin, ont été mis en émoi par un drame particulièrement émouvant. Une bande de jeunes gens, gais et rieurs, sortaient d'une brasserie de la rue des Ecoles, lorsqu'ils furent accostés par une femme portant un bébé dans ses bras :*

*« Ferdinand, dit la jeune mère en s'adressant plus spécialement à l'un des étudiants, tu t'es engagé à payer les mois de nourrice de ton enfant. Je t'en prie, tiens ta promesse. Je n'ai plus d'argent et notre enfant souffre ! »*

*Le jeune homme, très en gaieté, accueillit la demande de son ancienne amie par un éclat de rire... »*

*(Journaux du 1er janvier 1889.)*

« Il a lu ce drame survenu la semaine de son départ, et je lui ai dit :

« Mon fils, tu as vingt ans, tu pars faire ton tour de France. Je te confie à toi-même et à ton esprit de justice. Je t'ai élevé dans la haine de l'injustice, nous avons appris ensemble à repousser avec horreur l'idée de la moindre souffrance infligée à autrui par notre faute. Or celui qui, comme le jeune homme de ce drame, inflige tant de souffrances à une créature innocente dont le seul tort est de l'avoir aimé, celui-là est infâme et vil.

« Mon fils, je t'aiderai à te marier quand tu voudras, et avec celle que tu voudras. En attendant songe à ta mère, songe à ta sœur, et qu'au retour tu ne devras pas les souiller d'un souffle vicié. En attendant songe à ta femme future, songe à tes enfants futurs, et que ce serait une trahison sans pareille que de les souiller d'un sang vicié et que de ruiner à jamais leur santé. Respecte-les, respecte-toi. L'homme dégradé fait tache au milieu de ces quatre figures : une mère et une fille, une épouse et une sœur.

« Adieu, mon fils, va, et garde le suprême droit d'en dire un jour à ton fils autant que t'en dit ton père aujourd'hui. »

## 16. Le mariage de la jeune fille

« Je ne la laisserai grandir ni dans l'ignorance ni dans l'illusion. Ce n'est pas l'ignorance qui garde la vertu, c'est la connaissance. Et de même c'est par la connaissance exacte des choses que se dissipent les illusions, qui préparent bien des mécomptes après avoir entraîné à bien des folies.

« Pendant sa vive jeunesse, pour empêcher l'imagination de rêver et de s'égarer, je la ferai vivre dans le travail et dans l'exercice de la charité : ainsi elle saura mieux apprécier à leur juste valeur les biens et les maux de cette vie.

« Mon rôle est de conseiller, non de forcer.

« Je la laisserai libre quant à l'âge. Si à dix-sept ou dix-huit ans elle n'est pas décidée encore, je ne la pousserai pas, alors même que se présenterait l'homme le plus digne et le plus aimant : elle ne saurait apprécier son bonheur, parce que pour apprécier les choses il faut les avoir désirées. Plus tard peut-être elle ne trouvera pas un si bon parti à mon gré, mais l'âge et les circonstances auront fait parler le cœur, et le cœur suppléera.

« Je la laisserai libre quant au choix. Si je l'empêchais de se marier avec un parti trouvé par moi mauvais mais qui lui sourit, elle pourrait rester sans se marier, et elle s'imaginerait, avec quelque apparence de raison d'ailleurs, que je lui ai fait manquer sa vie ; et au cas où elle se marierait, même avec le meilleur, elle pourrait s'imaginer que l'autre eût été meilleur encore, et qu'ainsi je lui ai fait manquer son bonheur. Quant à la forcer d'aller avec quelqu'un qui lui répugne, ce serait un crime envers elle et un crime envers lui. »

. . . . . . . . . . . . . . . . . . . . . . . . . . . .

« La voilà mariée !.. Je lui ai dit :

« Ma fille, ton grand jour est venu. Ecoute les dernières paroles de ton père en ce moment suprême : Aime, respecte, assiste ton mari !

« Aime ton mari, et montre-lui que tu l'aimes. Montre à ton compagnon que tu es heureuse de vivre avec lui, d'être avec lui. Sois souriante et gaie, regarde-le avec tes bons yeux, parle-lui avec affection et bonne humeur.

« Respecte ton mari ! Ne cherche pas à le dominer. Ne lui parle pas avec impertinence. Quand tu auras quelque réclamation à lui faire, que ce soit avec douceur. Garde-toi de te moquer jamais de ce qu'il fait et de ce qu'il dit. Respecte ses opinions, peut-être a-t-il plus étudié et plus pensé que toi. Surtout jamais, ô mon enfant, tu ne te plaindras de lui au public, qui est un étranger : c'est entre ton mari seul et toi seule que sont vos affaires. Tu ne te plaindras point des siens, on ne jette pas de pierre dans son propre jardin. N'aie point de secrets pour ton associé. Pas d'argent secret. Pas d'emplette secrète. Pas de tiroir secret. Pas de projet secret. On ne se cache que pour mal faire.

« Assiste ton mari ! Vous vous êtes associés pour la vie, il n'est pas juste que ce soit lui seul qui en porte tout le poids. Assiste-le d'abord en tenant le ménage à la perfection et en bien élevant les enfants. Aide-le dans son état, tâche de t'associer à ses travaux, à ses études, à toutes ses occupations, à toutes ses pensées : ainsi tu seras la vraie compagne. Si ton compagnon a sujet de se réjouir, réjouis-toi avec lui, afin qu'il ne se sente pas seul dans sa joie. Et s'il lui arrive quelque succès, associe-toi à son triomphe, afin qu'il ne se trouve pas seul à jouir. Afin qu'il ne se sente jamais seul. Quand il rentrera le soir, lassé du labeur de la journée, peut-être irrité de quelque injustice que lui auront faite les hommes, peut-être accablé de quelque rude coup que lui aura porté la fortune, tu lui diras : Relève-toi. Dans quelques jours ce sera réparé. Puis nous sommes ici l'un avec l'autre, mon ami, nous sommes ensemble, et nous nous aimons, et nous nous assisterons.

« En un mot, ma fille, sois sérieuse et sois gaie. Gaie d'humeur pour répandre le bonheur autour de toi, sérieuse d'esprit pour faire sérieusement les choses sérieuses. »

## TOUT EN UN MOT

*LE PÈRE*. — Mon amie, nous avons ensemble à bien élever notre enfant. C'est une grande tâche et difficile.

*LA MÈRE*. — Si grande et si difficile que j'en tremble presque. Mais tu es là, c'est ce qui me rassure.

*LE PÈRE*. — Moi aussi je me sentirais impuissant si j'étais seul. Mais à deux nous aurons plus de courage, plus de force, plus de lumière. Je t'aiderai, tu m'aideras.

*LA MÈRE*. — Homme, je compte sur toi et sur tes directions. On a trop l'habitude de faire retomber sur la mère seule tout le mérite et toute la tâche de l'éducation. Il est temps de rappeler aux pères qu'ils doivent eux aussi s'occuper de l'éducation de leurs enfants. Votre droite raison et votre sang-froid doivent nous contenir quelquefois, nous guider toujours.

*LE PÈRE.* — O ma compagne, ensemble nous travaillerons. Nous nous consulterons, nous nous communiquerons nos idées ou le fruit de nos lectures, chacun dira le parti qui lui semblera le meilleur. Une fois les décisions prises d'un commun accord, tous les deux nous nous y conformerons avec persévérance et avec belle humeur.

*LA MÈRE.* — C'est cela, mon ami. Nous avons d'abord à nous entendre, ensuite à nous conduire comme des êtres qui ont réfléchi, qui ne laissent rien au hasard, et qui sont maîtres d'eux-mêmes.

*LE PÈRE.* — Donne-moi la main. Pour mieux élever notre enfant, marchons d'accord et commençons par nous perfectionner nous-mêmes.

# TABLE DES MATIÈRES

## II. - L'obéissance



## III. - La conscience et la volonté

## IV. - L'enfant bon



## V. - L'enfant juste



## VI. - L'enfant laborieux



## VII. — L'Enfant maître de ses passions

Tarbes. — Imp. Perrot-Prat

www.ingramcontent.com/pod-product-compliance
Ingram Content Group UK Ltd.
Pitfield, Milton Keynes, MK11 3LW, UK
UKHW020304230726
13925UKWH00001B/212